HMI-GUI
이론과 실무

MCU로 GUI 마스터하기

정금섭, 정채언 공저

光 文 閣
www.kwangmoonkag.co.kr

본 교재는 32비트 마이크로컨트롤러 유닛(MCU) 및 아두이노를 기반으로 HMI GUI(NEXTION HMI)를 쉽게 사용할 수 있도록 구성하였으며, 일반적으로 HMI하면 PLC 기반으로 되어 있어 PC 및 MCU 기반 개발자들에게는 접근하기가 쉽지 않다.

따라서 본 교재의 내용은 TTL 레벨 시리얼 통신 기반으로 터치 HMI를 사용하는 방법으로 STM32 및 Arduino 보드를 사용하여 다양한 응용 분야에 활용할 수 있도록 하였다. 핵심 내용을 다루어 다양한 응용 분야에 활용할 수 있도록 한다. 본 교재에서 다루고 있는 내용은 다음과 같다.

1. NEXTION HMI 사용법
2. STM32 기반 HMI 응용
3. Arduino 기반 HMI 응용

PART 1. HMI와 MCU

MCU 기반 HMI GUI 프로젝트

CHAPTER 1

NEXTION HMI 개요

CHAPTER 01

MCU 기반 HMI GUI 프로젝트

NEXTION HMI 개요

Nextion은 HMI GUI 프로젝트 개발을 위해 온 보드 프로세서 및 메모리 터치 디스플레이와 Nextion Editor 소프트웨어를 결합한 HMI(Human Machine Interface) 솔루션이다.

Nextion Editor 소프트웨어를 사용하면, 드래그 앤 드롭 구성 요소(그래픽, 텍스트, 버튼, 슬라이더 등)와 ASCII 텍스트 기반 명령어로 HMI GUI를 빠르게 개발할 수 있다.

Nextion HMI 디스플레이는 TTL 시리얼(5V, TX, RX, GND)을 통해 주변 장치 MCU에 연결하여 주변 장치 MCU가 작동할 수 있는 이벤트 알림을 제공하고, 주변 장치 MCU는 간단한 ASCII 텍스트 기반을 사용하여 진행 상황을 쉽게 업데이트하고 상태를 다시 Nextion 디스플레이로 되돌릴 수 있다. 쉽게 말해서 TTL 레벨로 시리얼포트를 통해 송수신을 할 수 있다.

1. 제품군

디스플레이 사이즈 및 메모리 용량, 터치 방식 등에 따라 제품군이 달라진다. 사이즈는 2.4″, 2.8″, 3.2″, 3.5″, 4.3″, 5.0″, 7.0″, 10.1″ 등이 있고, 하드웨어 및 성능에 따라서 Basic(T), Discovery(F), Enhanced(K), Intelligent(P) Series가 있으며, 케이스(베젤) 유무에 따라 가격이 달라진다. [그림 1.1]~[그림 1.4]는 생산되는 모델군이다.

Nextion Basic Series Models

Model	Size	Resolution	Touch Panel	MCU	Flash	RAM
NX3224T024	2.4"	320*240	RTP	48MHz	4MB	3584Byte
NX3224T028	2.8"	320*240	RTP	48MHz	4MB	3584Byte
NX4024T032	3.2"	400*240	RTP	48MHz	4MB	3584Byte
NX4832T035	3.5"	480*320	RTP	48MHz	16MB	3584Byte
NX4827T043	4.3"	480*272	RTP	48MHz	16MB	3584Byte
NX8048T050	5.0"	800*480	RTP	48MHz	16MB	3584Byte
NX8048T070	7.0"	800*480	RTP	48MHz	16MB	3584Byte

[그림 1.1] Basic 모델

[그림 1.1-1] Basic 모델 사진

Nextion Discovery Series Models

Model	Size	Resolution	Touch Panel	MCU	Flash	RAM
NX3224F024	2.4"	320*240	RTP	64MHz	4MB	3584Byte
NX3224F028	2.8"	320*240	RTP	64MHz	4MB	3584Byte
NX4832F035	3.5"	480*320	RTP	64MHz	16MB	3584Byte

[그림 1.2] Discovery 모델

[그림 1.2-1] Discovery 모델 사진

Nextion Enhanced Series Models

Model	Size	Resolution	Touch Panel	MCU	Flash	RAM
NX3224K024	2.4"	320*240	RTP	48MHz	16MB	3584Byte
NX3224K028	2.8"	320*240	RTP	48MHz	16MB	3584Byte
NX4024K032	3.2"	400*240	RTP	48MHz	16MB	3584Byte
NX4832K035	3.5"	480*320	RTP	108MHz	32MB	8192Byte
NX4827K043	4.3"	480*272	RTP	108MHz	32MB	8192Byte
NX8048K050	5.0"	800*480	RTP	108MHz	32MB	8192Byte
NX8048K070	7.0"	800*480	RTP	108MHz	32MB	8192Byte
NX8048K070-011R NX8048K070-011C	7.0"	800*480	RTP CTP	108MHz	32MB	8192Byte

[그림 1.3] Enhanced 모델

[그림 1.3-1] Enhanced 모델 사진

Nextion Intelligent Series Models

Model	Size	Resolution	Touch Panel	MCU	Flash	RAM
NX4827P043-011R	4.3"	480*270	RTP	200MHz	128MB	512KB
NX4827P043-011C	4.3"	480*270	CTP	200MHz	128MB	512KB
NX4827P043-011R-Y	4.3"	480*270	RTP	200MHz	128MB	512KB
NX4827P043-011C-Y	4.3"	480*270	CTP	200MHz	128MB	512KB
NX8048P050-011R	5.0"	800*480	RTP	200MHz	128MB	512KB
NX8048P050-011C	5.0"	800*480	CTP	200MHz	128MB	512KB
NX8048P050-011R-Y	5.0"	800*480	RTP	200MHz	128MB	512KB
NX8048P050-011C-Y	5.0"	800*480	CTP	200MHz	128MB	512KB
NX8048P070-011R	7.0"	800*480	RTP	200MHz	128MB	512KB
NX8048P070-011C	7.0"	800*480	CTP	200MHz	128MB	512KB
NX8048P070-011R-Y	7.0"	800*480	RTP	200MHz	128MB	512KB
NX8048P070-011C-Y	7.0"	800*480	CTP	200MHz	128MB	512KB
NX1060P101-011R-I	10.1"	1024*600	RTP	200MHz	128MB	512KB
NX1060P101-011C-I	10.1"	1024*600	CTP	200MHz	128MB	512KB

[그림 1.4] Intelligent 모델

[그림 1.4-1] Intelligent 모델 사진

2. 전기적 특성

전기적 특성은 파워와 연결되는 부분으로 반드시 모델에 따른 동작 전류 이상을 공급하여야 한다.

1) Basic 모델

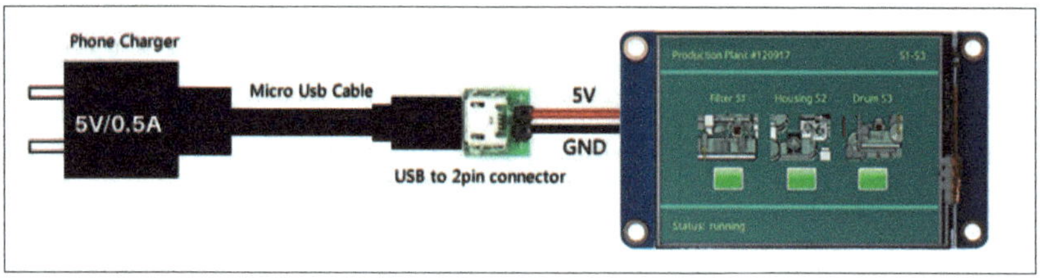

[그림 1.5] 4″ Power 요구 사항

Electronic Characteristics

	Test Conditions	Min	Typical	Max	Unit
Operating Voltage		4.75	5	7	V
Operating Current	VCC=+5V, Brightness is 100%	-	65	-	mA
	SLEEP Mode	-	15	-	mA
Power supply recommend : **5V, 500mA, DC**					

[그림 1.5-1] 2.4″

Electronic Characteristics

	Test Conditions	Min	Typical	Max	Unit
Operating Voltage		4.75	5	7	V
Operating Current	VCC=+5V, Brightness is 100%	-	410	-	mA
	SLEEP Mode	-	15	-	mA
Power supply recommend : **5V, 1A, DC**					

[그림 1.5-2] 5″

Electronic Characteristics

	Test Conditions	Min	Typical	Max	Unit
Operating Voltage		4.75	5	7	V
Operating Current	VCC=+5V, Brightness is 100%	-	510	-	mA
	SLEEP Mode	-	15	-	mA
Power supply recommend : **5V, 2A, DC**					

[그림 1.5-3] 7″

2) Intelligent 모델

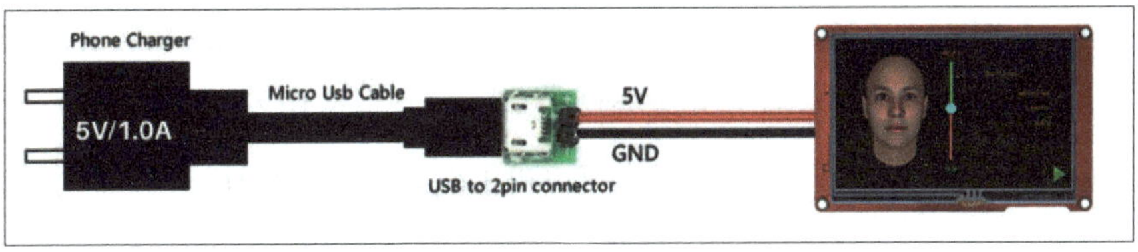

[그림1.6] 5″ 및 7″ Power 요구 사항

Electronic Characteristics

	Test Conditions	Min	Typical	Max	Unit
Operating Voltage		4.65	5	6.5	V
Operating Current	VCC=+5V, Brightness is 100%	-	220	-	mA
	SLEEP Mode	-	170	-	mA
Power supply recommend : **5V, 1.0A, DC**					

[그림 1.6-1] 5″

Electronic Characteristics

	Test Conditions	Min	Typical	Max	Unit
Operating Voltage		4.75	5	6.5	V
Operating Current	VCC=+5V, Brightness is 100%	-	430	-	mA
	SLEEP Mode	-	170	-	mA
Power supply recommend : **5V, 1.0A, DC**					

[그림 1.6-2] 7″

Electronic Characteristics

	Test Conditions	Min	Typical	Max	Unit
Operating Voltage		4.75	5	6.5	V
Operating Current	VCC=+5V, Brightness is 100%	-	800	-	mA
	SLEEP Mode	-	170	-	mA
Power supply recommend : **5V, 2.0A, DC**					

[그림 1.6-3] 11″

3. HMI GUI 설치

Nextion Editor는 모든 Nextion 시리즈 제품을 위한 무료 HMI(Human Machine Interface) GUI 개발 소프트웨어이다. 최신 Nextion Editor 버전 1.63.3이며 다음 사이트에서 다운로드하여 설치할 수 있다. [그림 1.6]과 같이 순서대로 다운로드한다.

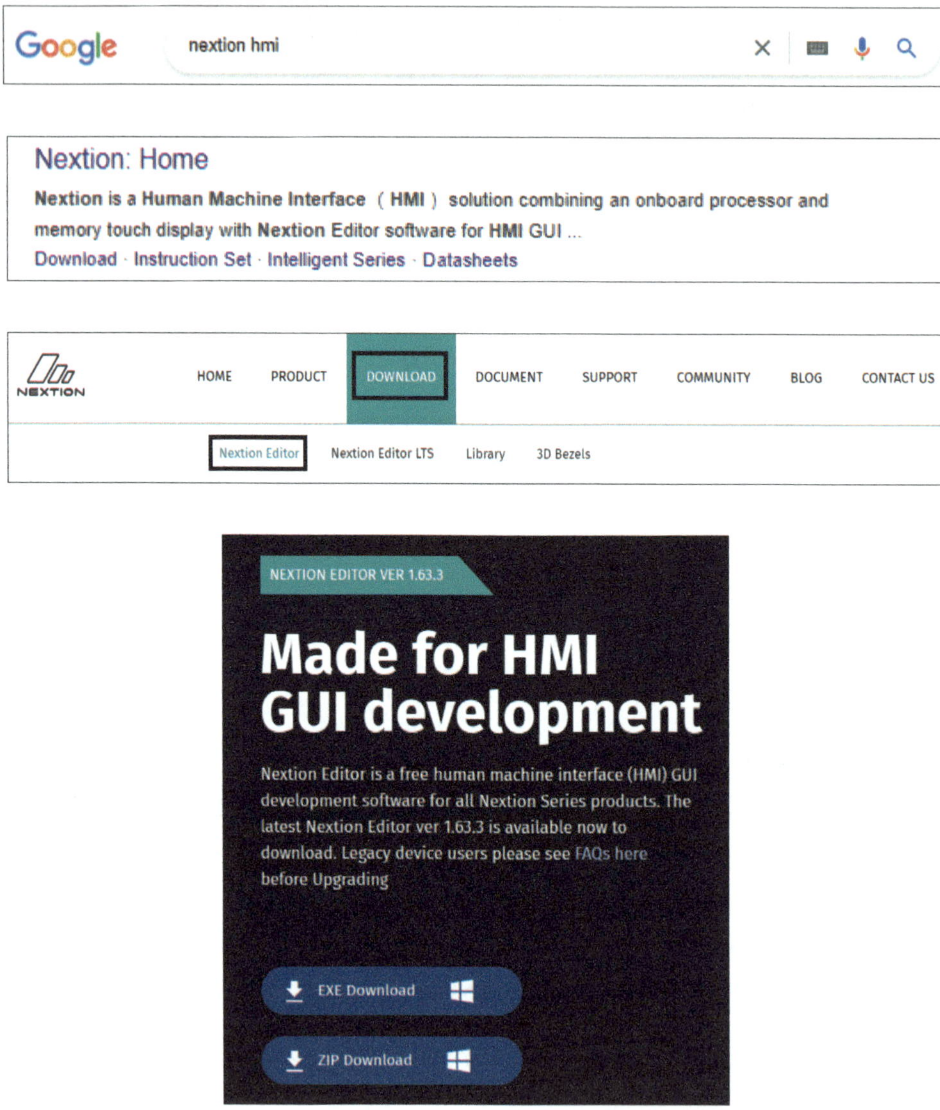

[그림 1.7] HMI GUI 설치 방법

4. NEXTION Editor Guide

1) Nextion Editor Main Interface

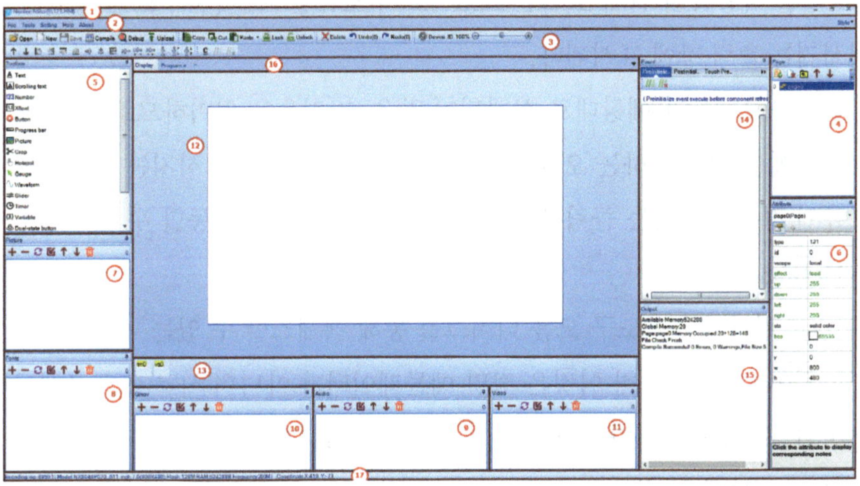

1) Title Bar, 2) Main Menu,

3) Toolbars

4) Page Pane

5) Toolbox Pane, 6) Attributes Pane,

7) Picture Resource Pane

8) Font Resource Pane

9) Audio Resource Pane

10) Gmov Resource Pane

11) Video Resource Pane

12) Design Canvas (Visual Components)

13) Non Visual Components

14) User Event Code

15) Output

16) Display/Program.s

17) Status Bar

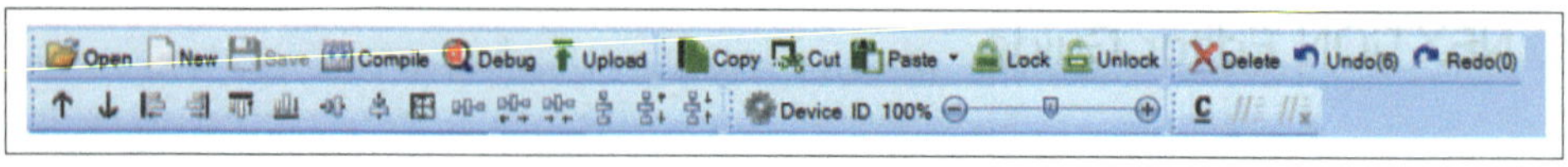

▷ Compile

컴파일을 사용하여 현재 로드된 프로젝트의 오류를 확인한다. 모든 경고 또는 오류 메시지는 출력 창에 표시된다.

경고는 프로젝트가 예상대로 실행되지 않을 수 있음을 의미하므로 주의하고, 계속하기 전에 수정해야 하는 오류 메시지에 주의한다. 오류 메시지는 설명적이며 코드 오류인 경우 사용자는 클릭하여 코딩 오류 위치로 직접 이동할 수 있다.

▷ Debug

Nextion 편집기에는 도구 모음 디버그를 통해 액세스할 수 있는 내장 시뮬레이터가 포함되어 있다. 분명히 이것은 정밀 에뮬레이터가 아니며 사용자 프로젝트 디버깅을 지원하기에 충분하다. Nextion 장치를 정확히 복제하기 위한 것은 아니다.

▷ **Device(모델 선정)**

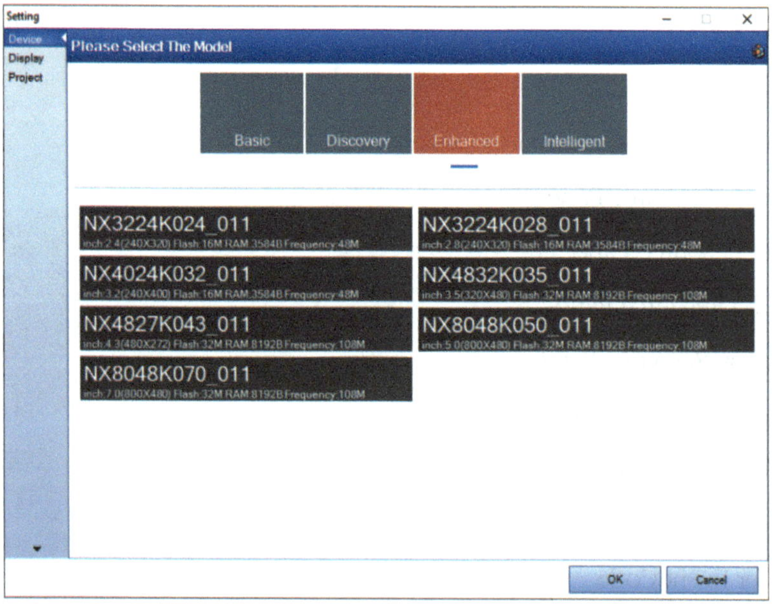

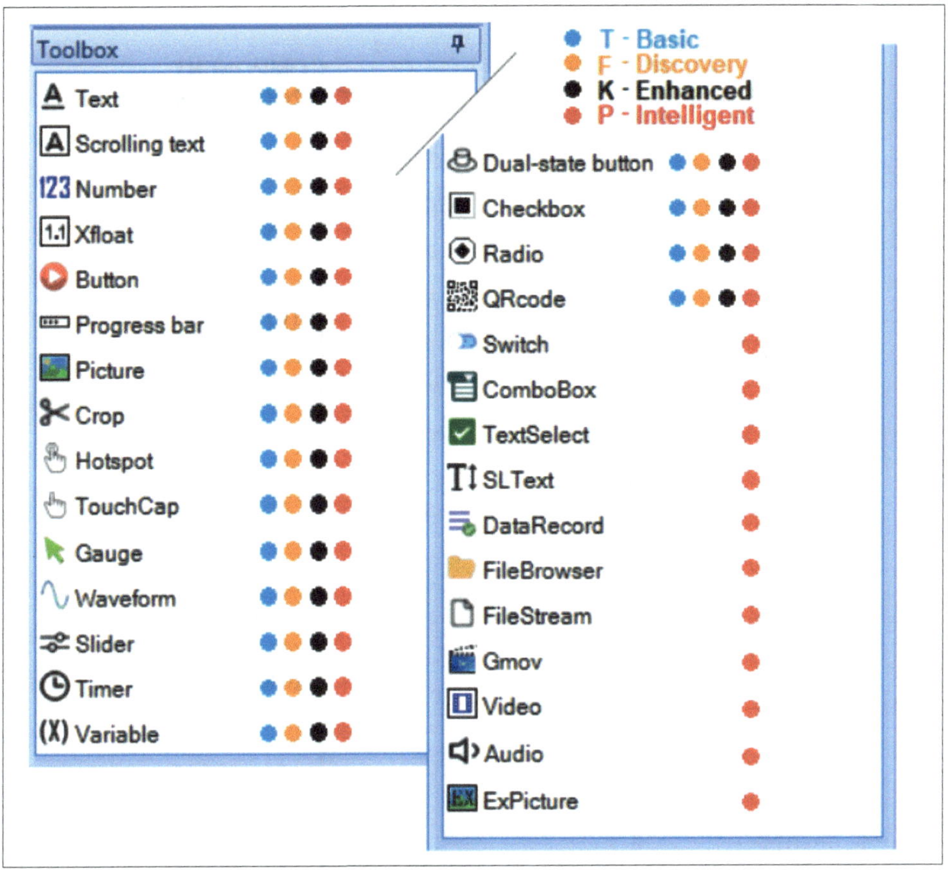

[그림1.8] 모델별 Toolbox 확장 기능

툴박스의 기능은 모델에 따라 제한되므로 용도에 맞는 모델을 사용하여야 한다. 특히 Audio, Video 기능은 P(Intelligent) 모델에서만 제공된다.

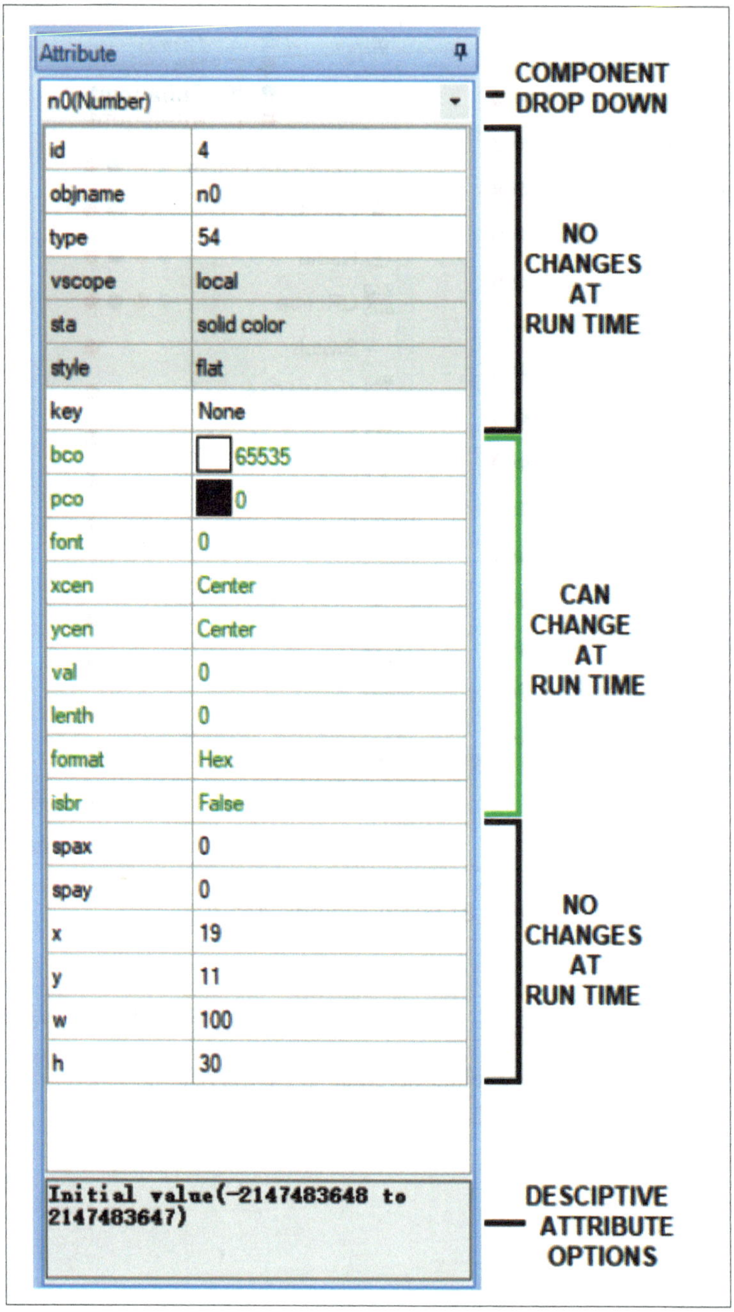
Attribute
n0(Number)
id 4
objname n0
type 54
vscope local
sta solid color
style flat
key None
bco 65535
pco 0
font 0
xcen Center
ycen Center
val 0
lenth 0
format Hex
isbr False
spax 0
spay 0
x 19
y 11
w 100
h 30
Initial value(-2147483648 to 2147483647)
COMPONENT DROP DOWN
NO CHANGES AT RUN TIME
CAN CHANGE AT RUN TIME
NO CHANGES AT RUN TIME
DESCIPTIVE ATTRIBUTE OPTIONS

[그림 1.9] 속성 패널 특징

▶ Display (디스플레이 방향 설정)

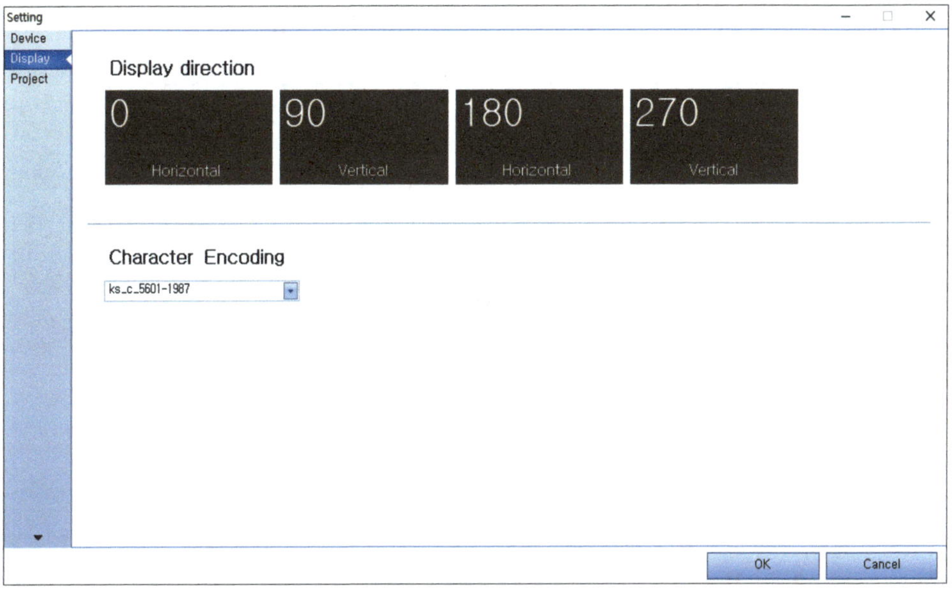

▶ Project (패스워드 및 SD 업데이트)

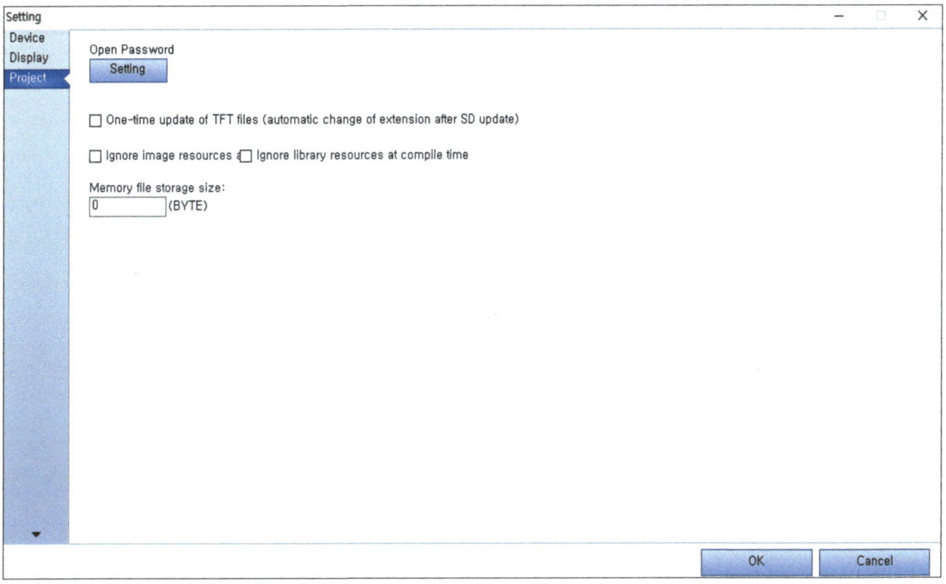

2) Debug/Simulator

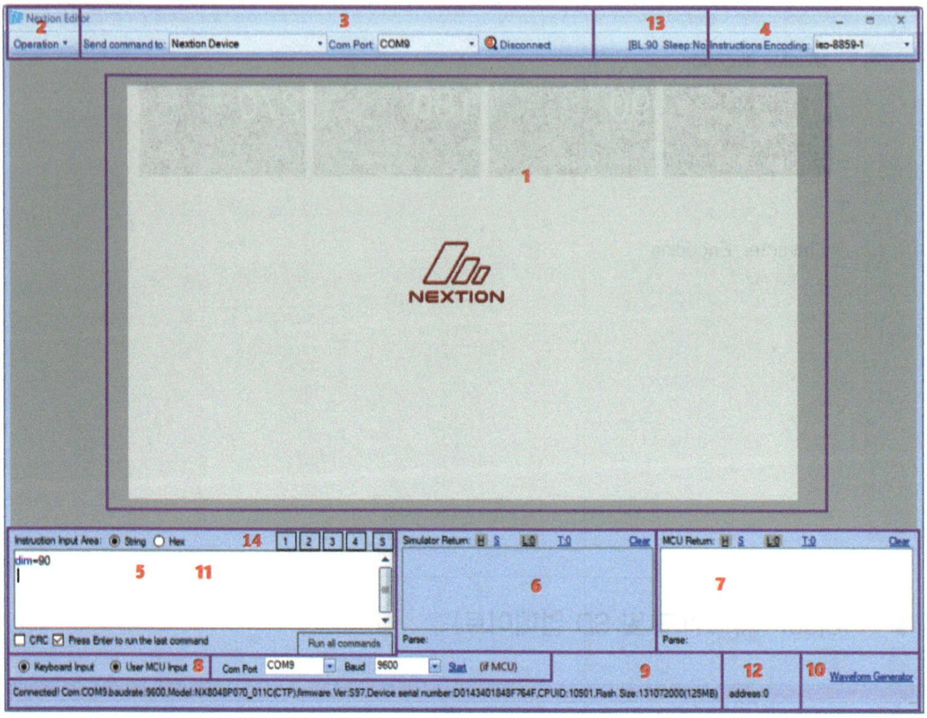

1) Simulated Nextion, 2) Operations Menu

3) Command Redirection, 4) Input Encoding

5) Instruction Input, 6) Simulator Return

7) User MCU Return, 8) Input Selection

9) Connected Nextion Identification

10) Waveform Generator

11) Waveform Generator Options

12) Nextion Address

13) Simulator Backlight and Sleep

14) Saved Nextion Input

CHAPTER 2

NEXTION HMI 시작하기

1. HMI File 만들기
2. HMI 화면 구성하기
3. HMI 컴파일 및 Debug하기
4. HMI에 다운로드하기 (SD 메모리 이용)

CHAPTER 02

MCU 기반 HMI GUI 프로젝트

NEXTION HMI 시작하기

1. HMI File 만들기

[그림 2.1]~[그림 2.4]와 같이 설정한다(5"인텔리전트 타입).

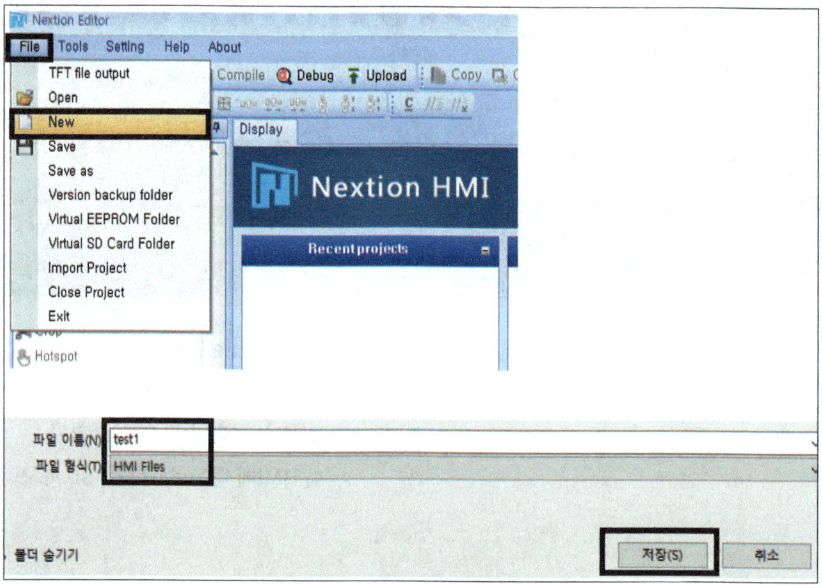

[그림 2.1] HMI File 만들기

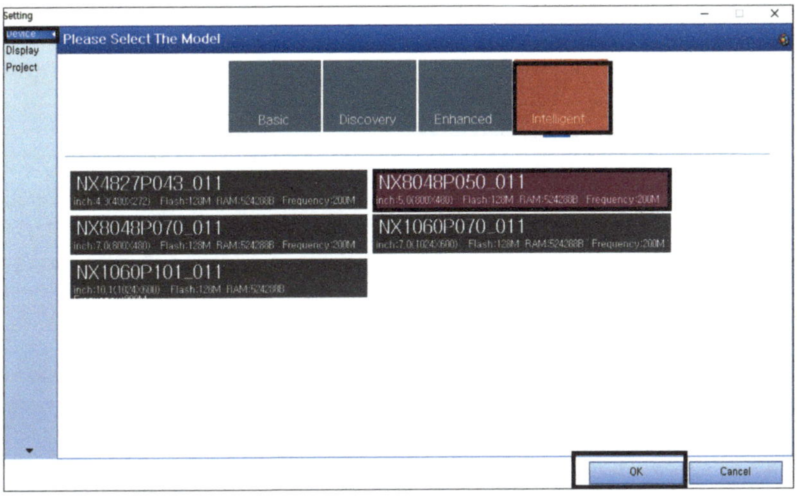

[그림 2.2] 디바이스 모델 선정

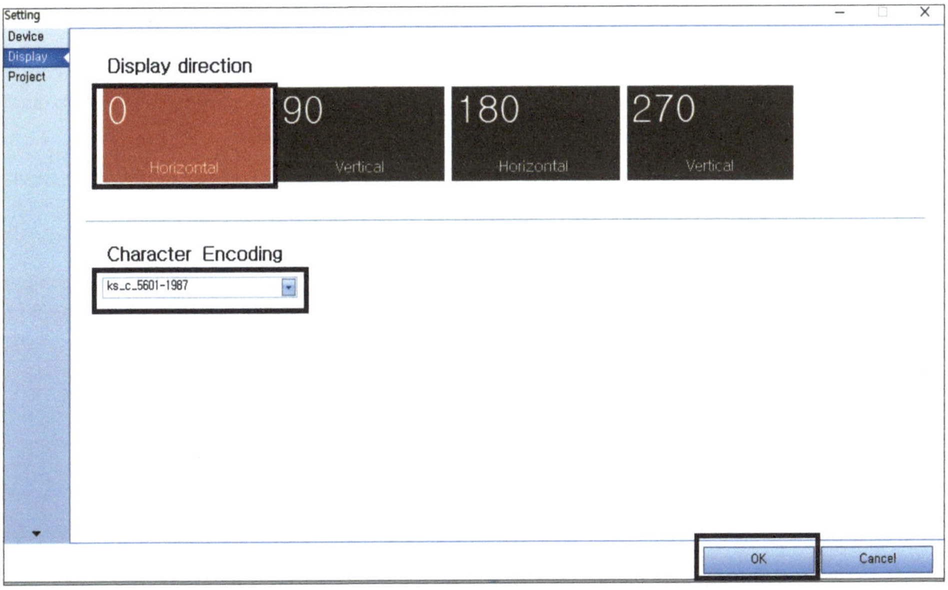

[그림 2.3] 디스플레이 방향과 엔코딩 선정

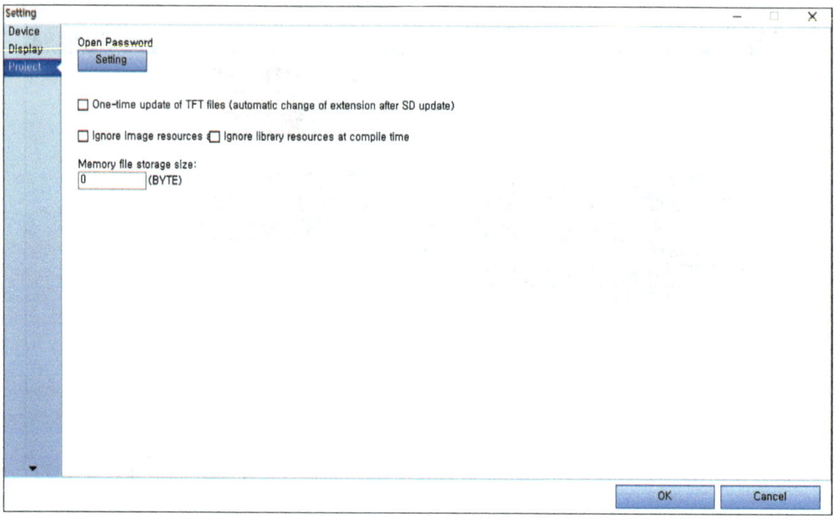

[그림 2.4] Project 선정

2. HMI 화면 구성하기

1) [그림 2.5]와 같이 Toolbox의 컨트롤 6개를 선택해서 디스플레이

창에 아래와 같이 배치한다(폰트를 먼저 설정하면 편리하다).

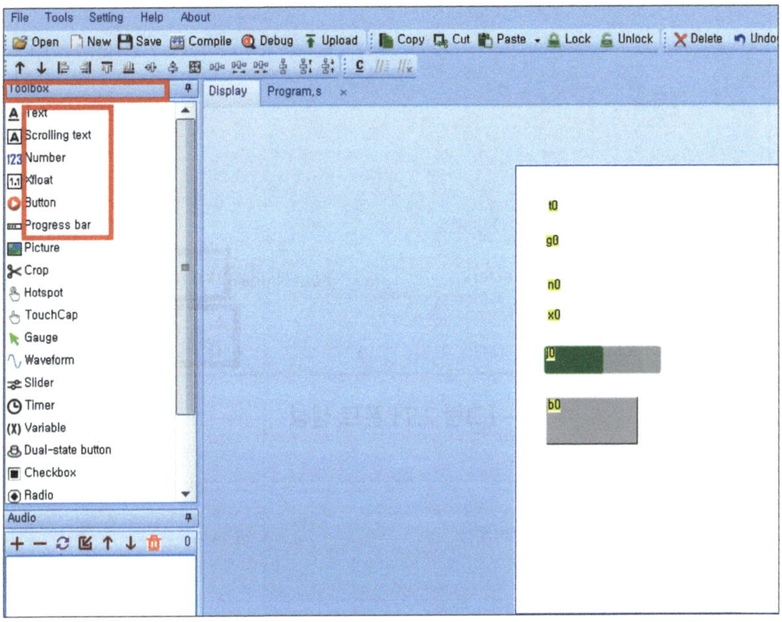

[그림 2.5] 컨트롤 선택 및 배치

2) Font 생성하기 [그림 2.6]~[그림 2.9]

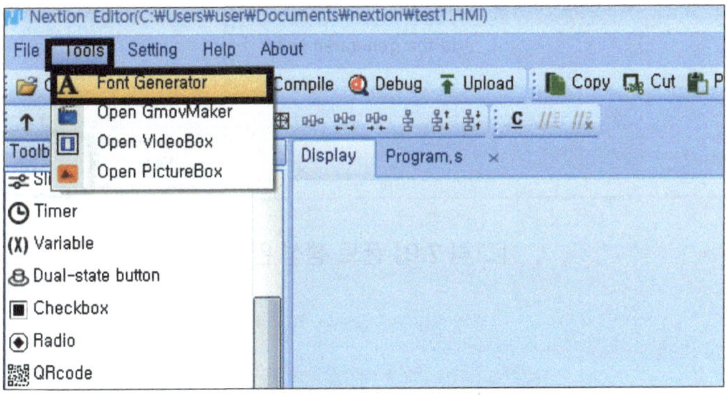

[그림 2.6] 폰트 설정

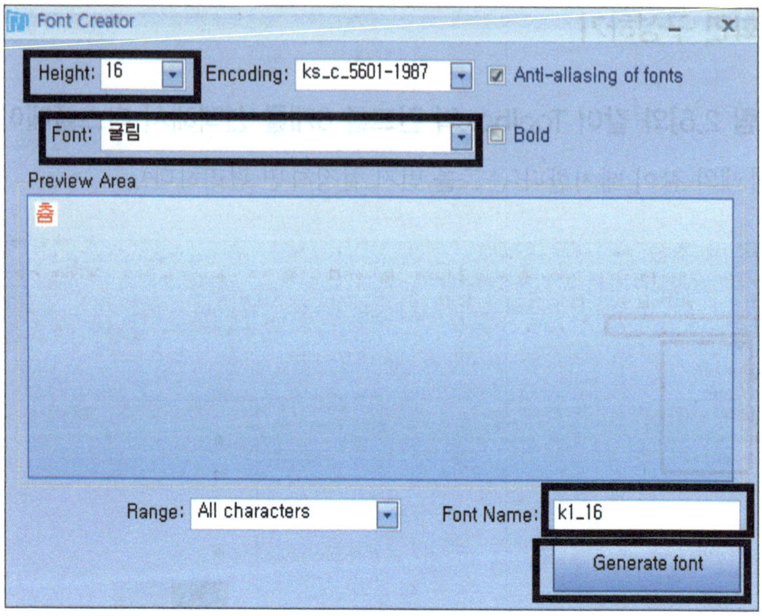

[그림 2.7] 폰트 생성

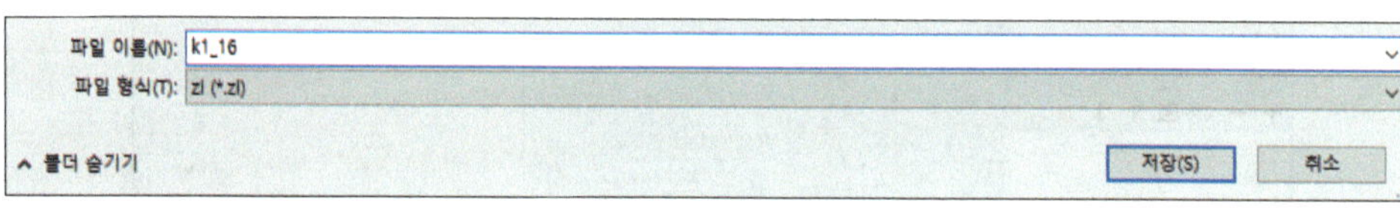

[그림 2.8] 폰트 생성

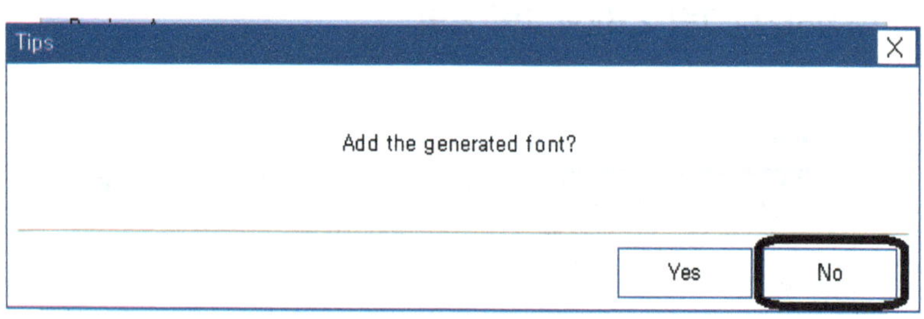

[그림 2.9] 폰트 생성 완료

3) Font 등록하기 [그림 2.10]~[그림 2.12]

[그림 2.10] 생성된 Font 등록하기

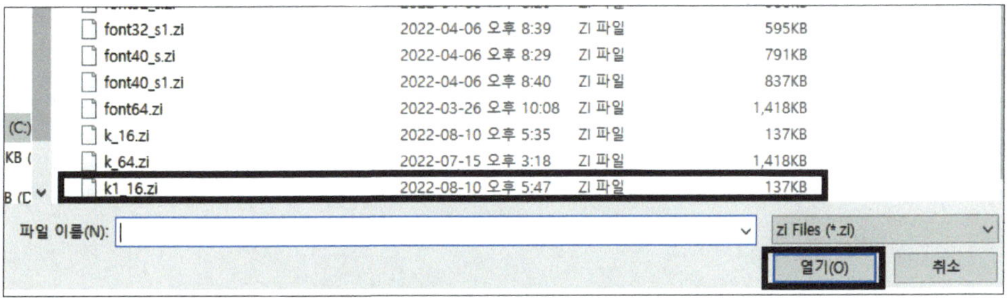

[그림 2.11] 생성된 Font 등록하기

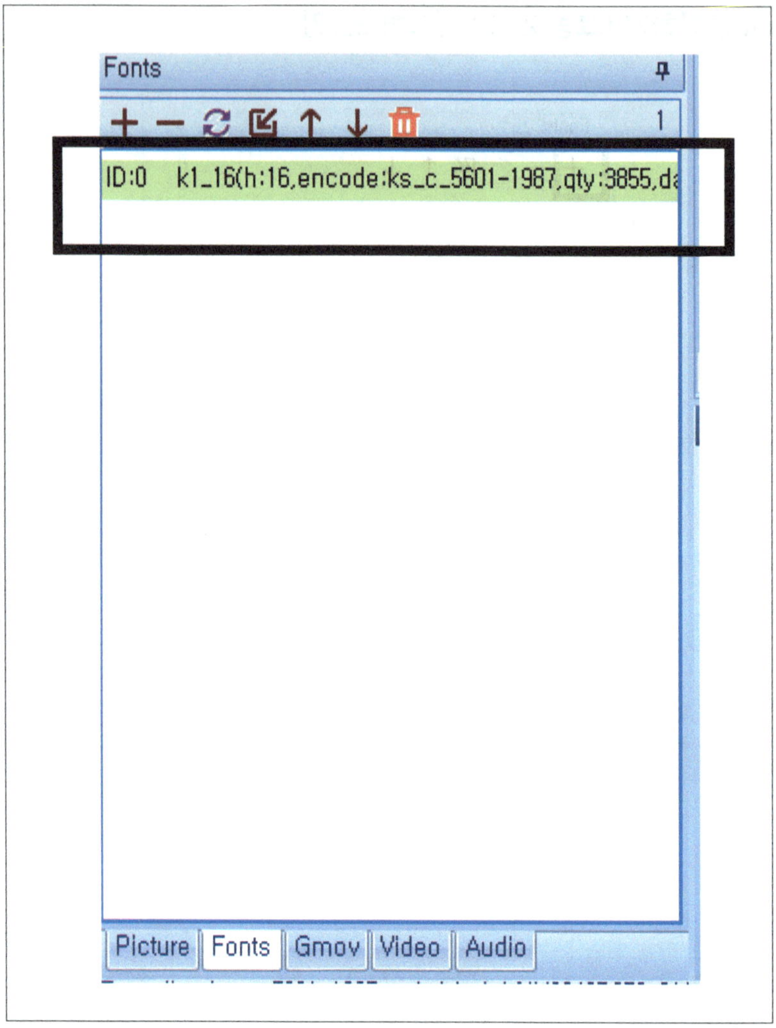

[그림 2.12] 등록된 Font

4) 각 컨트롤에 Font 및 속성 적용하기

컨트롤들을 선택하면 자동으로 Font가 적용된다. 여러 개의 폰트를 생성하고 등록하여 다양한 크기의 Font를 사용할 수 있다. 각 컨트롤의 FONT 속성에 FONT ID를 적용하면 된다.

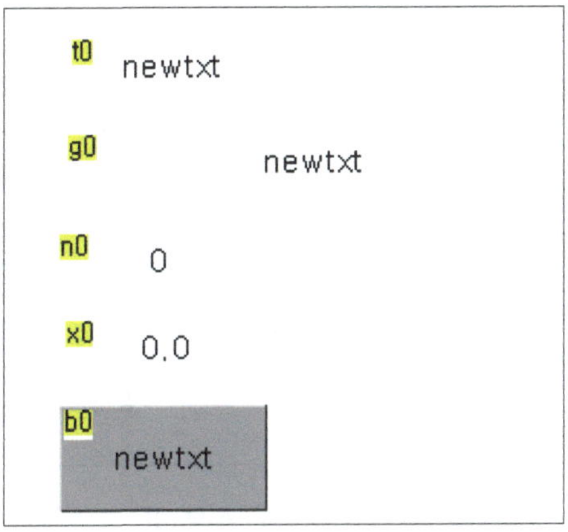

[그림 2.13] 컨트롤 선택

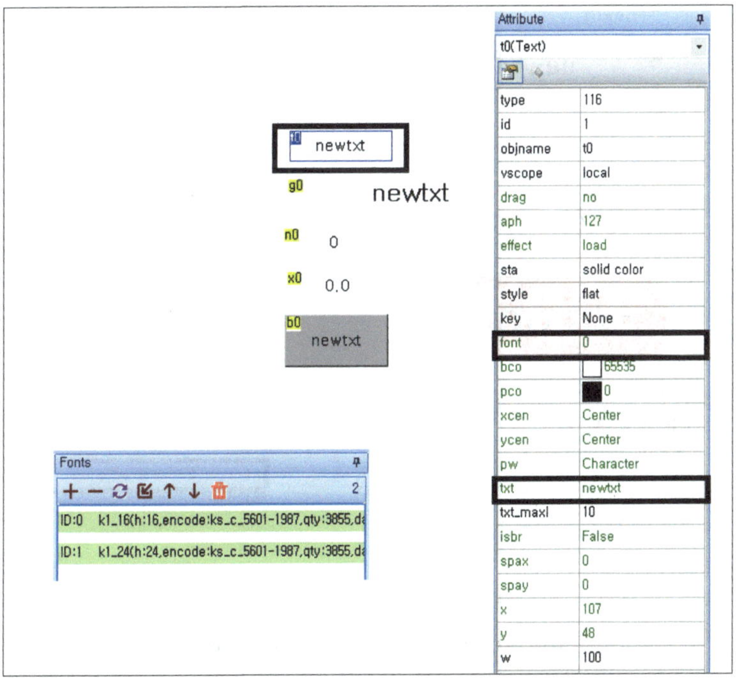

[그림 2.14] t0 컨트롤 선택, ID: 0 적용

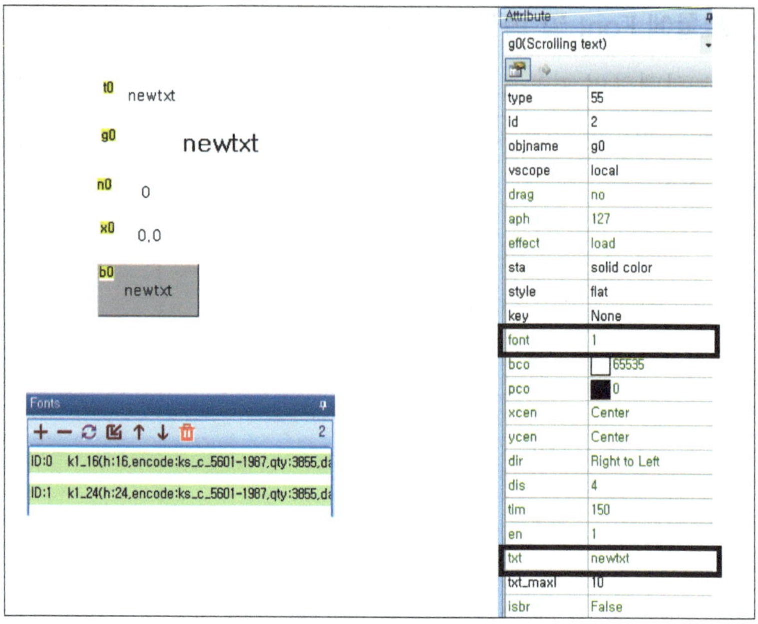

[그림 2.15] g0 컨트롤 선택, ID: 1 적용

[그림 2.16] n0,x0,b0 컨트롤 선택, ID: 2, bco, txt 적용

3. HMI 컴파일 및 Debug 하기

화면 구성이 완료되면 Save를 클릭한 다음 컴파일과 Debug를 하면 된다. 만약 컴파일에서 에러가 발생하면 수정한 다음 저장하고 다시 Debug를 한다[그림 2.17]. 실제 Debug 된 내용이 HMI에 적용된다.

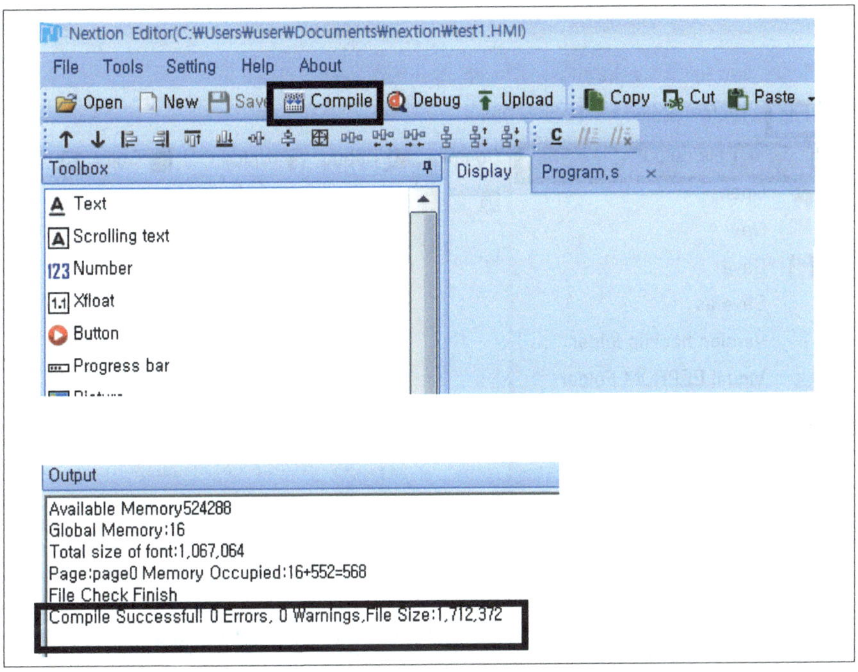

[그림 2.17] 컴파일하기

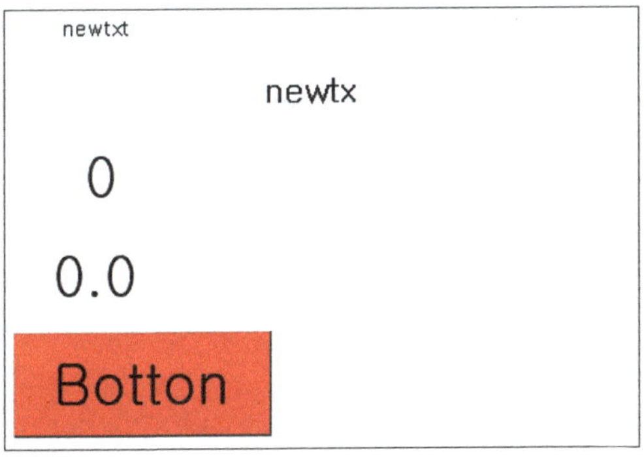

[그림 2.18] Debug

4. HMI에 다운로드하기 (SD 메모리 이용)

Micro SD 메모리(8~32GB)를 준비하여 PC에 연결하고 아래 그림과 같이 하여 SD 메모리에 파일을 저장한다.

1) SD 메모리에 파일 저장하기

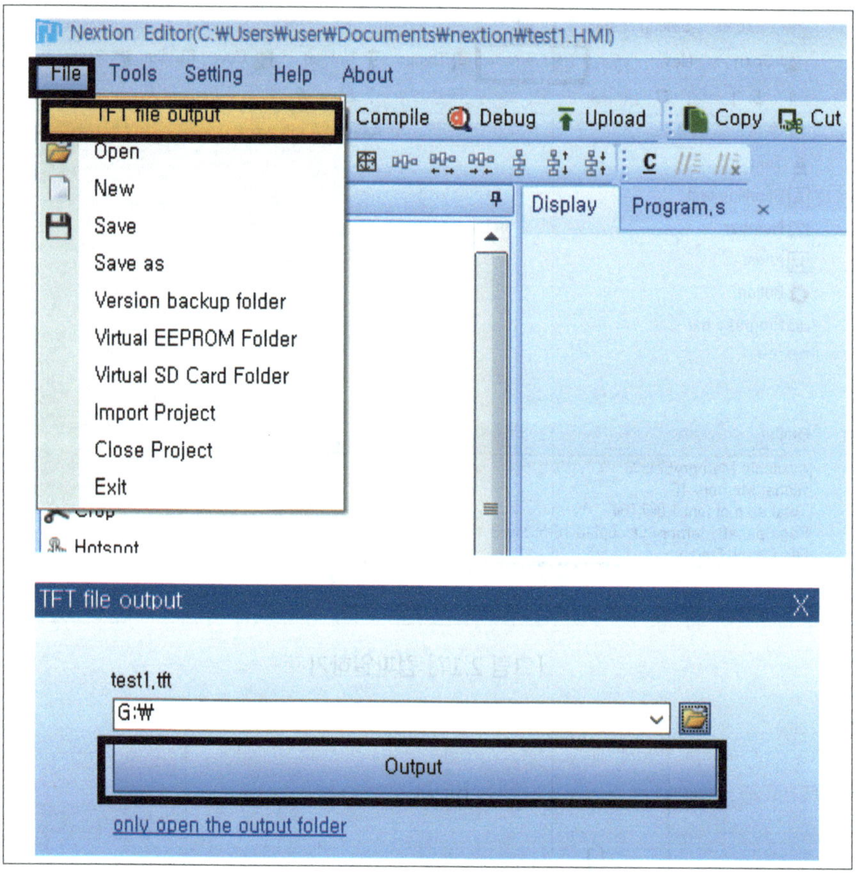

[그림 2.19] SD 메모리에 파일 저장

[그림 2.20] SD 메모리에 저장된 파일

2) HMI에 SD 메모리 연결 및 다운로드하기

HMI에 SD Card Slot 메모리를 삽입하고 전원을 off → On 하여 프로그램을 다운로드하고 완료되면 SD 메모리를 제거한 다음 다시 전원을 off → on 하면 된다. 한 번 다운로드가 완료되면 임의로 수정 및 지우지 않는 한 내용은 프레시 메모리에 저장된다.

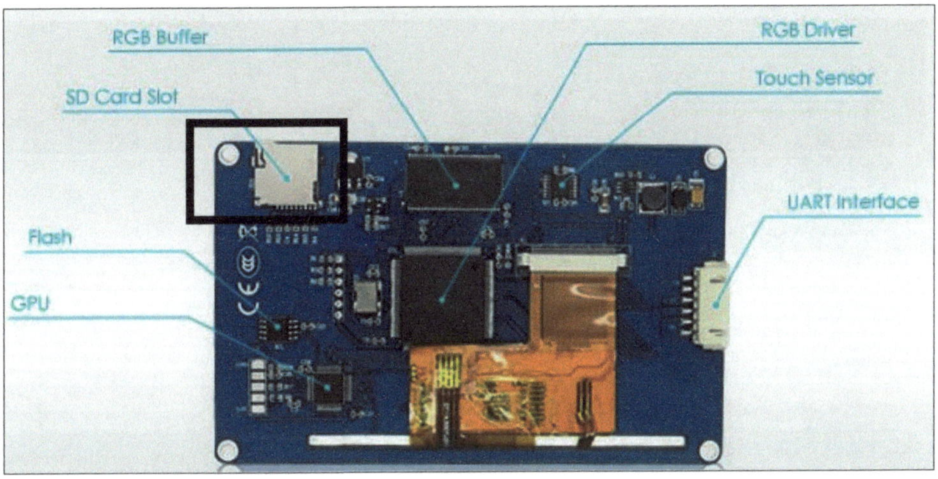

CHAPTER 3

MCU에서 HMI로 Data 전송하기

CHAPTER 03

MCU 기반 HMI GUI 프로젝트

MCU에서 HMI로 Data 전송하기

1. HMI File 만들기

[그림 3.1]~[그림 3.4]과 같이 설정한다(5"인텔리전트 타입).

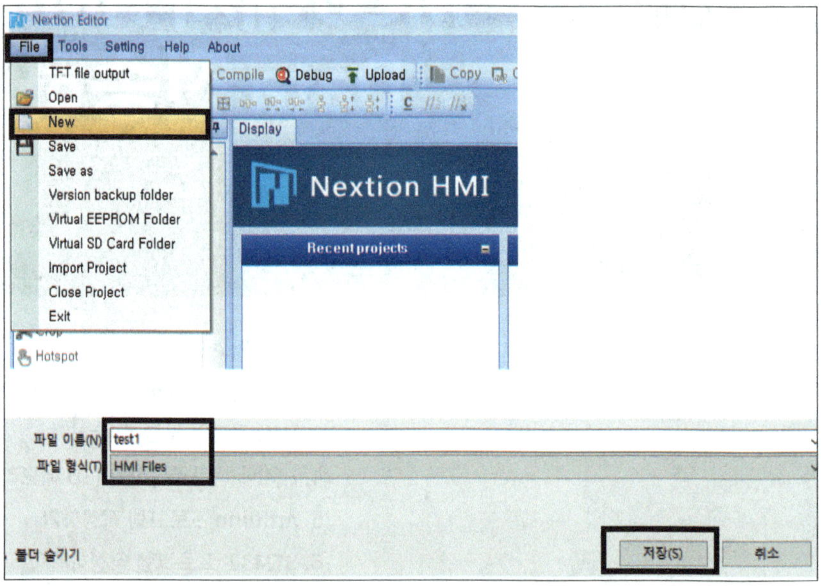

[그림 3.1] HMI File 만들기

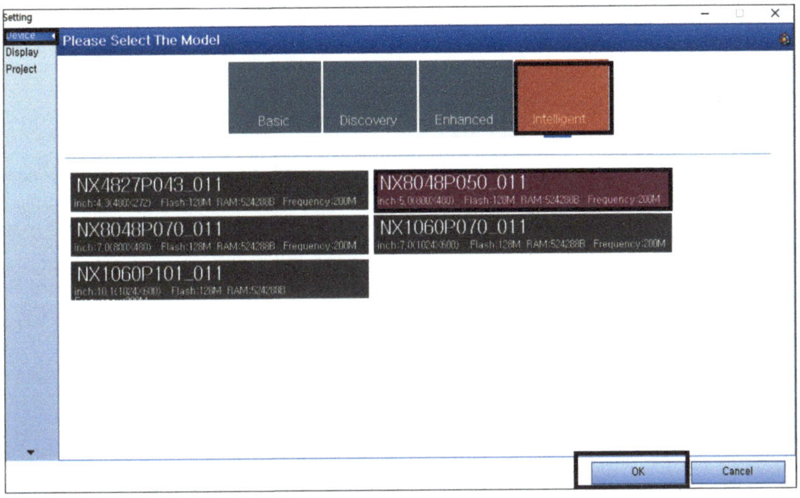

[그림 3.2] 디바이스 모델 선정

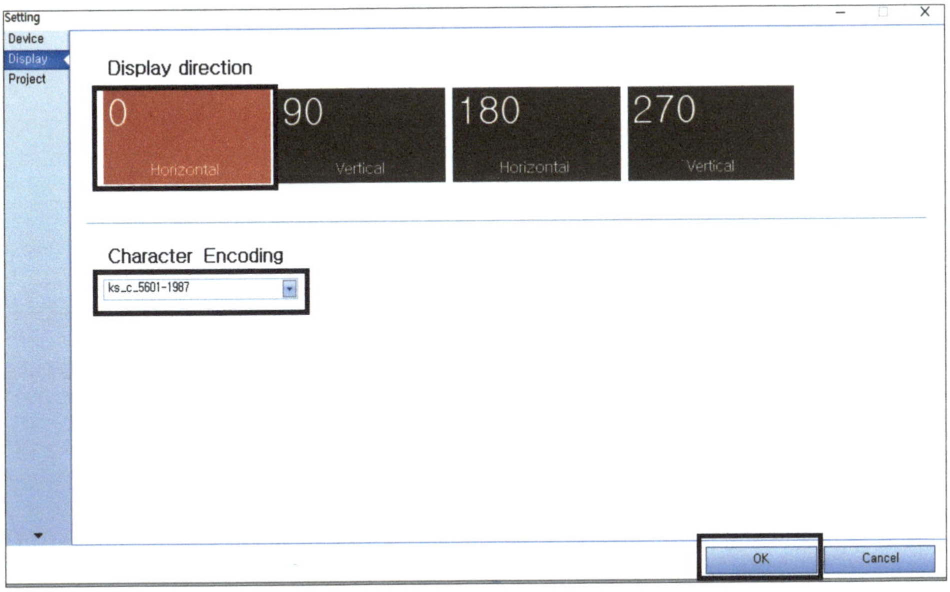

[그림 3.3] 디스플레이 방향과 엔코딩 선정

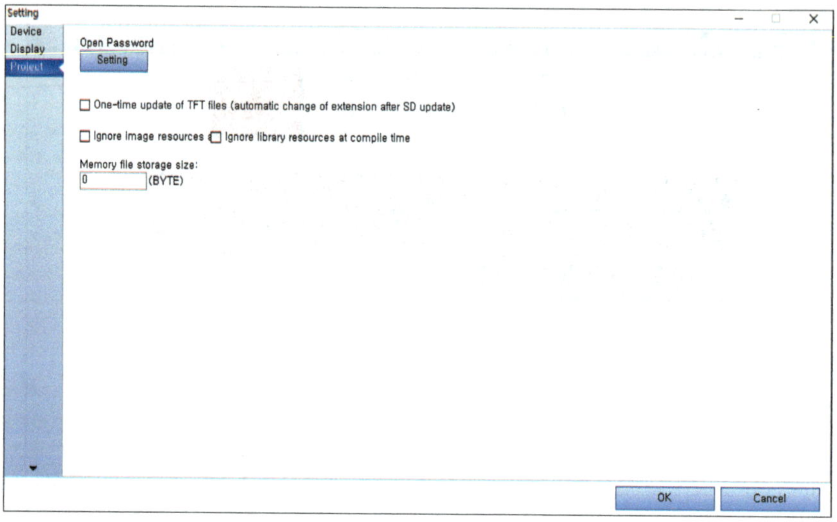

[그림 3.4] Project 선정

2. HMI 화면 구성하기

1) [그림 3.5]와 같이 Toolbox의 컨트롤 Text와 Scrolling text를 선택해서 디스플레이 창에 아래와 같이 배치한다.

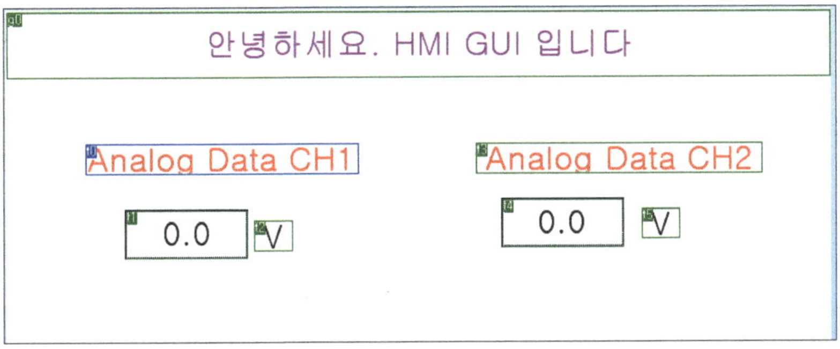

[그림 3.5] 컨트롤 선택 및 배치

2) Font 생성하기 (4개 생성, [그림 3.6]~[그림 3.8])

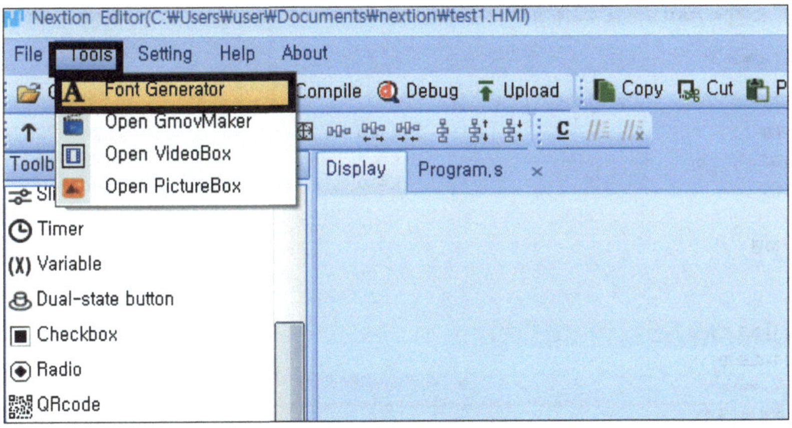

[그림 3.6] 폰트 설정

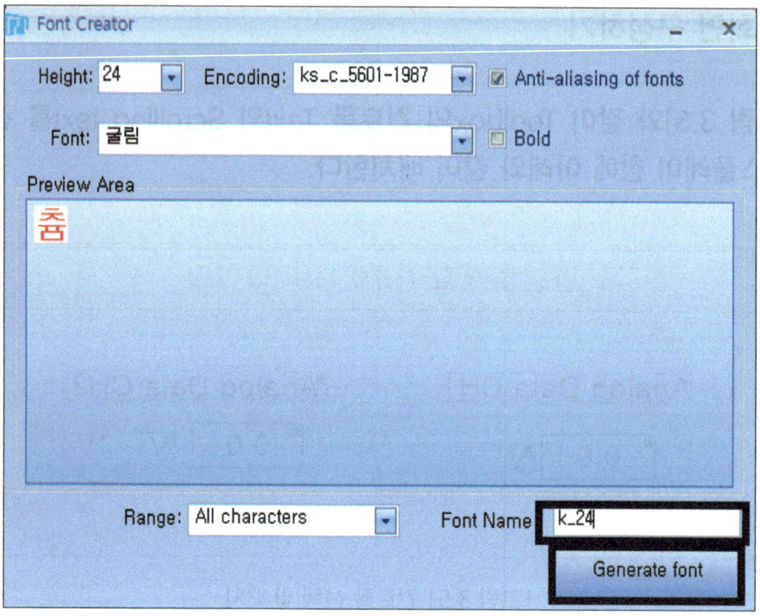

[그림 3.7] 폰트 생성

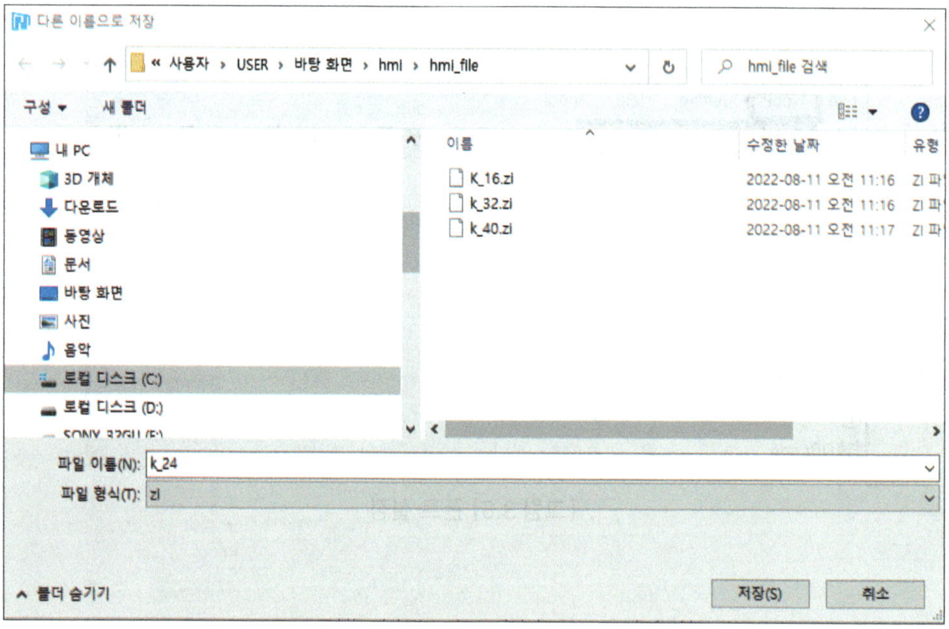

[그림 3.8] 폰트 생성

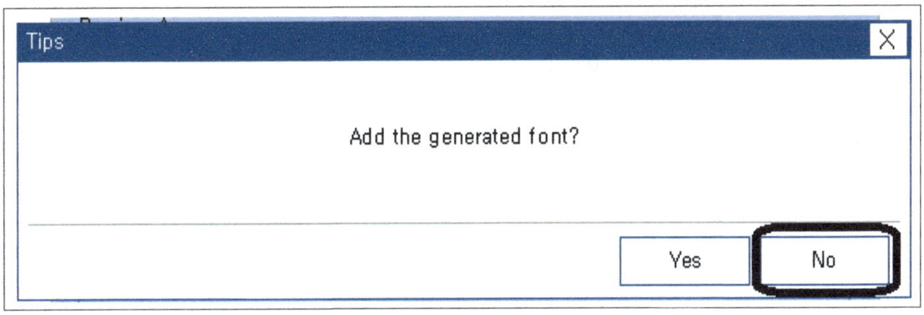

[그림 3.9] 폰트 생성 완료

3) Font 등록하기([그림 3.10]~[그림 3.11]) 순서: (1), (2), (3)

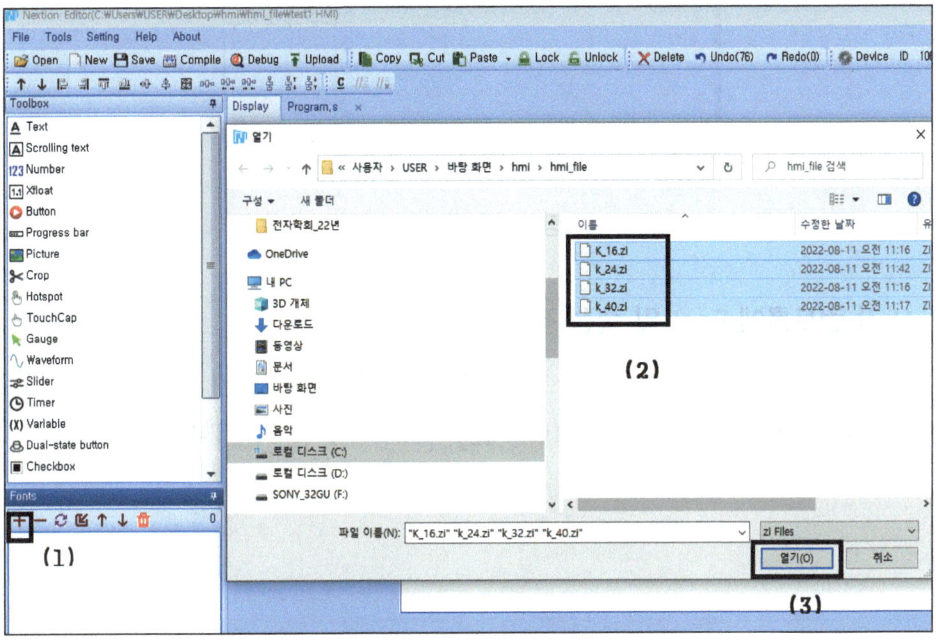

[그림 3.10] 생성된 Font 등록하기

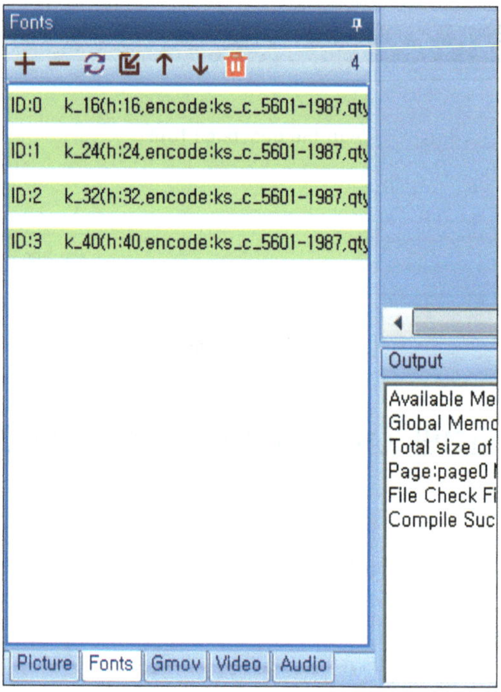

[그림 3.11] 등록된 Font

4) 각 컨트롤에 Font 및 속성 적용하기

컨트롤들을 선택하면 우측에 속성이 나타난다. 각 오브젝트의 속성값(Font, pco, txt, txt_maxl)을 용도에 맞도록 [그림 3.12], [그림 3.13]과 같이 수정한다.

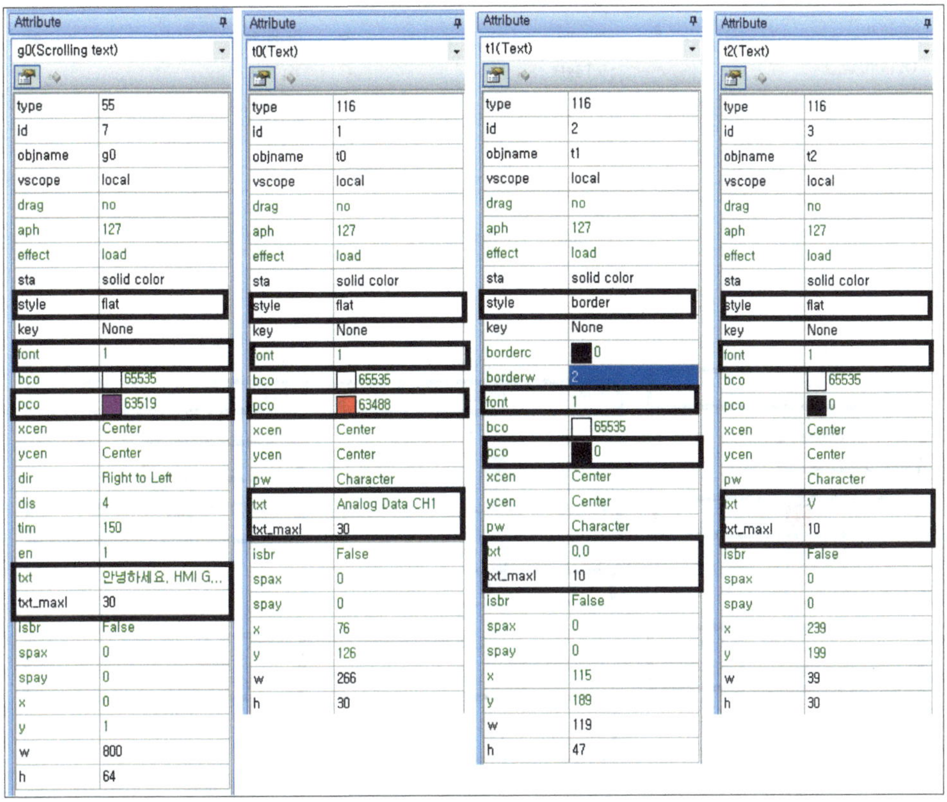

[그림 3.12] 객체들의 속성값

[그림 3.13] 객체들의 속성값

3. HMI 컴파일 및 Debug 하기

화면 구성이 완료되면 Save를 클릭한 다음 컴파일과 Debug를 하면 된다. 만약 컴파일에서 에러가 발생하면 수정한 다음 저장하고 다시 Debug를 한다[그림 3.14, 그림 3.15]. 실제 Debug 된 내용이 HMI에 적용된다.

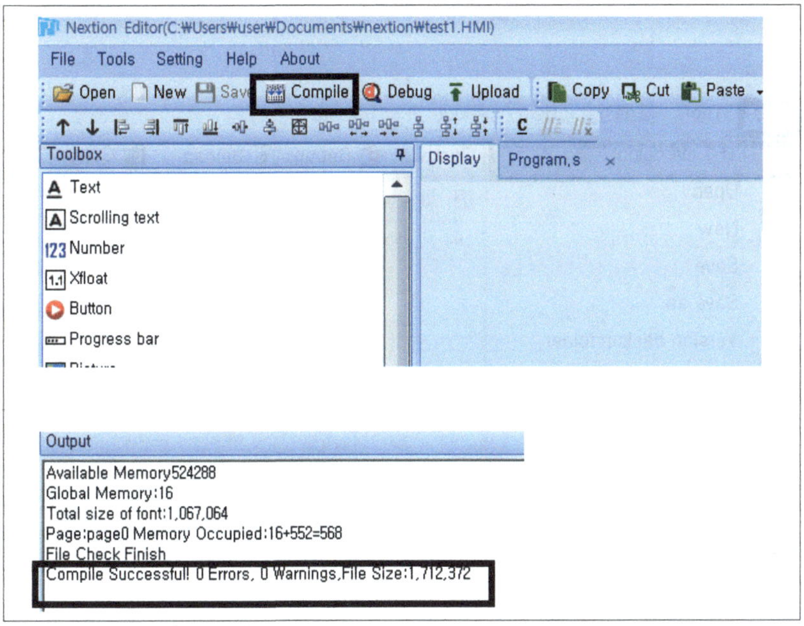

[그림 3.14] 컴파일하기

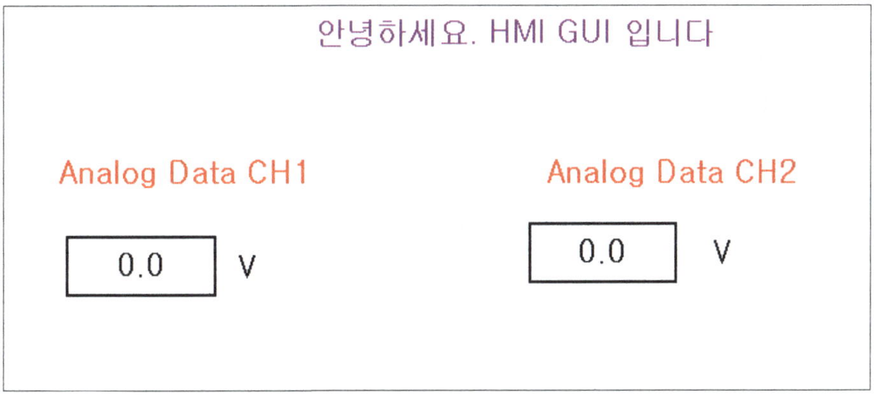

[그림 3.15] Debug

4. HMI에 다운로드하기(SD 메모리 이용)

Micro SD 메모리(8~32GB)를 준비하여 PC에 연결하고 아래 [그림 3.16]와 같이 SD 메모리에 파일을 저장한다.

1) SD 메모리에 파일 저장하기

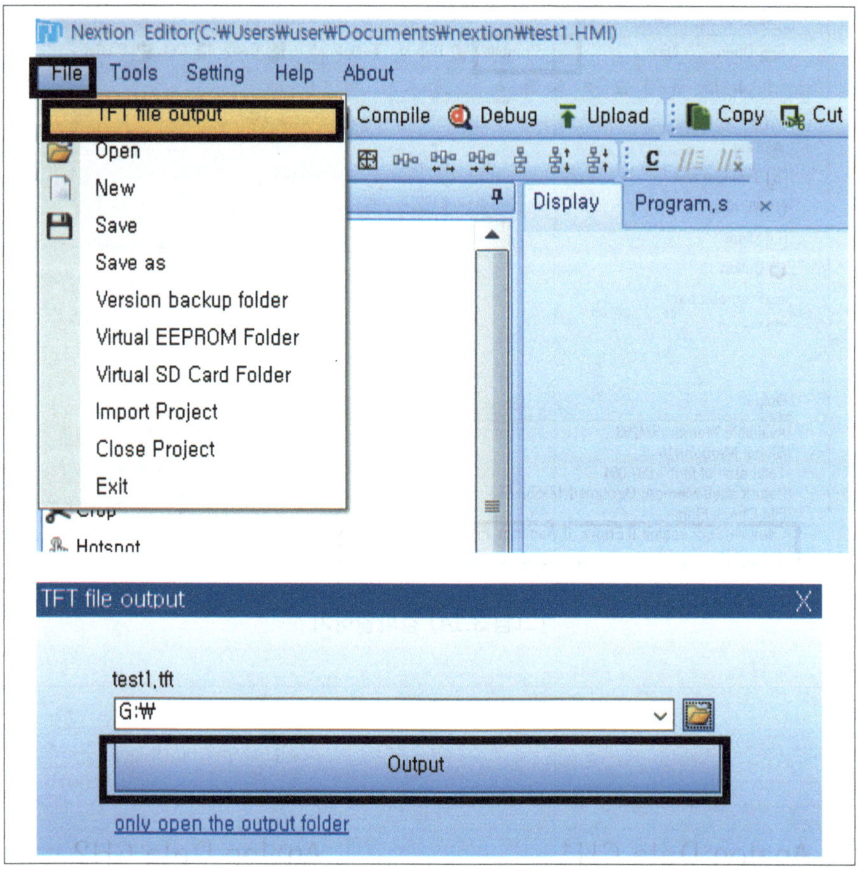

[그림 3.16] SD 메모리에 파일 저장

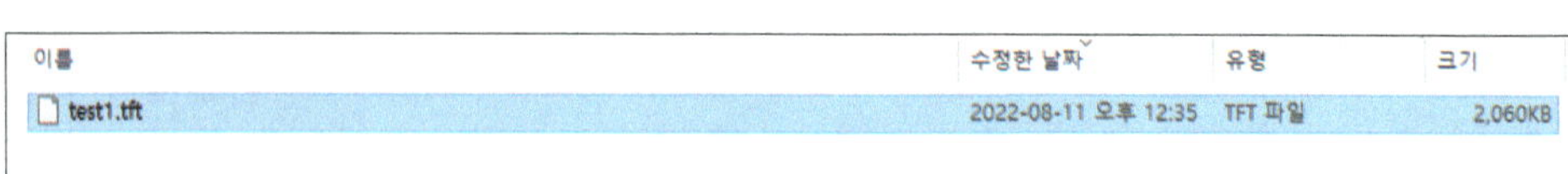

[그림 3.17] SD 메모리에 저장된 파일

2) HMI에 SD 메모리 연결 및 다운로드하기

HMI에 SD Card Slot 메모리를 삽입하고 전원을 off → On 하여 프로그램을 다운로드하고 완료되면 SD 메모리를 제거한 다음, 다시 전원을 off → on 하면 된다. 한 번 다운로드가 완료되면 임의로 수정 및 지우지 않는 한 내용은 프레시 메모리에 저장된다.

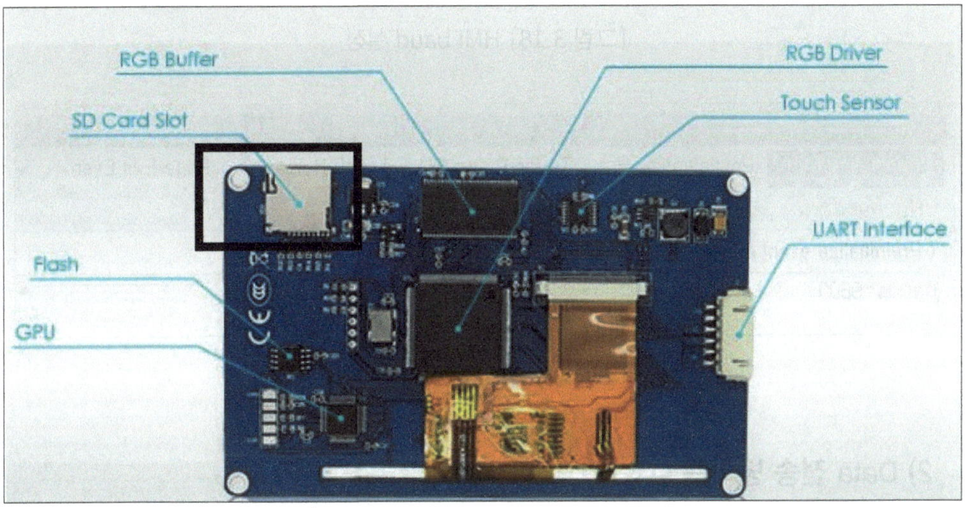

5. Arduino 프로그램 작성하기

HMI의 기본적인 보레이트는 9600이며, 이는 변경할 수 있는데, 필요에 따라서 시스템이나 해당 페이지 수행 전에 설정하는 것이 좋다. 아두이노 우노에는 하드웨어 시리얼 포트가 하나 밖에 없어 소프트웨어 포트를 선언해서 사용하면 되고 우노 이상급에서는 하드웨어 포트 기본 포트 이외 것을 사용하면 된다.

1) HMI 보레이트 설정 확인 및 Hardware 확인

HMI Rx ↔ Arduino Tx(3) 단자 연결

HMI Tx ↔ Arduino Rx(2) 단자 연결

bauds=2400, bauds=19200, bauds=115200;

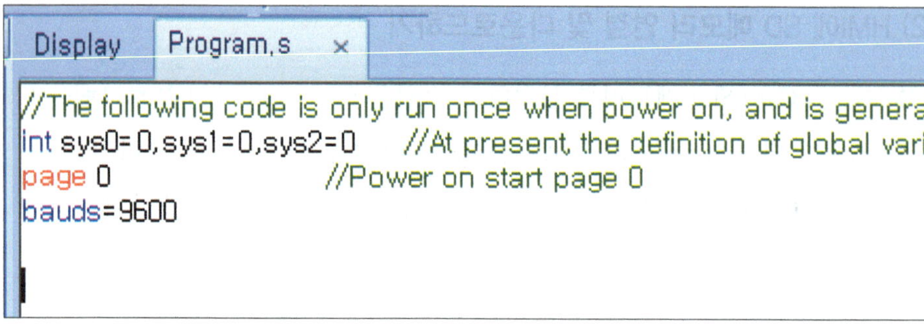

[그림 3.18] HMI baud 설정

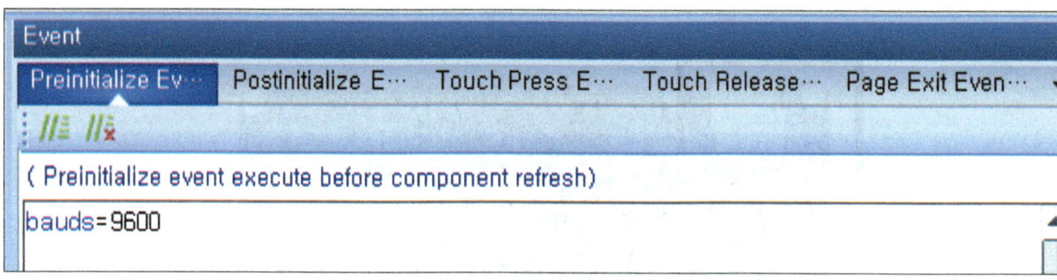

[그림 3.19] HMI baud 설정

2) Data 전송 방식은 (1), (2), (3)과 같다.

(1) 전송하고자 하는 객체 이름

hmi_rs232.print("t1.txt="); // 전송하고자하는 객체 이름

(2) 전송하고자 하는 내용

hmi_rs232.print("₩""); //시작

hmi_rs232.print("abc"); //전송하고자 하는 데이터

hmi_rs232.print("₩""); //스톱

(3) 전송 종료

hmi_rs232.write(0xff);

hmi_rs232.write(0xff);

hmi_rs232.write(0xff);

3) Arduino 프로그램 작성 〈문자 전송: 방법 1〉

arduino_test1

```
#include <SoftwareSerial.h>
SoftwareSerial hmi_rs232(2,3);//(Rx,Tx)
void setup() {
Serial.begin(9600);
hmi_rs232.begin(9600);
}
void loop() {
 hmi_rs232.print("t1.txt=");
 hmi_rs232.print("\"");
 hmi_rs232.print("abc");
 hmi_rs232.print("\"");
 hmi_rs232.write(0xff);
 hmi_rs232.write(0xff);
 hmi_rs232.write(0xff);
 //////////////////////
 hmi_rs232.print("t4.txt=");
 hmi_rs232.print("\"");
 hmi_rs232.print("def");
 hmi_rs232.print("\"");
 hmi_rs232.write(0xff);
 hmi_rs232.write(0xff);
 hmi_rs232.write(0xff);
  delay(100);
}
```

업로드 완료.

스케치는 프로그램 저장 공간 3462 바이트(10%)를 사용. 최대 32256 바이트.
전역 변수는 동적 메모리 327바이트(15%)를 사용, 1721바이트의 지역변수가 남음. 최대는 204

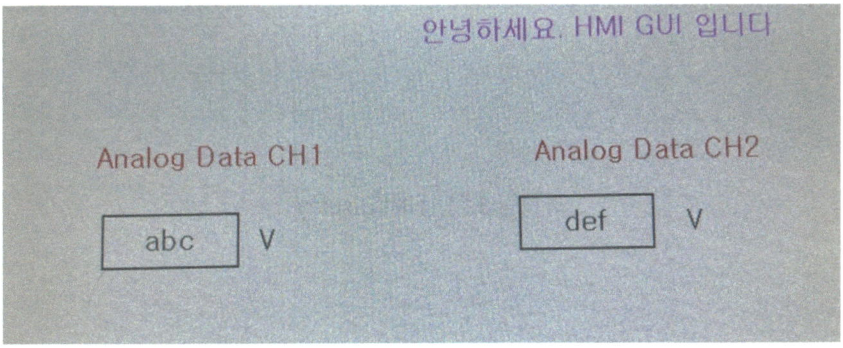

[그림 3.20] HMI Display

4) Arduino 프로그램 작성 〈수치 전송: 방법 2〉

가능한 모든 데이터는 문자 전송 방식을 취하는 것이 좋다. 따라서 숫자가 있으면 문자로 전환하여 전송하는 것이 바람직하다. 정수 데이터를 발생시켜 전송하는 프로그램을 작성해 보면, 먼저 정수를 발생시키고 이를 문자화하면 되는데 Arduino에서는 String 변수를 선언해서 사용하면 쉽게 해결할 수 있다.

사용 방법) 정숫값 100이 문자로 변환되어서 buf1에 저장

int val=100;

String buf1 = String(val);

예제) 0~100까지의 값을 순차적으로 디스플레이하는 방법

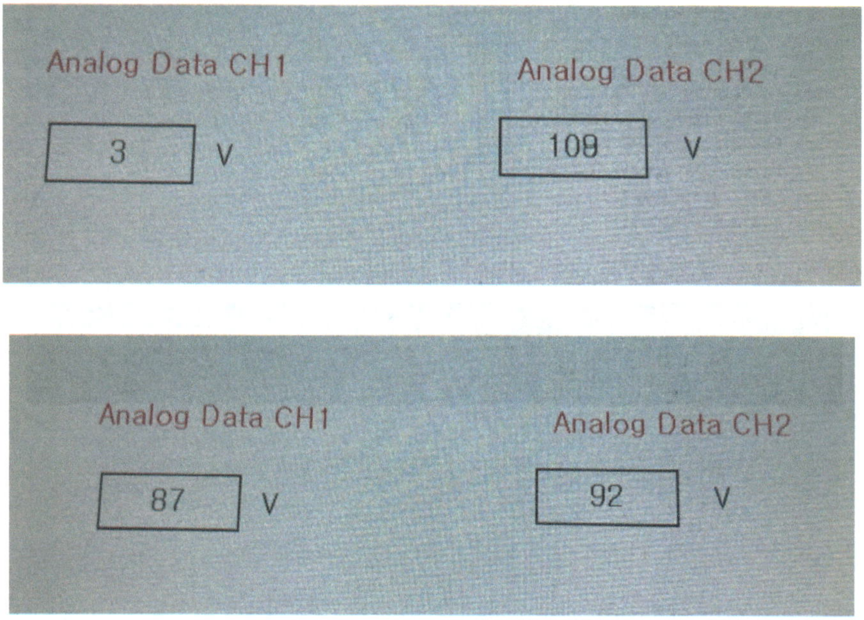

[그림 3.21] HMI Display

arduino_test2

```
#include <SoftwareSerial.h>
SoftwareSerial hmi_rs232(2,3);//(Rx,Tx)
int val1=0,val2=0;
void setup() {
Serial.begin(9600);
hmi_rs232.begin(9600);
}
void loop() {
 String buf1=String(val1++);
 String buf2=String(val2++);
 if(val1>100)val1=0;
 if(val2>200)val2=0;

 hmi_rs232.print("t1.txt=");
 hmi_rs232.print("\"");
 hmi_rs232.print(val1);
 hmi_rs232.print("\"");
 hmi_rs232.write(0xff);
 hmi_rs232.write(0xff);
 hmi_rs232.write(0xff);
 /////////////////////
 hmi_rs232.print("t4.txt=");
 hmi_rs232.print("\"");
 hmi_rs232.print(val2);
 hmi_rs232.print("\"");
 hmi_rs232.write(0xff);
 hmi_rs232.write(0xff);
 hmi_rs232.write(0xff);
  delay(100);
}
```

업로드 완료.

5) Arduino 프로그램 작성 〈아날로그 데이터를 받아서 출력: 방법 3〉

arduino_test3

```
#include <SoftwareSerial.h>
SoftwareSerial hmi_rs232(2,3);//(Rx,Tx)
int val1,val2;
float volt0,volt1;

void setup() {
Serial.begin(9600);
hmi_rs232.begin(9600);
}
void loop() {
 val1=analogRead(A0);
 val1=analogRead(A1);
 volt0=(float)val1*3.3/1024.0;
 volt1=(float)val1*3.3/1024.0;

 String buf1=String(volt0);
 String buf2=String(volt1);

 hmi_rs232.print("t1.txt=");
 hmi_rs232.print("\"");
 hmi_rs232.print(buf1);
 hmi_rs232.print("\"");
 hmi_rs232.write(0xff);
 hmi_rs232.write(0xff);
 hmi_rs232.write(0xff);
 //////////////////////
 hmi_rs232.print("t4.txt=");
 hmi_rs232.print("\"");
 hmi_rs232.print(buf2);
 hmi_rs232.print("\"");
 hmi_rs232.write(0xff);
 hmi_rs232.write(0xff);
 hmi_rs232.write(0xff);
  delay(100);
}
```

업로드 완료.

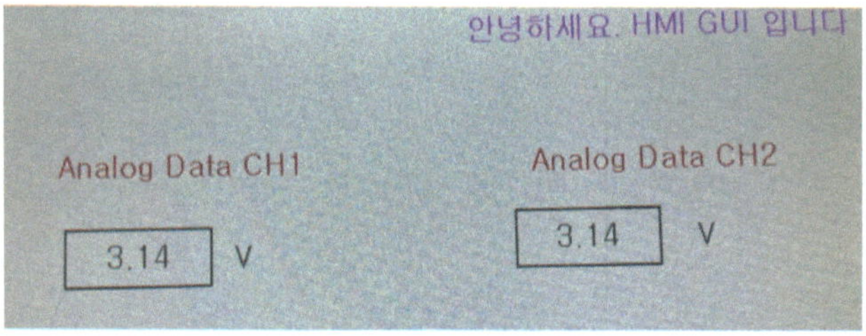

[그림 3.22] HMI Display

6) Arduino 프로그램 작성 〈아날로그 데이터를 받아서 출력: 방법 4 고급형〉

sprintf()를 이용하면 간단하게 전송할 수 있으나 아두이노에서는 지원하는 방식이 달라 약간의 변경이 필요하다. 실수를 지원할 수 있는 아래의 함수가 필요하다.

Arduino에서는 이 방식을 이용하여 데이터를 전송하겠다. 이 방식은 문자, 정수 및 실수를 다양한 형태로 보낼 수 있는 것이 특징이다.

char * dtostrf(double __val, signed char __width, unsigned char __prec, char * __s);

sketch_aug11a

```
#include <SoftwareSerial.h>
SoftwareSerial hmi_rs232(2,3);//(Rx,Tx)
int val1,val2;
float volt0,volt1;
char buf[20],buf1[20];

void setup() {
Serial.begin(9600);
hmi_rs232.begin(9600);
}
void loop() {
 val1=analogRead(A0);
 val1=analogRead(A1);
 volt0=(float)val1*3.3/1024.0;
 volt1=(float)val1*3.3/1024.0;

dtostrf(volt0,5, 2, buf1);
sprintf(buf,"t1.txt=\"%s\"%c%c%c",buf1,0xff,0xff,0xff);
hmi_rs232.print(buf);

dtostrf(volt1,5, 2, buf1);
sprintf(buf,"t4.txt=\"%s\"%c%c%c",buf1,0xff,0xff,0xff);
hmi_rs232.print(buf);

 //////////////////////

  delay(100);
}
```

업로드 완료.

스케치는 프로그램 저장 공간 7004 바이트(21%)를 사용. 최대 32256 바이트.
전역 변수는 동적 메모리 381바이트(18%)를 사용, 1667바이트의 지역변수가 남음. 최대는 2048 바이트.

6. STM32 프로그램 작성하기

HMI의 기본적인 보레이트는 9600이며, 이는 변경할 수 있는데, 필요에 따라서 시스템이나 해당 페이지 수행 전에 설정하는 것이 좋다. 여기서는 STM32L432kc 보드를 사용하도록 하고 어느 것을 사용하여도 상관없다.

1) HMI 보레이트 설정 확인 및 Hardware 확인

HMI Rx ↔ STM32L432kc Tx(3) 단자 연결

HMI Tx ↔ STM32L432kc Rx(2) 단자 연결

bauds=9600;

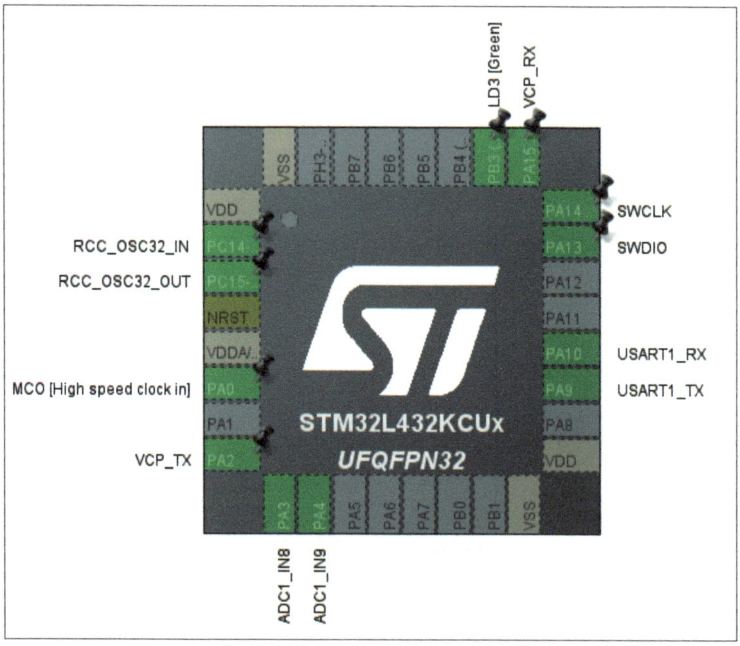

[그림 3.23] USART1 설정

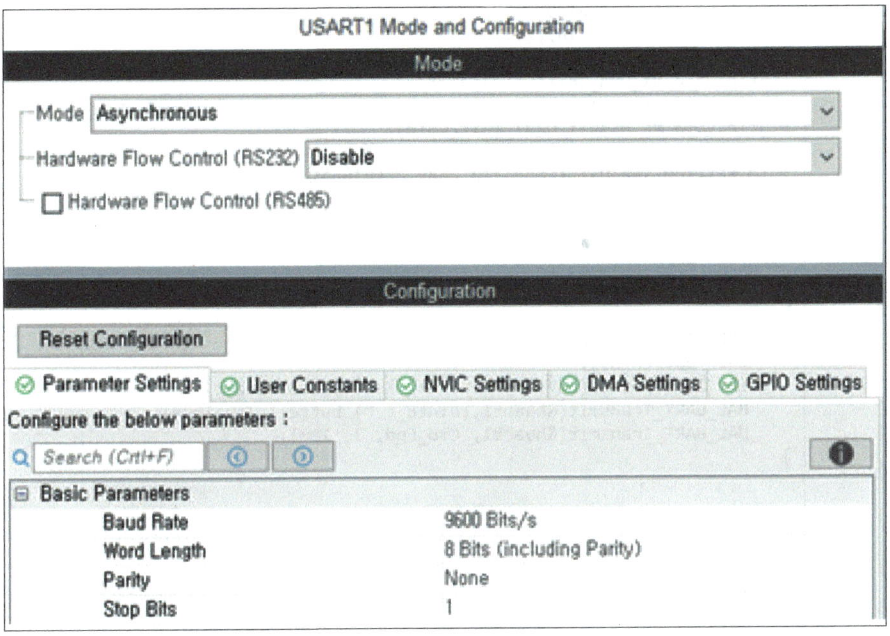

2) STM32 문자열 전송

스트링 전송을 위한 함수를 아래와 같이 만든다.

```
uint8_t Cmd_End[3]={0xFF,0xFF,0xFF};

void NEXTION_SendString(char *ID,char *string){
    char buffer[50];
    int len=sprintf(buffer,"%s.txt=₩"%s₩"",ID,string);
    HAL_UART_Transmit(&huart1,(uint8_t *) buffer, len,1000);
    HAL_UART_Transmit(&huart1, Cmd_End, 3, 100);
    }
```

프로그램 내용은 다음과 같다.

```
void SystemClock_Config(void);
static void MX_GPIO_Init(void);
static void MX_USART2_UART_Init(void);
static void MX_DMA_Init(void);
static void MX_ADC1_Init(void);
static void MX_USART1_UART_Init(void);
/* USER CODE BEGIN PFP */
void NEXTION_SendData(char *ID,char *string);
/* USER CODE END PFP */

/* Private user code ---------------------------------------------
/* USER CODE BEGIN 0 */
uint8_t Cmd_End[3]={0xFF,0xFF,0xFF};

void NEXTION_SendString(char *ID,char *string){
    char buffer[50];
    int len=sprintf(buffer,"%s.txt=\"%s\"",ID,string);
    HAL_UART_Transmit(&huart1,(uint8_t *) buffer, len,1000);
    HAL_UART_Transmit(&huart1, Cmd_End, 3, 100);
}


/* USER CODE END 0 */

/**
  * @brief  The application entry point.
  * @retval int
  */
int main(void)
{
  /* USER CODE BEGIN 1 */
```

```
  /* Initialize all configured peripherals */
  MX_GPIO_Init();
  MX_USART2_UART_Init();
  MX_DMA_Init();
  MX_ADC1_Init();
  MX_USART1_UART_Init();
  /* USER CODE BEGIN 2 */

  /* USER CODE END 2 */

  /* Infinite loop */
  /* USER CODE BEGIN WHILE */
  while (1)
  {

      NEXTION_SendString("t1","test0");
      NEXTION_SendString("t4","test1");

      HAL_GPIO_TogglePin(LD3_GPIO_Port, LD3_Pin);
      HAL_Delay(100);
    /* USER CODE END WHILE */

    /* USER CODE BEGIN 3 */
  }
  /* USER CODE END 3 */
}
```

3) STM32 문자열 전송 (정수 전송)

```
/* Private user code ---------------------------------------------------
/* USER CODE BEGIN 0 */
uint8_t Cmd_End[3]={0xFF,0xFF,0xFF};

void NEXTION_SendString(char *ID,char *string){
    char buffer[50];
    int len=sprintf(buffer,"%s.txt=\"%s\"",ID,string);
    HAL_UART_Transmit(&huart1,(uint8_t *) buffer, len,1000);
    HAL_UART_Transmit(&huart1, Cmd_End, 3, 100);
}
/* USER CODE END 0 */

/**
  * @brief  The application entry point.
  * @retval int
  */
int main(void)
{
  /* USER CODE BEGIN 1 */
```

```
  int val0=0,val1=0;
  char data0[20],data1[20];

  /* USER CODE END 2 */

  /* Infinite loop */
  /* USER CODE BEGIN WHILE */
  while (1)
  {

      sprintf(data0,"%3d",val0++);
      NEXTION_SendString("t1",data0);

      sprintf(data1,"%3d",val1++);
      NEXTION_SendString("t4",data1);

      if(val0>100)val0=0;
      if(val1>100)val1=0;


      HAL_GPIO_TogglePin(LD3_GPIO_Port, LD3_Pin);
      HAL_Delay(100);
    /* USER CODE END WHILE */

    /* USER CODE BEGIN 3 */
  }
  /* USER CODE END 3 */
}
```

4) STM32 문자열 전송 (실수 전송)

```
/* Private user code ---------------------------------------------------
/* USER CODE BEGIN 0 */
uint8_t Cmd_End[3]={0xFF,0xFF,0xFF};

void NEXTION_SendString(char *ID,char *string){
    char buffer[50];
    int len=sprintf(buffer,"%s.txt=\"%s\"",ID,string);
    HAL_UART_Transmit(&huart1,(uint8_t *) buffer, len,1000);
    HAL_UART_Transmit(&huart1, Cmd_End, 3, 100);
}
/* USER CODE END 0 */

/**
  * @brief  The application entry point.
  * @retval int
  */
int main(void)
{
  /* USER CODE BEGIN 1 */
```

```
  /* USER CODE BEGIN 2 */

  int val0=0;
  float val1=0.0;
  char data[20];

  /* USER CODE END 2 */

  /* Infinite loop */
  /* USER CODE BEGIN WHILE */
  while (1)
  {
      val0++;
      val1=(float)val0/10.0;

      sprintf(data,"%3d",val0++);
      NEXTION_SendString("t1",data);

      sprintf(data,"%4.2f",val1);
      NEXTION_SendString("t4",data);

      if(val0>1000)val0=0;



      HAL_GPIO_TogglePin(LD3_GPIO_Port, LD3_Pin);
      HAL_Delay(100);
    /* USER CODE END WHILE */

    /* USER CODE BEGIN 3 */
  }
  /* USER CODE END 3 */
}
```

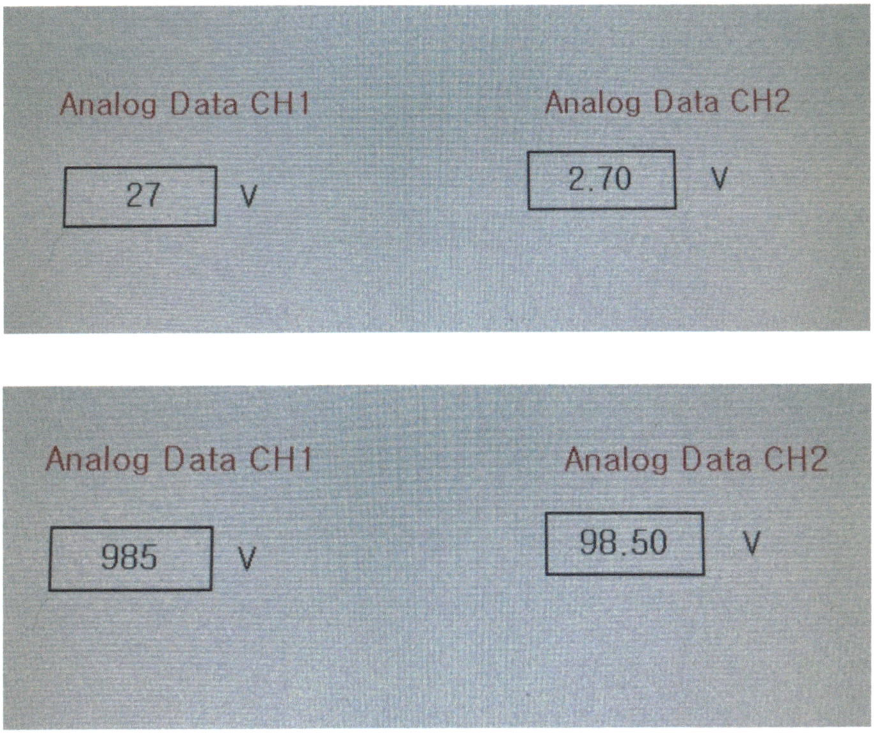

[그림 3.24] HMI Display

MCU 기반 HMI GUI 프로젝트

CHAPTER 4

HMI에서 MCU로 Data 전송하기

CHAPTER 04

MCU 기반 HMI GUI 프로젝트

HMI에서 MCU로 Data 전송하기

1. HMI File 만들기

[그림 4.1]~[그림 4.4]과 같이 설정한다(5"인텔리전트 타입).

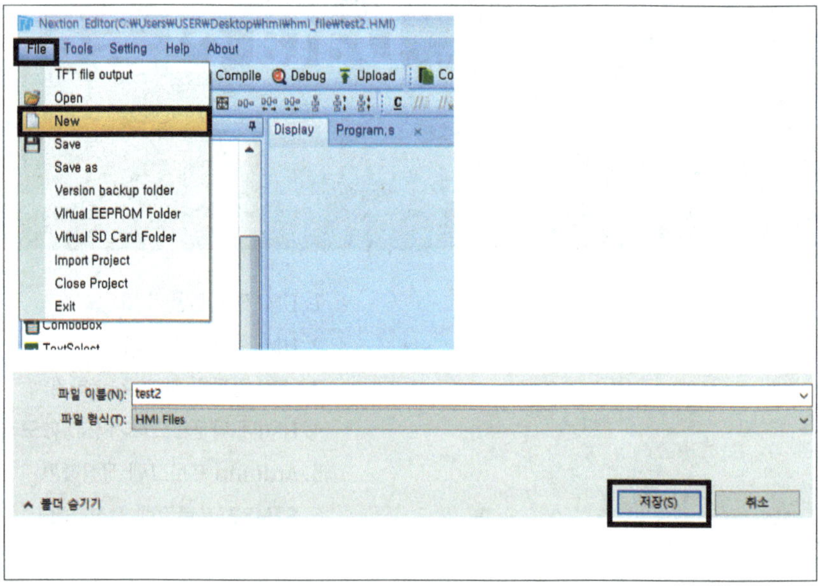

[그림 4.1] HMI File 만들기

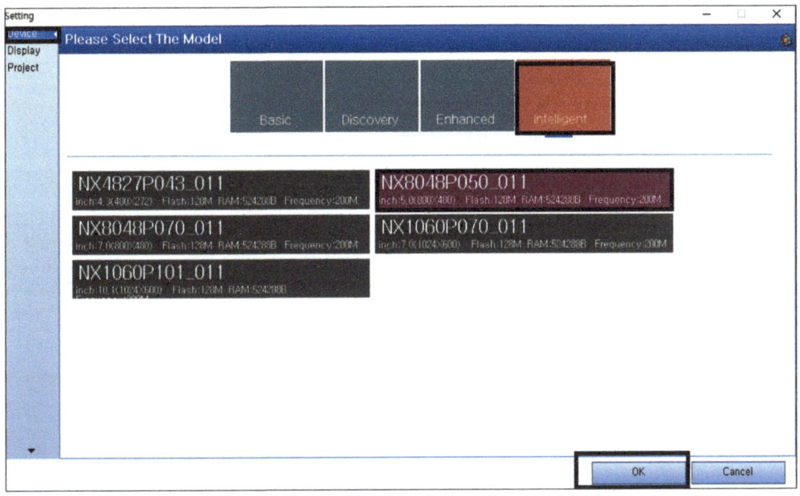

[그림 4.2] 디바이스 모델 선정

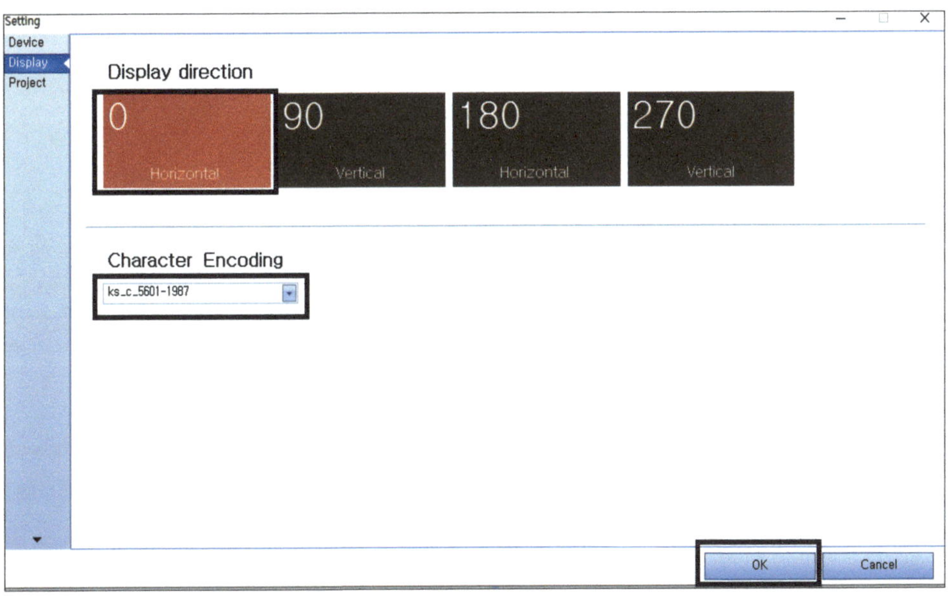

[그림 4.3] 디스플레이 방향과 엔코딩 선정

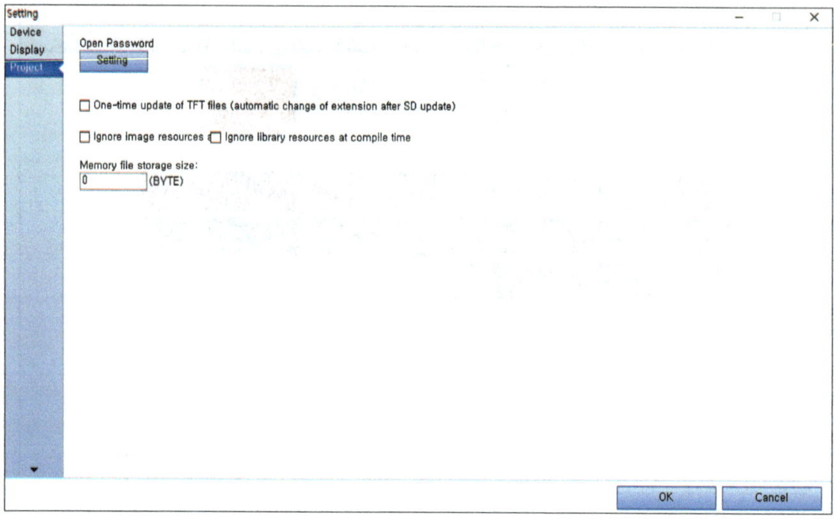

[그림 4.4] Project 선정

2. HMI 화면 구성하기

1) [그림 4.5]와 같이 Toolbox의 컨트롤 Text와 Scrolling text 및 variable(va0는 Number, va1~va3은 String), Timer를 선택해서 디스플레이 창에 아래와 같이 배치한다.

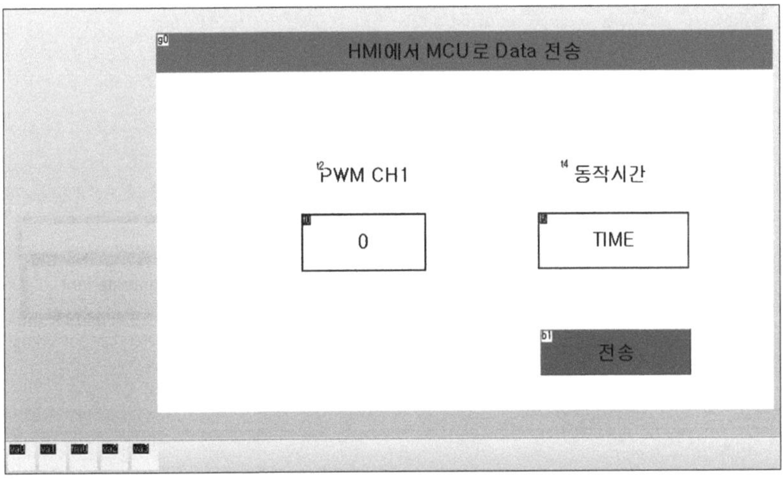

[그림 4.5] 컨트롤 선택 및 배치

2) Font 생성하기 (4개 생성, [그림 4.6]~[그림 4.8])

이전에 생성되어 있다면 생성하지 않고 바로 사용할 수 있다.

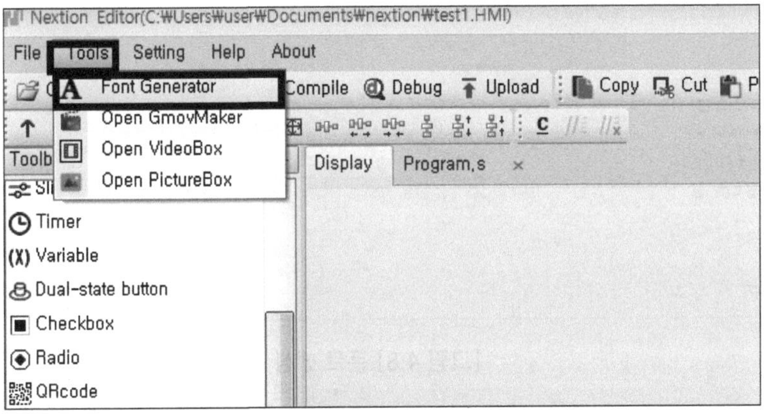

[그림 4.6] 폰트 설정

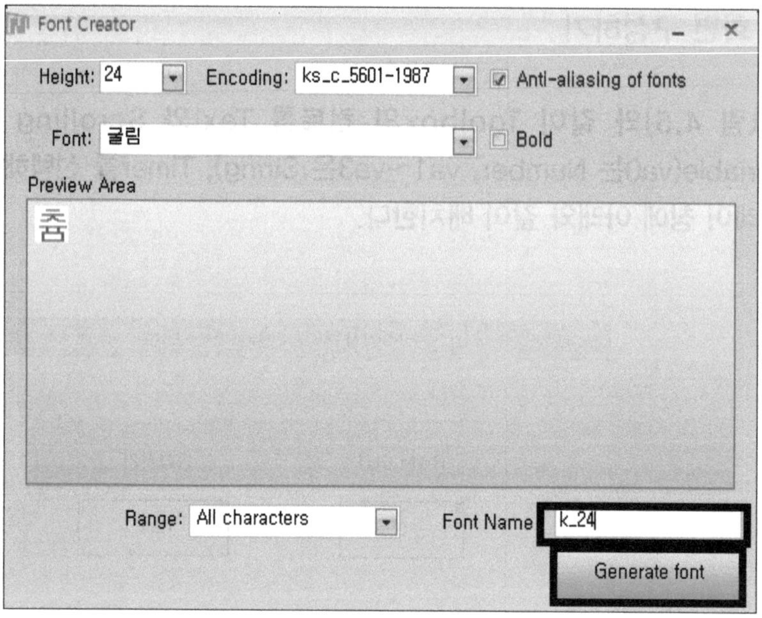

[그림 4.7] 폰트 생성

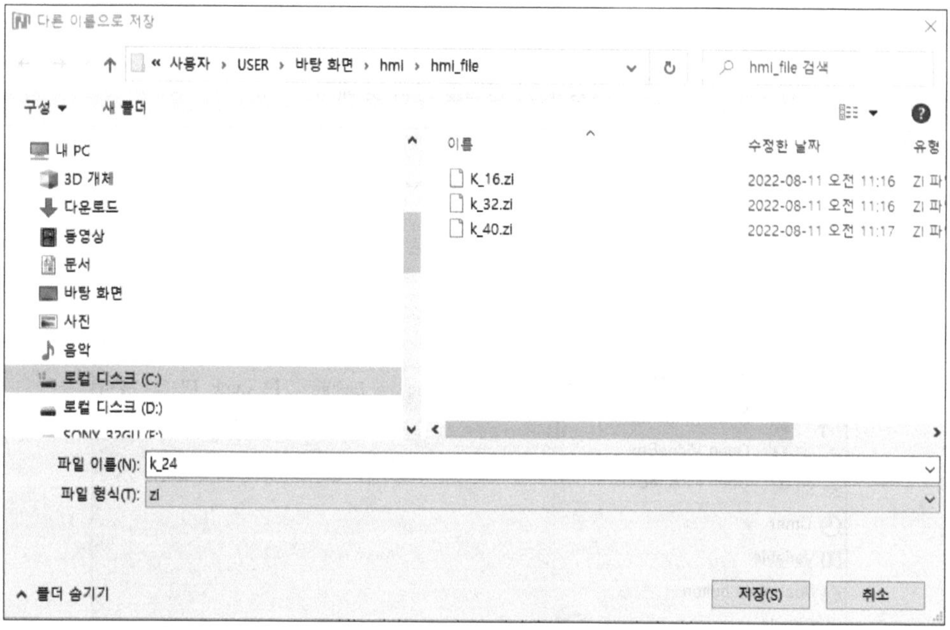

[그림 4.8] 폰트 생성

3) Font 등록하기 [그림 4.9]~[그림 4.10] 순서: (1), (2), (3)

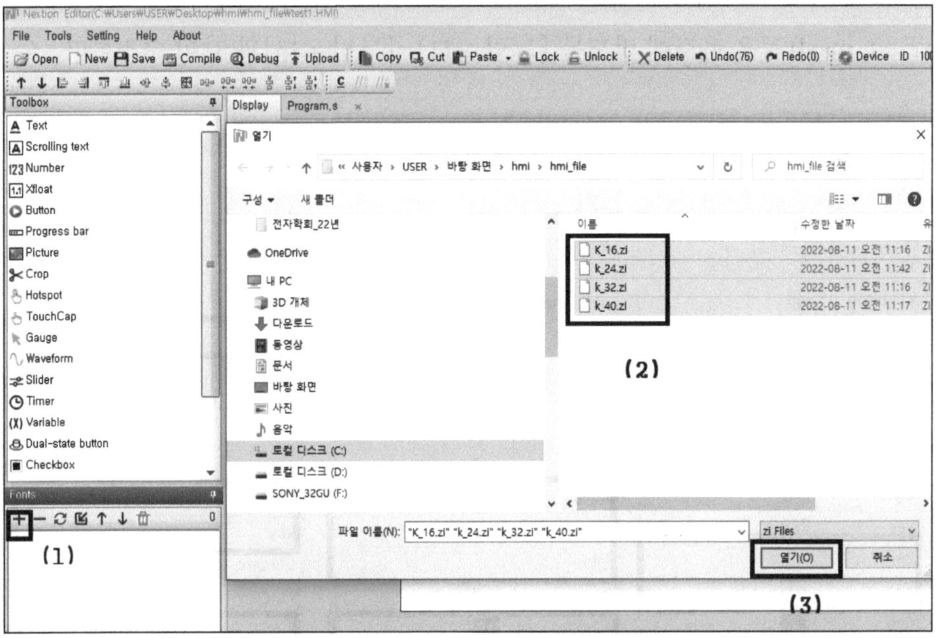

[그림 4.9] 생성된 Font 등록하기

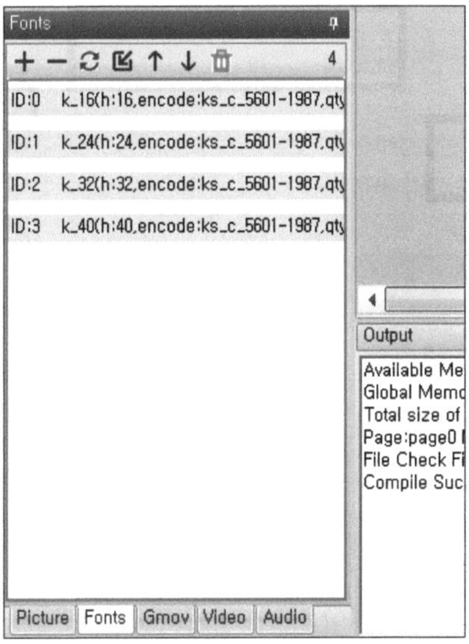

[그림 4.10] 등록된 Font

4) 각 컨트롤에 Font 및 속성 적용하기

컨트롤들을 선택하면 우측에 속성이 나타난다. 각 오브젝트의 속성값(Font, pco, txt, txt_maxl) 등을 용도에 맞도록 [그림 4.11]~[그림 4.13]과 같이 수정한다.

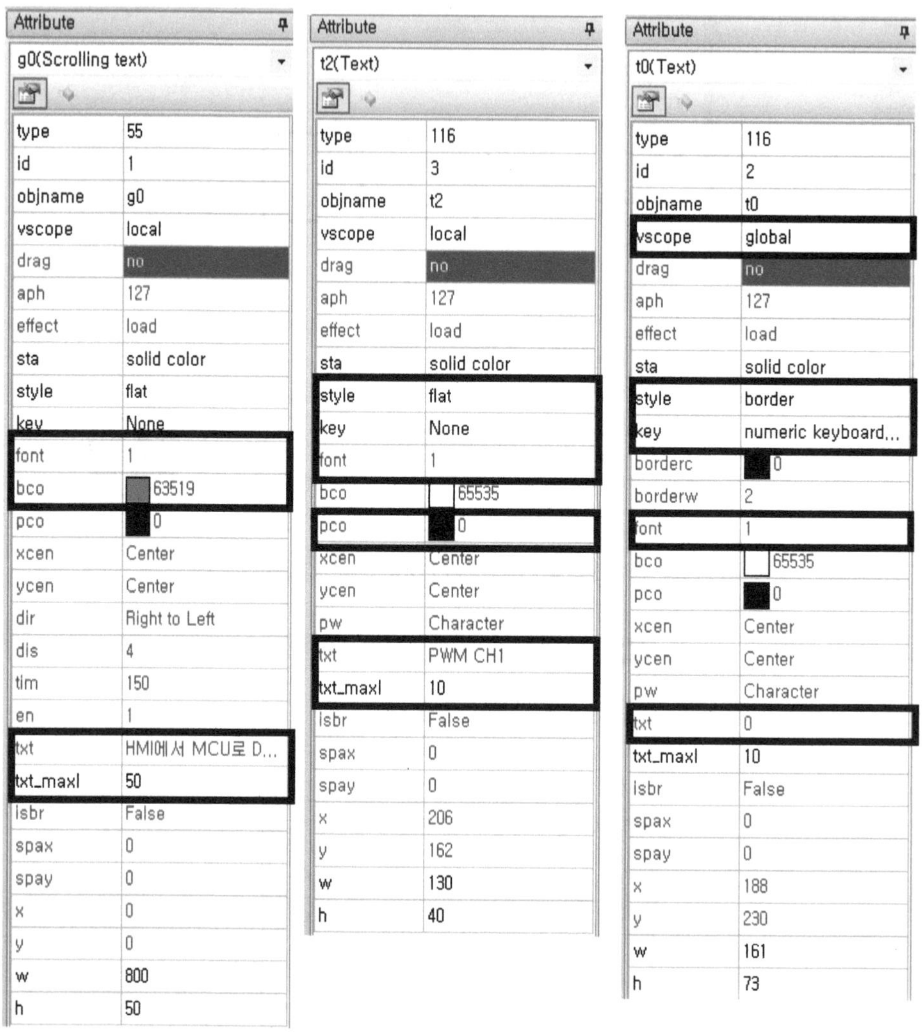

Attribute — g0(Scrolling text)

type	55
id	1
objname	g0
vscope	local
drag	no
aph	127
effect	load
sta	solid color
style	flat
key	None
font	1
bco	63519
pco	0
xcen	Center
ycen	Center
dir	Right to Left
dis	4
tim	150
en	1
txt	HMI에서 MCU로 D...
txt_maxl	50
isbr	False
spax	0
spay	0
x	0
y	0
w	800
h	50

Attribute — t2(Text)

type	116
id	3
objname	t2
vscope	local
drag	no
aph	127
effect	load
sta	solid color
style	flat
key	None
font	1
bco	65535
pco	0
xcen	Center
ycen	Center
pw	Character
txt	PWM CH1
txt_maxl	10
isbr	False
spax	0
spay	0
x	206
y	162
w	130
h	40

Attribute — t0(Text)

type	116
id	2
objname	t0
vscope	global
drag	no
aph	127
effect	load
sta	solid color
style	border
key	numeric keyboard...
borderc	0
borderw	2
font	1
bco	65535
pco	0
xcen	Center
ycen	Center
pw	Character
txt	0
txt_maxl	10
isbr	False
spax	0
spay	0
x	188
y	230
w	161
h	73

[그림 4.11] 객체들의 속성값

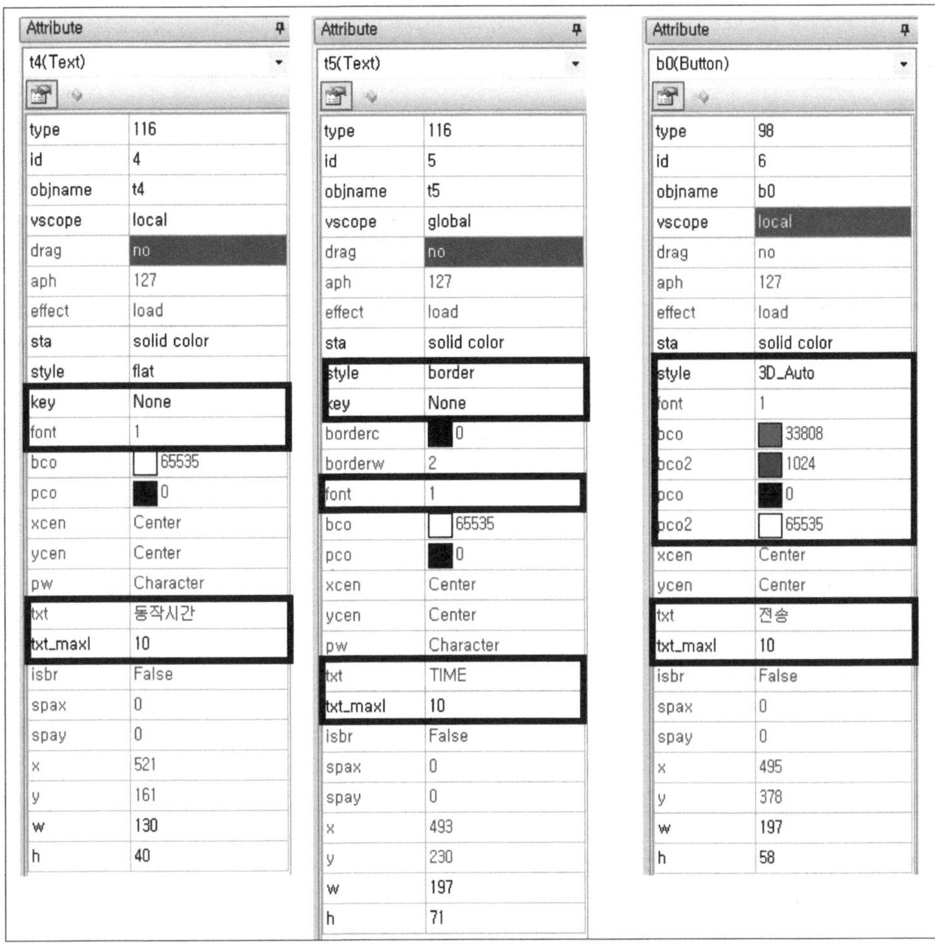

[그림 4.12] 객체들의 속성값

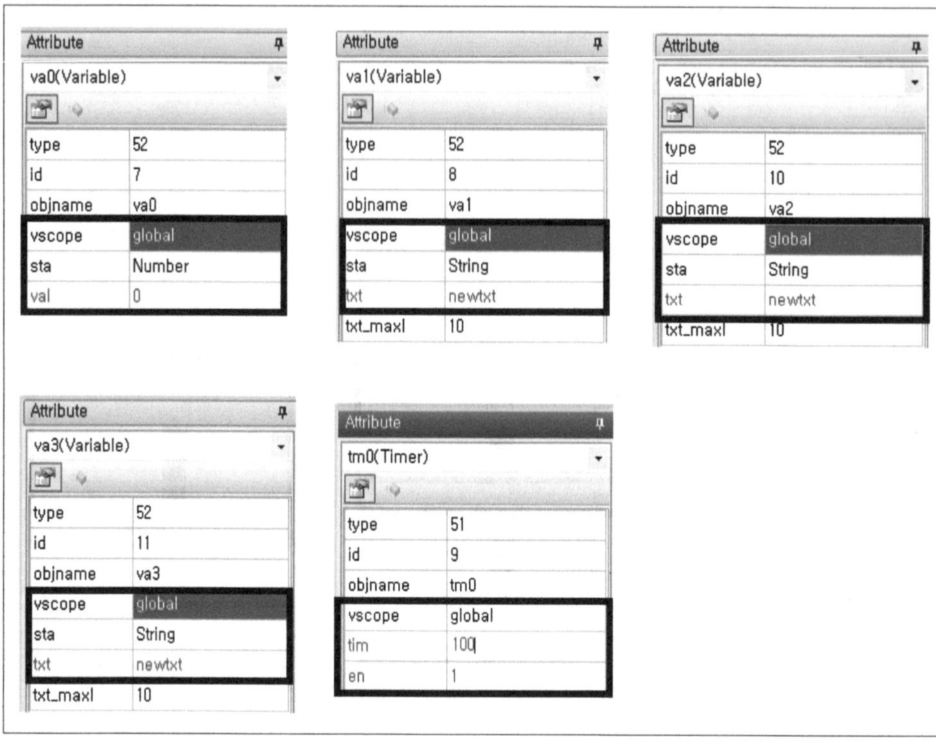

[그림 4.13] 객체들의 속성값

5) 타이머 프로그램하기 [그림 4.14]

100ms마다 rtc의 값을 갱신해 준다. rtc 및 cov 명령어는 부록을 참고하기 바란다. rtc의 값을 String으로 변환해서 나타낸다. timer.en=1이면 동작, timer.en=0이면 부동작이며 초기 상태 timer.en=1로 되어 있다. tm0,tm1의 프로그램 내용은 [그림 4.14]와 같다.

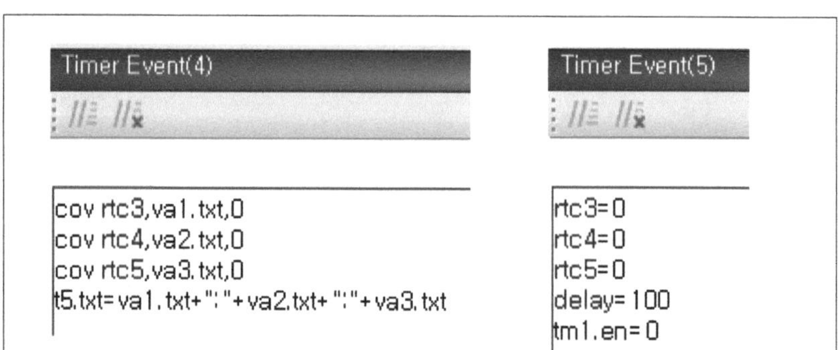

[그림 4.14] 타이머 프로그램

6) 변수 지정

변수를 설정(클릭)하면 디폴트로 Number 변수이다. 값을 지정하려면 va0.val= 10, 이러한 형태를 가지며, 이를 String 형태로 변환할 수 있으며 이를 위해서는 해당 속성 중 sta를 "String"으로 전환하면 스트링 변수로 사용할 수 있다(va1.txt="abc").

7) 객체의 Event

각 객체는 Event를 가지고 있는데 t0.txt를 클릭하면 다음과 같은 이벤트가 나타난다.

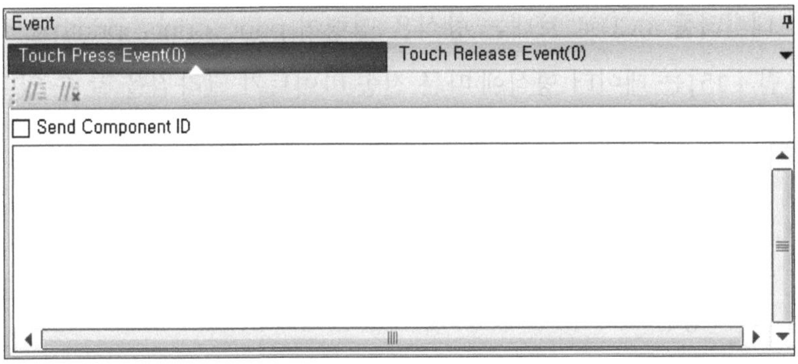

이 Event의 의미는

1) Touch Press Event: 해당 객체를 터치(Off → On)했을 경우 동작 내용, 여기에 프로그램이 있다면 실행된다.
2) Touch Release Event: 해당 객체를 터치(On → Off)했을 경우 동작 내용, 여기에 프로그램이 있다면 그 내용이 실행된다.

만약에 다음과 같이 프로그램했다면 터치(on)했을 때 "On", 뗄(off) 때 "Off"가 t0 객체에 나타난다. Send Component ID는 사용하지 않음.

8) 버튼 프로그램하기

버튼을 눌렀을 경우 객체 t0의 값이 다음과 같이 조건으로 MCU로 전송되었으면 한다.

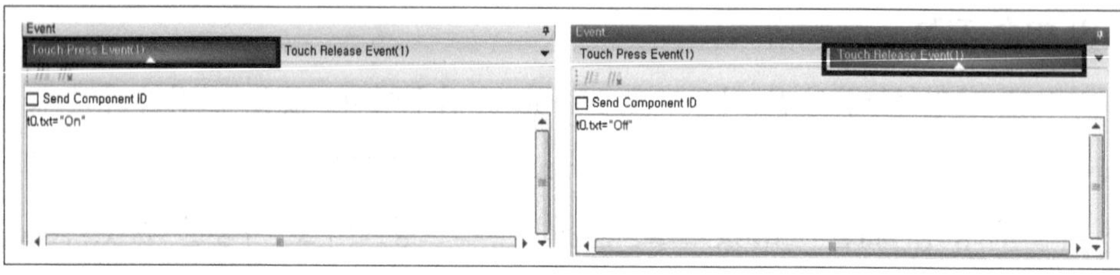

1) 시작은 "$"(0x24)

2) command는 1바이트: "1"(0x31)

3) Data(t0) 길이 4바이트

4) 끝은 "&"(0x26)

이 조건을 만들기 위해서는 객체 t0의 길이를 알아서 데이터가 4Byte가 되도록 해야 한다. 데이터를 MCU로 보내는 방식은 명령어 print, prints, printh를 사용한다. 아래 [그림 4.15]는 데이터 형식에 따른 전송 바이트가 달라짐을 알 수 있다.

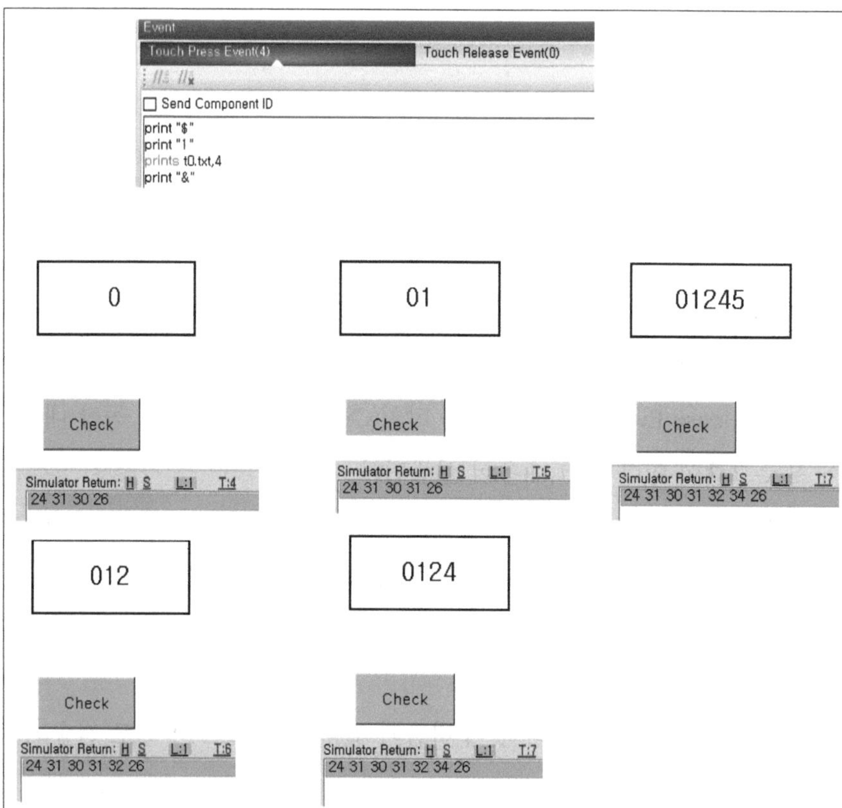

[그림 4.15] 데이터 형식에 따른 전송 바이트

따라서 버튼 b0 객체에 다음과 같은 프로그램이 필요하다.

```
strlen t0.txt,va0.val   ////////  객체의 길이를 구한다.
if(va0.val>4)           ////////  4바이트가 넘으면 에러
{
b0.bco=63488        /////// 배경 Red 색
b0.txt="전송 Err"
}else                   ///////  0~4바이트 범위이면
{
print "$"               ///// 스타트 코드
print "1"               ///// 커멘드 코드
b0.bco=33808        ///// 정상 색
if(va0.val==1)         /////// 코드 길이가 1이면
{
print "0"
print "0"
print "0"
prints t0.txt,4        ////// t0 객체 최대 4바이트 전송
}else if(va0.val==2)  /////// 코드 길이가 2이면
{
print "0"
print "0"
prints t0.txt,4         ////// t0 객체 최대 4바이트 전송
}else if(va0.val==3) /////// 코드 길이가 3이면
{
print "0"
prints t0.txt,4       ////// t0 객체 최대 4바이트 전송
}else                  /////// 코드 길이가 4이면
```

```
{
prints t0.txt,4         ////// t0 객체 최대 4바이트 전송
}
print "&"             /////// stop 코드
}
```

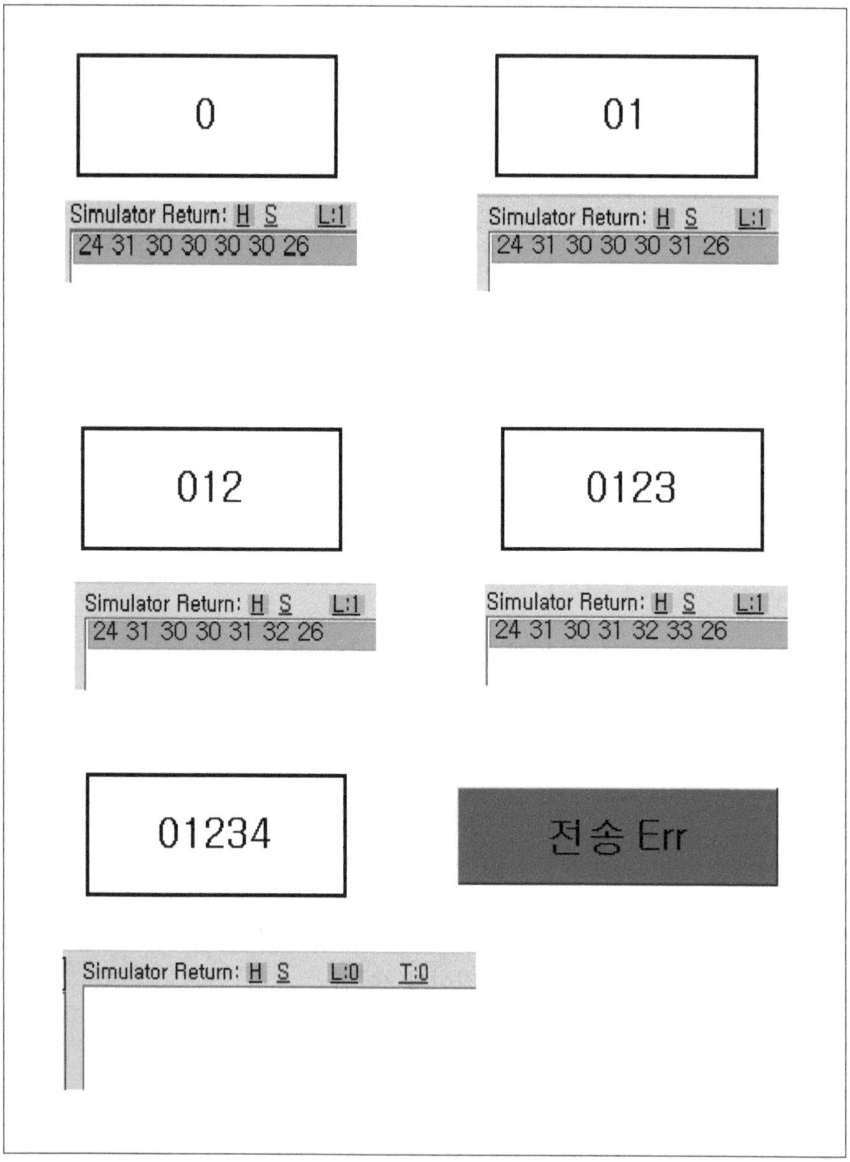

[그림 4.16] 데이터를 포함한 전송 코드 생성

3. HMI 컴파일 및 Debug 하기

화면 구성이 완료되면 Save를 클릭한 다음 컴파일과 Debug를 하면 된다. 만약 컴파일에서 에러가 발생하면 수정한 다음, 저장하고 다시 Debug를 한다[그림 4.17], [그림 4.18]. 실제 Debug 된 내용이 HMI에 적용된다.

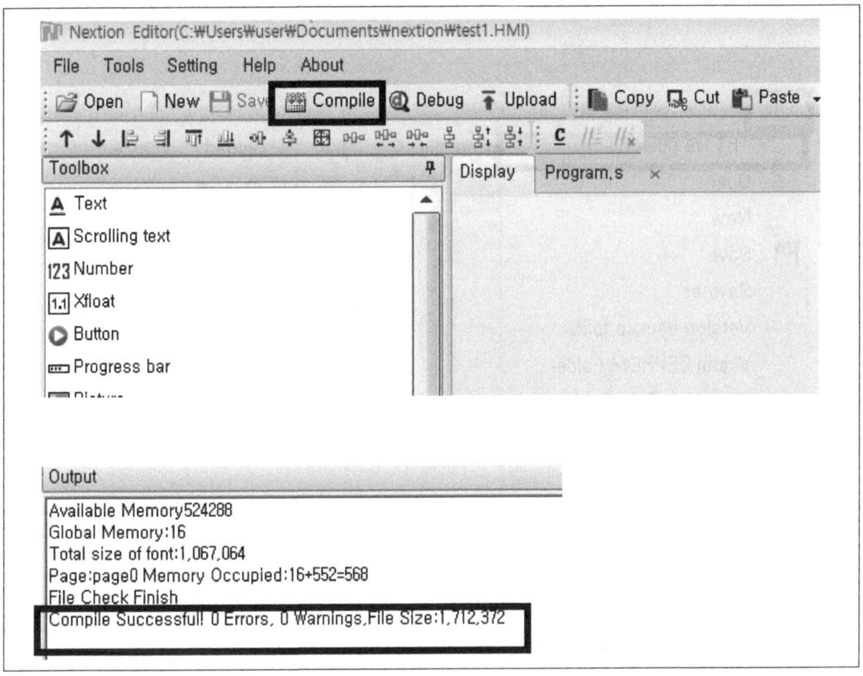

[그림 4.17] 컴파일하기

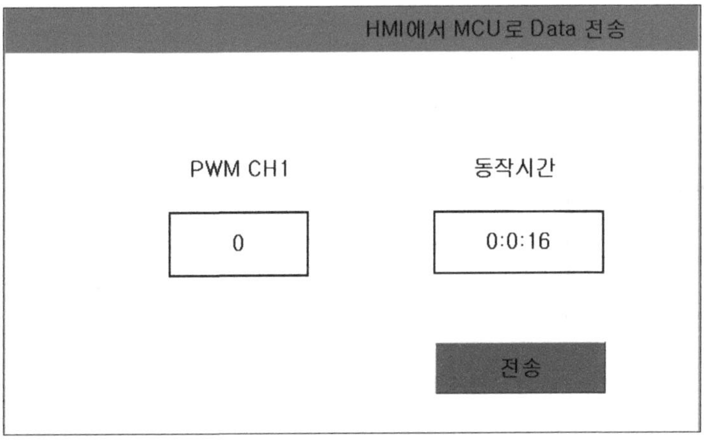

[그림 4.18] Debug

4. HMI에 다운로드하기 (SD 메모리 이용)

Micro SD 메모리(8~32GB)를 준비하여 PC에 연결하고 아래 [그림 4.19]와 같이 SD 메모리에 파일을 저장한다.

1) SD 메모리에 파일 저장하기

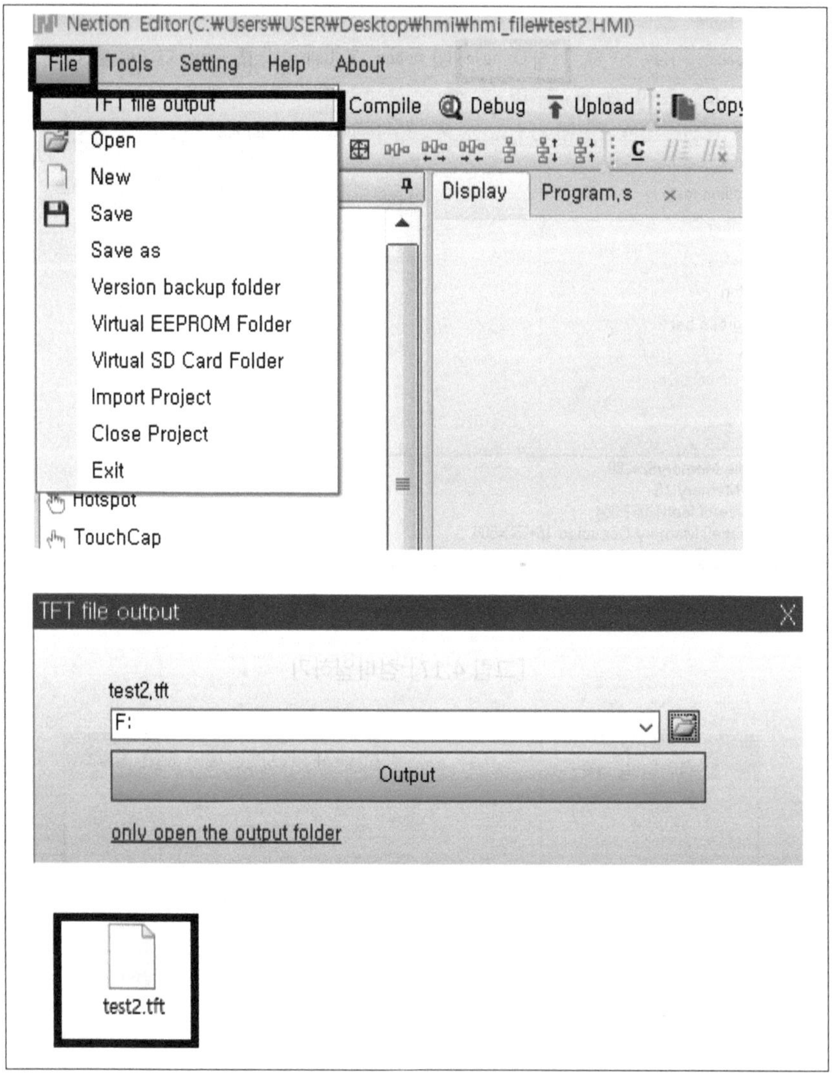

[그림 4.19] SD 메모리에 파일 저장

2) HMI에 SD 메모리 연결 및 다운로드하기

HMI에 SD Card Slot 메모리를 삽입하고 전원을 off → On 하여 프로그램을 다운로드하고 완료되면 SD 메모리를 제거한 다음, 다시 전원을 off → on 하면 된다. 한 번 다운로드가 완료되면 임의로 수정 및 지우지 않는 한 내용은 프레시 메모리에 저장된다.

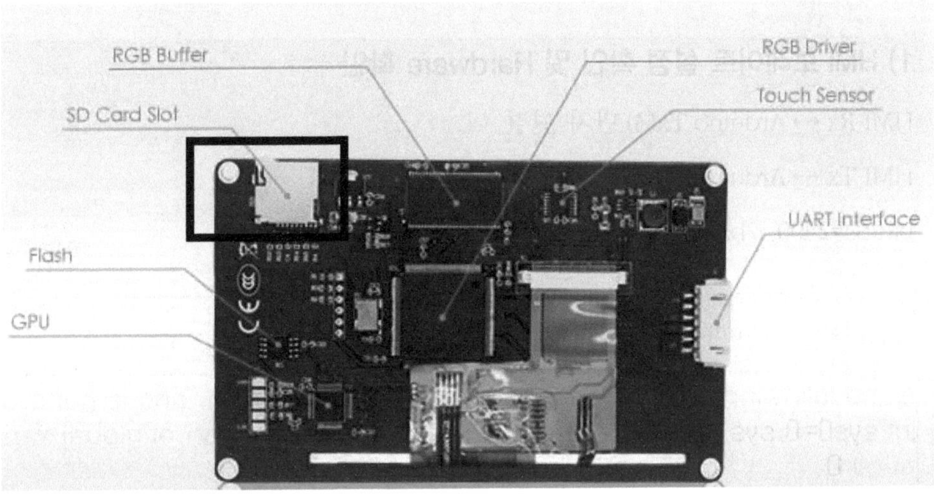

5. Arduino 프로그램 작성하기

HMI의 기본적인 보레이트는 9600이며, 이는 변경할 수 있는데, 필요에 따라서 시스템이나 해당 페이지 수행 전에 설정하는 것이 좋다. 아두이노 우노에는 하드웨어 시리얼 포트가 하나밖에 없어 소프트웨어 포트를 선언해서 사용하면 되고, 우노 이상급에서는 하드웨어 포트 기본 포트 이외 것을 사용하면 된다.

1) HMI 보레이트 설정 확인 및 Hardware 확인

HMI Rx ↔ Arduino Tx(3) 단자 연결

HMI Tx ↔ Arduino Rx(2) 단자 연결

bauds=2400,　bauds=19200,　bauds=115200;

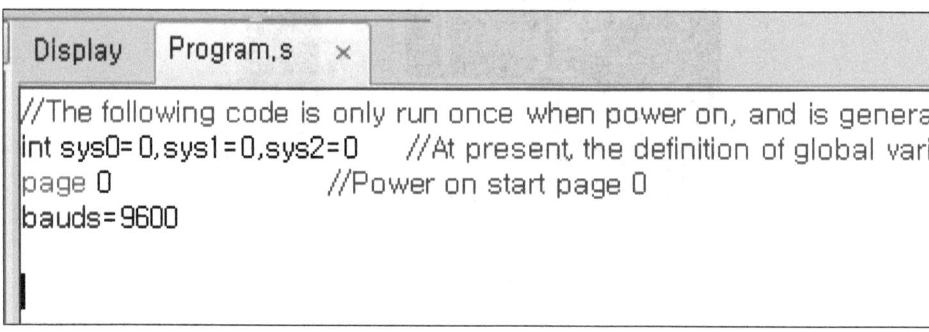

[그림 4.20] HMI baud 설정

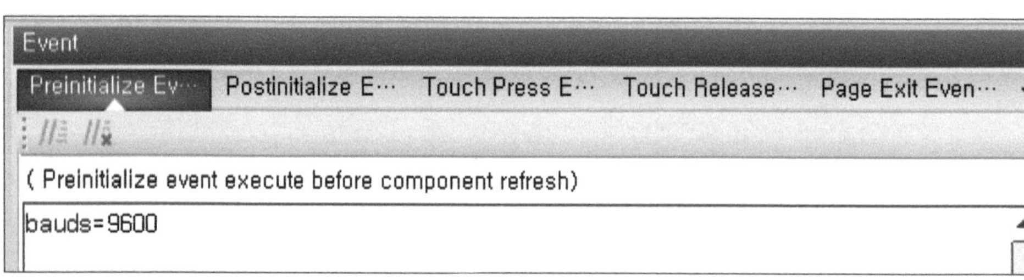

[그림 4.21] HMI baud 설정

2) Arduino 프로그램 작성

HMI에서 데이터를 받아 아두이노의 시리얼 포트로 출력하는 프로그램 [그림 4.22]을 작성해 본다.

arduino_test5

```
#include <SoftwareSerial.h>
SoftwareSerial hmi_rs232(2,3);//(Rx,Tx)
char buff0[7],buff1[10];
int val;
void setup() {
hmi_rs232.begin(9600);
Serial.begin(9600);

}
void loop() {
   if(hmi_rs232.available()){
      if(hmi_rs232.readBytes(buff0,7)==7){
         buff0[0]=0x20;
         buff0[1]=0x20;
         buff0[6]=0x20;
         val=atoi(buff0);
         sprintf(buff1,"%d\r\n",val);
         Serial.print(buff1);
      }
   }
}
```

업로드 완료.

[그림 4.22] Arduino 프로그램 (정수)

```
arduino_test6
#include <SoftwareSerial.h>
SoftwareSerial hmi_rs232(2,3);//(Rx,Tx)
char buff0[7],buff1[10];
float val;
void setup() {
hmi_rs232.begin(9600);
Serial.begin(9600);

}
void loop() {
   if(hmi_rs232.available()){
      if(hmi_rs232.readBytes(buff0,7)==7){
         buff0[0]=0x20;
         buff0[1]=0x20;
         buff0[6]=0x20;
         val=atof(buff0);
         Serial.println(val);
      }
   }
}
```

[그림 4.23] Arduino 프로그램 (실수)

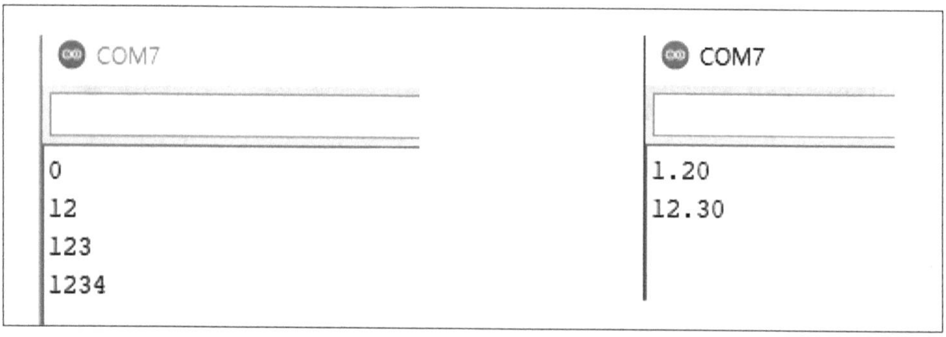

[그림 4.24] Arduino 프로그램 결과

6. STM32 프로그램 작성하기

HMI의 기본적인 보레이트는 9600이며, 이는 변경할 수 있는데, 필요에 따라서 시스템이나 해당 페이지 수행 전에 설정하는 것이 좋다. 여기서는 STM32L432kc 보드를 사용하도록 하고 어느 것을 사용하여도 상관없다. 데이터를 HMI로부터 수신하여 STM32 MCU 시리얼 포트 2로 전송하여 확인한다.

1) HMI 보레이트 설정 확인 및 Hardware 확인

HMI Rx ↔ STM32L432kc Tx(3) 단자 연결

HMI Tx ↔ STM32L432kc Rx(2) 단자 연결

bauds=9600;

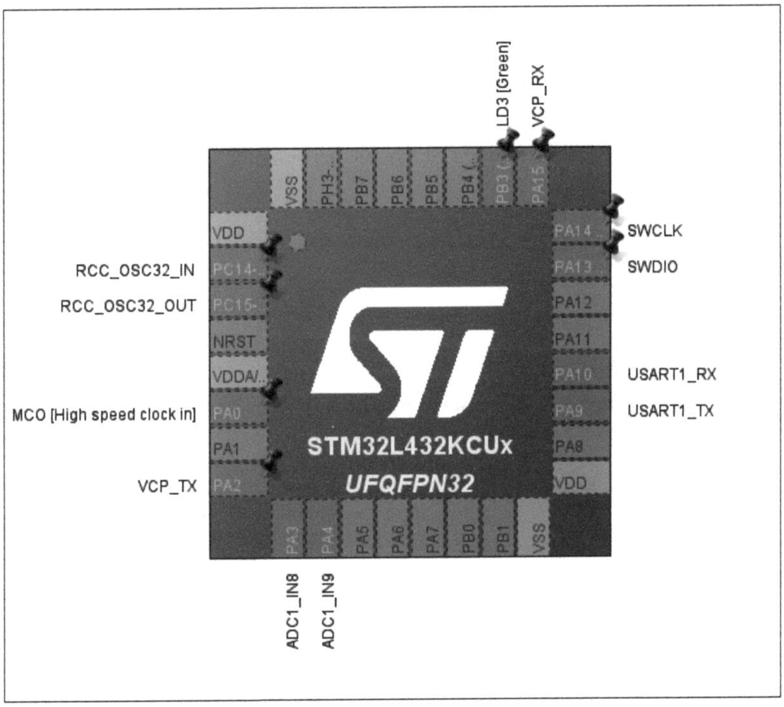

[그림 4.25] USART1, 2(VCP_TX,VCP_RX) 설정

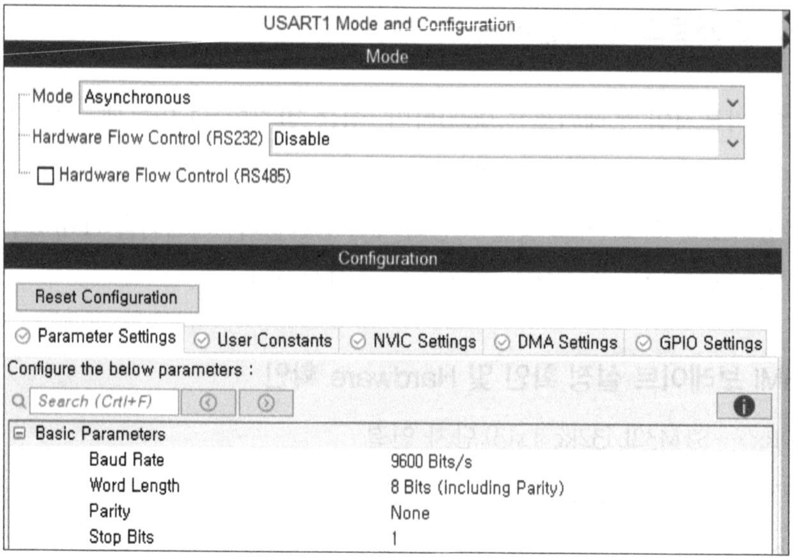

[그림 4.26] 보레이트 설정

2) STM32 문자열 수신 (정수)

수신은 인터럽트를 이용하면 간단하며, 데이터는 7바이트를 수신하면 된다.

```
void HAL_UART_RxCpltCallback(UART_HandleTypeDef *huart)
{

    rx_data[0]=0x20;
    rx_data[1]=0x20;
    rx_data[6]=0x20;
    int_rx_data=atoi((char*)rx_data);
    printf("data=%d\r\n",int_rx_data);

    HAL_UART_Receive_IT(&huart1, rx_data, 7);
}
```

[그림 4.27] 인터럽트 콜백 함수

프로그램 내용은 다음과 같다.

```
/* Private user code ---------------------------------------------------------*/
/* USER CODE BEGIN 0 */
uint8_t Cmd_End[3]={0xFF,0xFF,0xFF};
uint8_t rx_data[7];
int int_rx_data;
float float_rx_data;

void NEXTION_SendString(char *ID,char *string){
    char buffer[50];
    int len=sprintf(buffer,"%s.txt=\"%s\"",ID,string);
    HAL_UART_Transmit(&huart1,(uint8_t *) buffer, len,1000);
    HAL_UART_Transmit(&huart1, Cmd_End, 3, 100);
}

int __io_putchar(int ch)
{
HAL_UART_Transmit(&huart2, (uint8_t *)&ch, 1, 0xFFFF);
return ch;
}

void HAL_UART_RxCpltCallback(UART_HandleTypeDef *huart)
{

     rx_data[0]=0x20;
     rx_data[1]=0x20;
     rx_data[6]=0x20;
     int_rx_data=atoi((char*)rx_data);
     printf("data=%d\r\n",int_rx_data);

     HAL_UART_Receive_IT(&huart1, rx_data, 7);
}
/* USER CODE END 0 */

/**
  * @brief  The application entry point.
  * @retval int
  */
int main(void)
{
  /* USER CODE BEGIN 1 */

```

```
  /* Initialize all configured peripherals */
  MX_GPIO_Init();
  MX_USART2_UART_Init();
  MX_DMA_Init();
  MX_ADC1_Init();
  MX_USART1_UART_Init();
  /* USER CODE BEGIN 2 */
 HAL_UART_Receive_IT(&huart1, rx_data, 7);
  /* USER CODE END 2 */

  /* Infinite loop */
  /* USER CODE BEGIN WHILE */
  while (1)
  {
      HAL_GPIO_TogglePin(LD3_GPIO_Port, LD3_Pin);
      HAL_Delay(100);
    /* USER CODE END WHILE */

    /* USER CODE BEGIN 3 */
  }
  /* USER CODE END 3 */
}
```

[그림 4.28] 프로그램 주요 내용

3) STM32 문자열 수신 (실수)

수신은 인터럽트를 이용하면 간단하며, 데이터는 7바이트를 수신하면 된다.

```
void HAL_UART_RxCpltCallback(UART_HandleTypeDef *huart)
{

     rx_data[0]=0x20;
     rx_data[1]=0x20;
     rx_data[6]=0x20;
     float_rx_data=atof((char*)rx_data);
     printf("data=%f\r\n",float_rx_data);

     HAL_UART_Receive_IT(&huart1, rx_data, 7);
}
/* USER CODE END 0 */
```

[그림 4.29] 인터럽트 콜백 함수

```
/* Private user code ---------------------------------------------------------*/
/* USER CODE BEGIN 0 */
uint8_t Cmd_End[3]={0xFF,0xFF,0xFF};
uint8_t rx_data[7];
int int_rx_data;
float float_rx_data;

void NEXTION_SendString(char *ID,char *string){
    char buffer[50];
    int len=sprintf(buffer,"%s.txt=\"%s\"",ID,string);
    HAL_UART_Transmit(&huart1,(uint8_t *) buffer, len,1000);
    HAL_UART_Transmit(&huart1, Cmd_End, 3, 100);
}

int __io_putchar(int ch)
{
HAL_UART_Transmit(&huart2, (uint8_t *)&ch, 1, 0xFFFF);
return ch;
}

void HAL_UART_RxCpltCallback(UART_HandleTypeDef *huart)
{

    rx_data[0]=0x20;
    rx_data[1]=0x20;
    rx_data[6]=0x20;
    float_rx_data=atof((char*)rx_data);
    printf("data=%f\r\n",float_rx_data);

    HAL_UART_Receive_IT(&huart1, rx_data, 7);
}
/* USER CODE END 0 */

/**
  * @brief  The application entry point.
  * @retval int
  */
int main(void)
{
  /* USER CODE BEGIN 1 */
```

```
  /* Initialize all configured peripherals */
  MX_GPIO_Init();
  MX_USART2_UART_Init();
  MX_DMA_Init();
  MX_ADC1_Init();
  MX_USART1_UART_Init();
  /* USER CODE BEGIN 2 */
 HAL_UART_Receive_IT(&huart1, rx_data, 7);
  /* USER CODE END 2 */

  /* Infinite loop */
  /* USER CODE BEGIN WHILE */
  while (1)
  {
      HAL_GPIO_TogglePin(LD3_GPIO_Port, LD3_Pin);
      HAL_Delay(100);
    /* USER CODE END WHILE */

    /* USER CODE BEGIN 3 */
  }
  /* USER CODE END 3 */
}
```

[그림 4.30] 프로그램 주요 내용

```
data=1.230000
data=1.230000
data=1.230000
data=12.300000
data=0
data=0
data=1
data=10
data=100
data=1234
```

[그림 4.31] STM32 프로그램 결과

MCU 기반 HMI GUI 프로젝트

CHAPTER 5

HMI와 MCU Data 송신/수신하기

CHAPTER 05

MCU 기반 HMI GUI 프로젝트

HMI와 MCU Data 송신/수신하기

1. HMI File 만들기

[그림 5.1]~[그림 5.4]와 같이 설정한다(5″인텔리전트 타입).

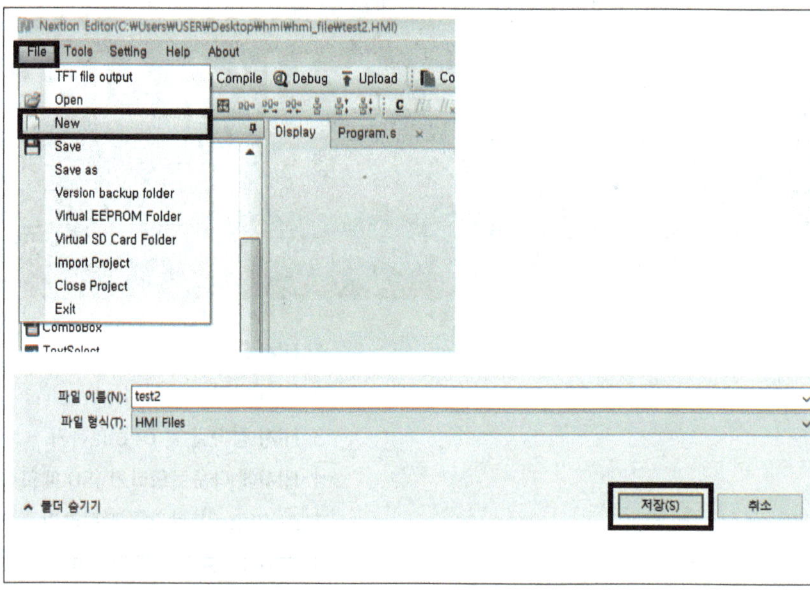

[그림 5.1] HMI File 만들기

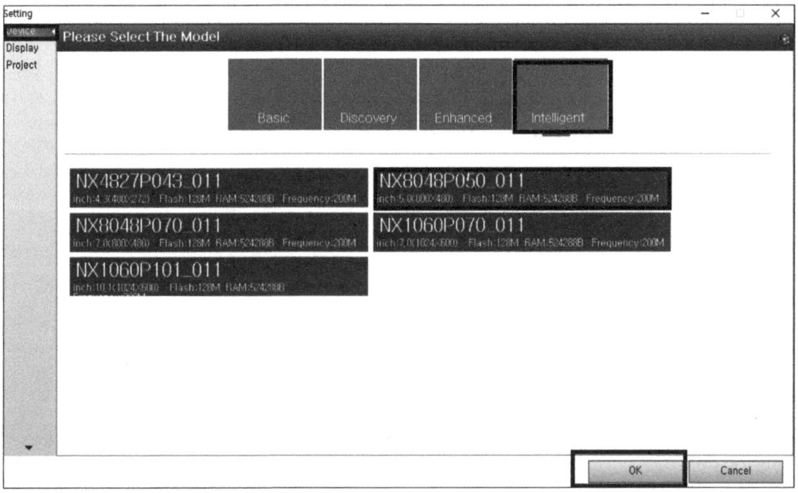

[그림 5.2] 디바이스 모델 선정

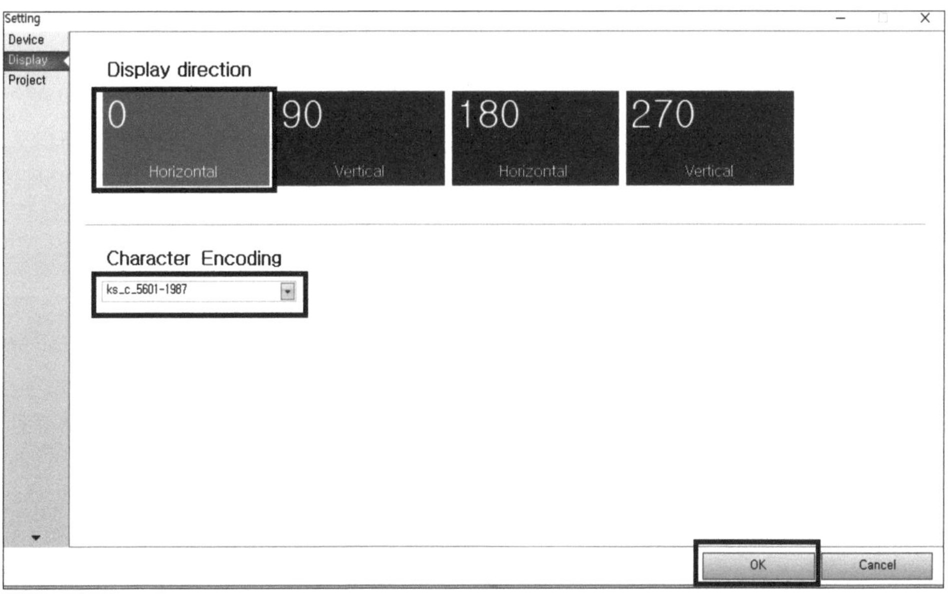

[그림 5.3] 디스플레이 방향과 엔코딩 선정

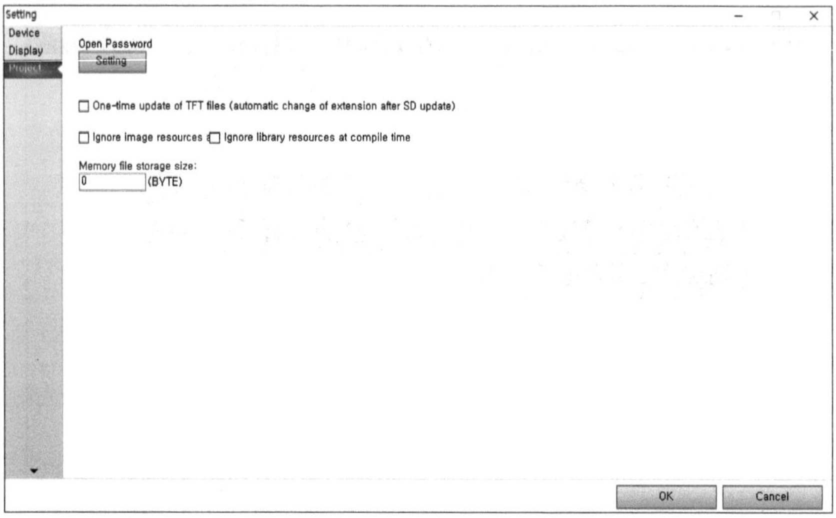

[그림 5.4] Project 선정

2. HMI 화면 구성하기

1) [그림 5.5]와 같이 Toolbox의 컨트롤 Text와 Scrolling text 및 variable(va0,va1는 Number), Timer(tm0)를 선택해서 디스플레이 창에 아래와 같이 배치한다.

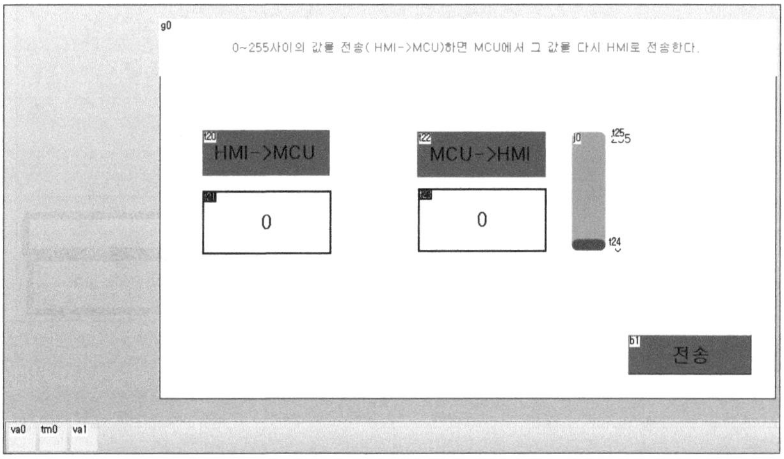

[그림 5.5] 컨트롤 선택 및 배치

2) Font 생성하기 [그림 5.6]~[그림 5.8] 4개 생성

이전에 생성되어 있다면 생성하지 않고 바로 사용할 수 있다.

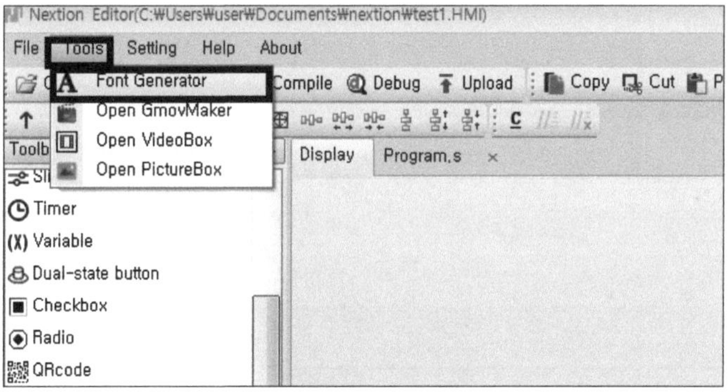

[그림 5.6] 폰트 설정

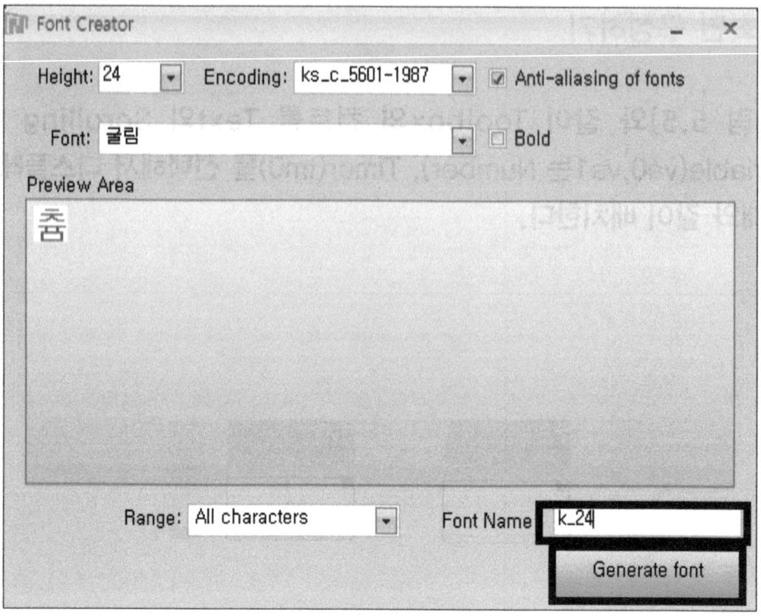

[그림 5.7] 폰트 생성

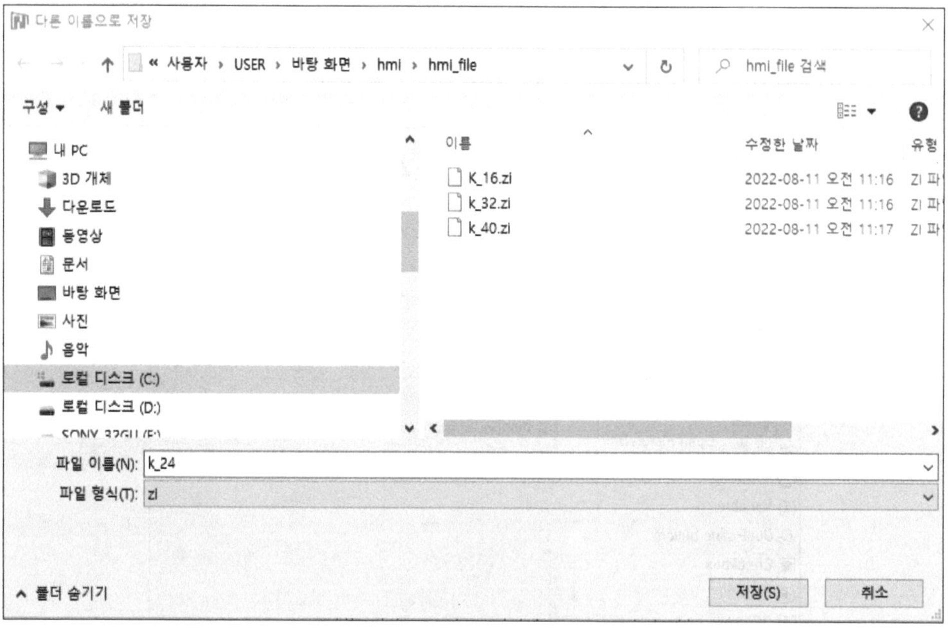

[그림 5.8] 폰트 생성

3) Font 등록하기 [그림 5.9]~[그림 5.10] 순서: (1), (2), (3)

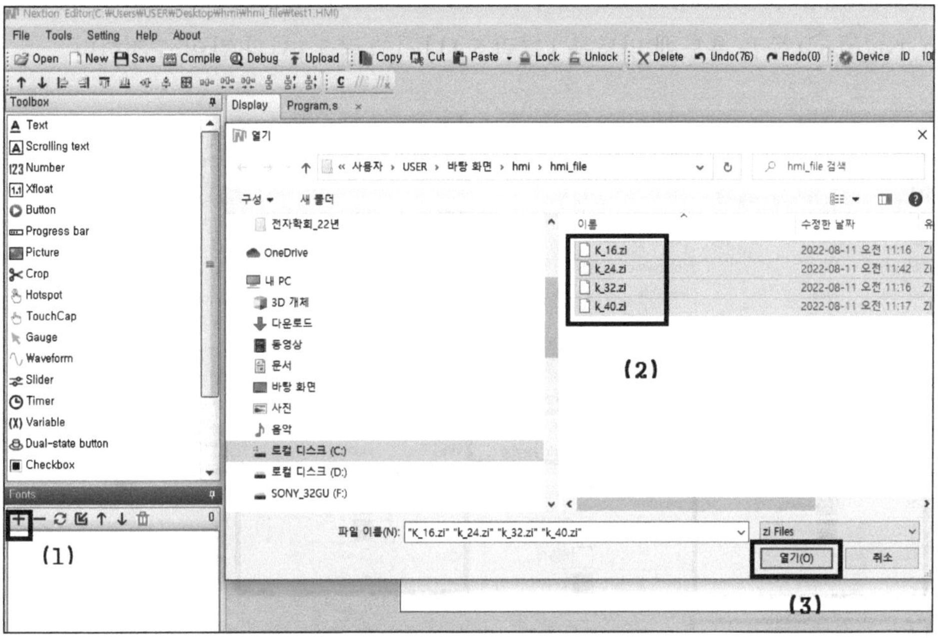

[그림 5.9] 생성된 Font 등록하기

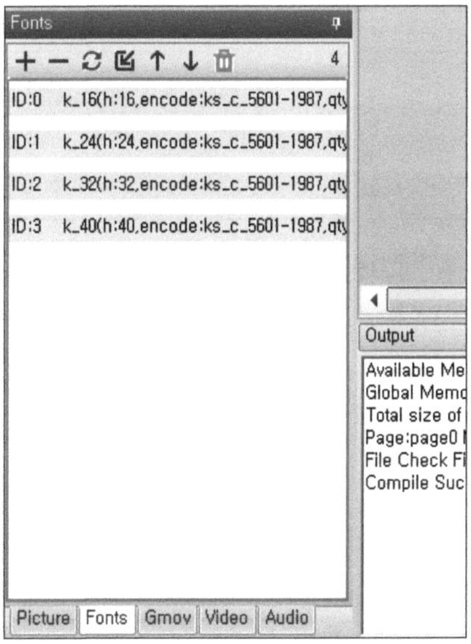

[그림 5.10] 등록된 Font

4) 각 컨트롤에 Font 및 속성 적용하기

컨트롤들을 선택하면 우측에 속성이 나타난다. 각 오브젝트의 속성값(Font, pco, txt, txt_maxl) 등을 용도에 맞도록 [그림 5.11]~[그림 5.13]과 같이 수정한다.

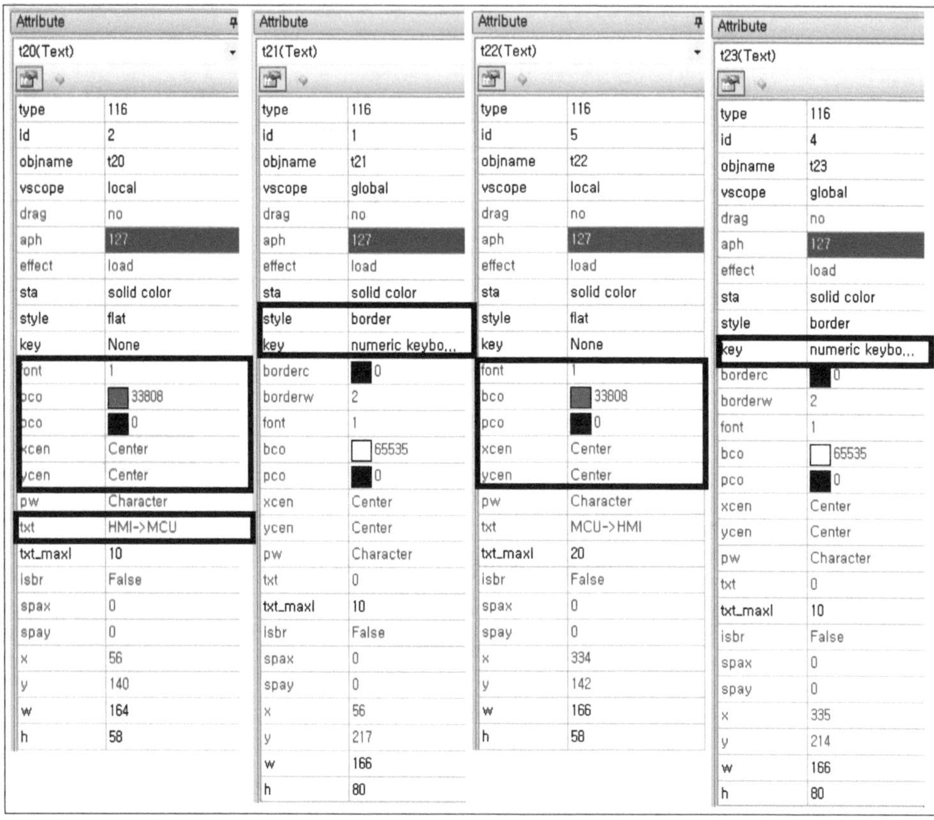

Attribute — t20(Text)

type	116
id	2
objname	t20
vscope	local
drag	no
aph	127
effect	load
sta	solid color
style	flat
key	None
font	1
bco	33808
pco	0
xcen	Center
ycen	Center
pw	Character
txt	HMI->MCU
txt_maxl	10
isbr	False
spax	0
spay	0
x	56
y	140
w	164
h	58

Attribute — t21(Text)

type	116
id	1
objname	t21
vscope	global
drag	no
aph	127
effect	load
sta	solid color
style	border
key	numeric keybo...
borderc	0
borderw	2
font	1
bco	65535
pco	0
xcen	Center
ycen	Center
pw	Character
txt	0
txt_maxl	10
isbr	False
spax	0
spay	0
x	56
y	217
w	166
h	80

Attribute — t22(Text)

type	116
id	5
objname	t22
vscope	local
drag	no
aph	127
effect	load
sta	solid color
style	flat
key	None
font	1
bco	33808
pco	0
xcen	Center
ycen	Center
pw	Character
txt	MCU->HMI
txt_maxl	20
isbr	False
spax	0
spay	0
x	334
y	142
w	166
h	58

Attribute — t23(Text)

type	116
id	4
objname	t23
vscope	global
drag	no
aph	127
effect	load
sta	solid color
style	border
key	numeric keybo...
borderc	0
borderw	2
font	1
bco	65535
pco	0
xcen	Center
ycen	Center
pw	Character
txt	0
txt_maxl	10
isbr	False
spax	0
spay	0
x	335
y	214
w	166
h	80

[그림 5.11] 객체들의 속성값

Attribute — j0(Progress bar)

type	106
id	7
objname	j0
vscope	local
drag	no
aph	127
effect	load
sta	solid color
dez	vertical
val	10
dis	35
bco	48631
pco	1024
x	533
y	142
w	44
h	151

Attribute — t25(Text)

type	116
id	9
objname	t25
vscope	local
drag	no
aph	127
effect	load
sta	solid color
style	flat
key	None
font	0
bco	65535
pco	0
xcen	Center
ycen	Center
pw	Character
txt	255
txt_maxl	10
isbr	False
spax	0
spay	0
x	583
y	136
w	27
h	30

Attribute — t24(Text)

type	116
id	8
objname	t24
vscope	local
drag	no
aph	127
effect	load
sta	solid color
style	flat
key	None
font	0
bco	65535
pco	0
xcen	Center
ycen	Center
pw	Character
txt	0
txt_maxl	10
isbr	False
spax	0
spay	0
x	579
y	274
w	27
h	30

[그림 5.12] 객체들의 속성값

Attribute — va0(Variable)

type	52
id	6
objname	va0
vscope	local
sta	Number
val	0

Attribute — va1(Variable)

type	52
id	12
objname	va1
vscope	local
sta	Number
val	0

Attribute — tm0(Timer)

type	51
id	11
objname	tm0
vscope	local
tim	50
en	1

[그림 5.13] 객체들의 속성값

5) 타이머 프로그램하기

50ms마다 t23.txt의 데이터를 변환하여 Progress bar j0.val에 전달한다. Progress bar의 값은 0~100까지 나타낼 수가 있으며 결과는 [그림 5.14]와 같다.

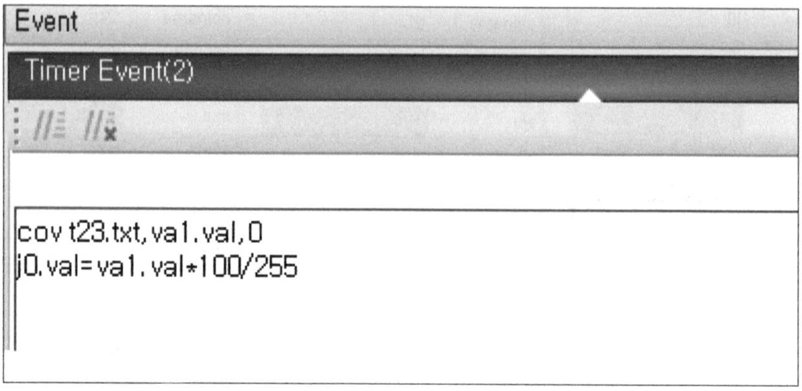

[그림 5.14] 타이머 프로그램

6) 버튼 프로그램하기

버튼을 눌렀을 경우 객체 t21의 값이 다음과 같은 조건으로 MCU로 전송되었으면 한다.

1) 시작은 "$"(0x24)

2) command는 1바이트: "1"(0x31)

2) Data(t23)

3) 끝은 "&"(0x26)

이 조건은 객체 t23의 길이가 유동적이다. 따라서 수신할 때 이를 고려하여 수신하여야 한다. 데이터를 MCU로 보내는 방식은 명령어 print, prints, printh를 사용한다. 아래 [그림 5.15]는 t23.txt의 데이터 길이에 따른 결과를 나타내고 있다. 그 크기가 255를 초과하면 에러가 발생하여 전송되지 않도록 하였다.

따라서 버튼 b1 객체에 다음과 같은 프로그램이 필요하다.

cov t21.txt,va1.val,0

```
if(va1.val>255)
{
b1.bco=63488        /////// 배경 Red 색
b1.txt="전송 Err"
}
else
{
b1.bco=33808        ///// 정상 색
print "$"
print "1"
prints t21.txt,0
print "&"
}
```

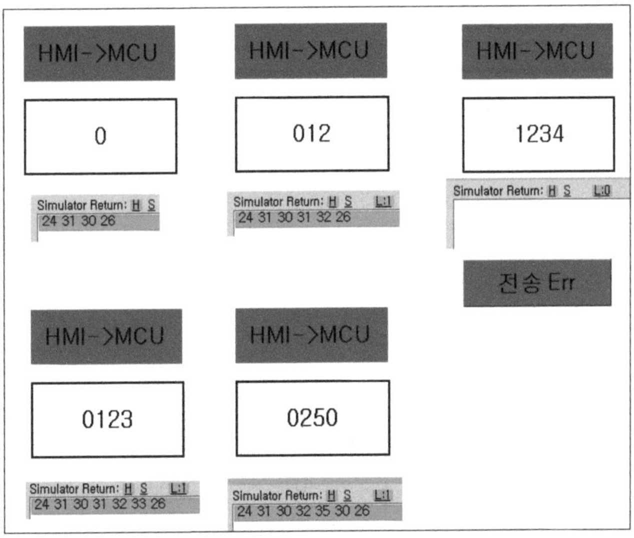

[그림 5.15] 데이터를 포함한 전송 코드 생성

3. HMI 컴파일 및 Debug 하기

화면 구성이 완료되면 Save를 클릭한 다음, 컴파일과 Debug를 하면 된다. 만약 컴파일에서 에러가 발생하면 수정한 다음, 저장하고 다시 Debug를 한다([그림 5.16], [그림 5.17]). 실제 Debug된 내용이 HMI에 적용된다.

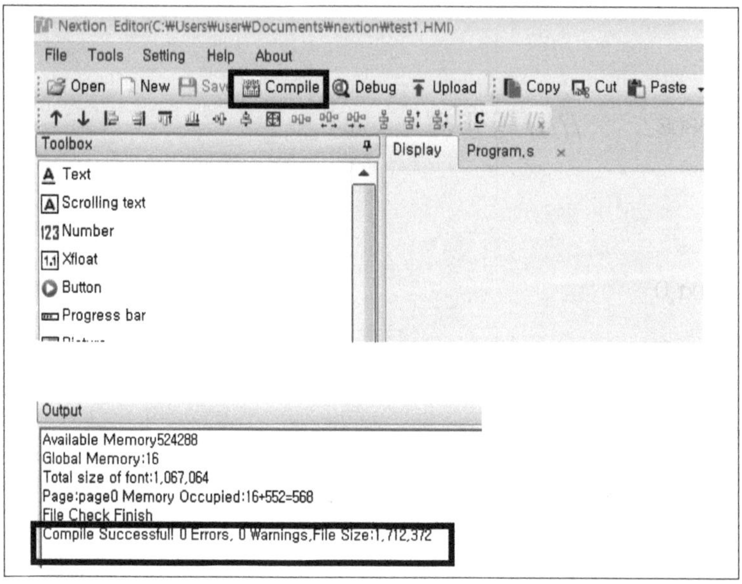

[그림 5.16] 컴파일하기

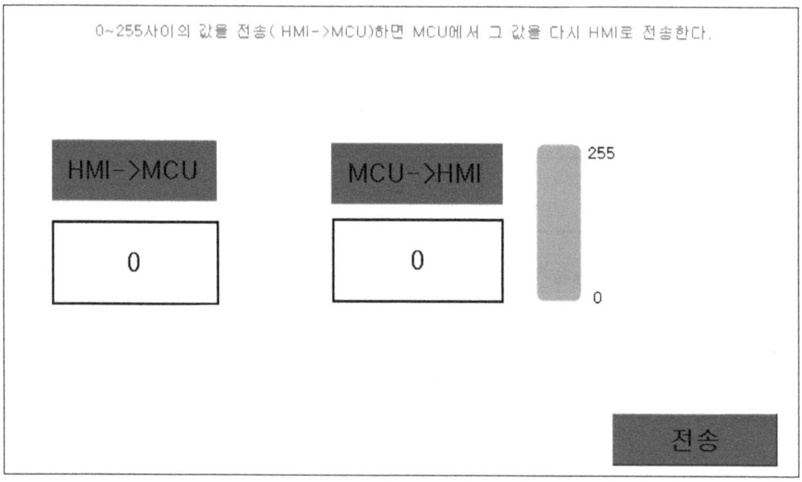

[그림 5.17] Debug

4. HMI에 다운로드하기 (SD 메모리 이용)

Micro SD 메모리(8~32GB)를 준비하여 PC에 연결하고 아래 [그림 5.18]과 같이 SD 메모리에 파일을 저장한다.

1) SD 메모리에 파일 저장하기

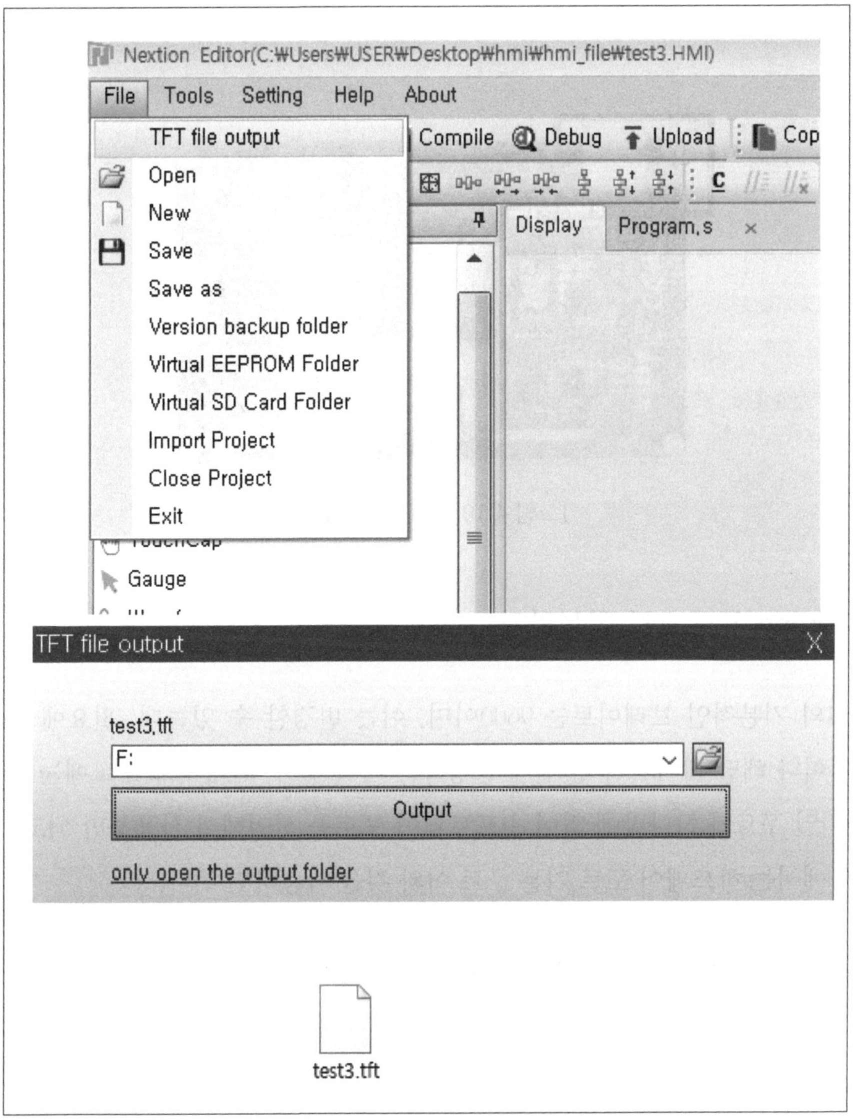

[그림 4.18] SD 메모리에 파일 저장

2) HMI에 SD 메모리 연결 및 다운로드하기

HMI에 SD Card Slot 메모리를 삽입하고 전원을 off → On 하여 프로그램을 다운로드하고 완료되면 SD 메모리를 제거한 다음, 다시 전원을 off → on 하면 된다. 한 번 다운로드가 완료되면 임의로 수정 및 지우지 않는 한 내용은 프레시 메모리에 저장된다.

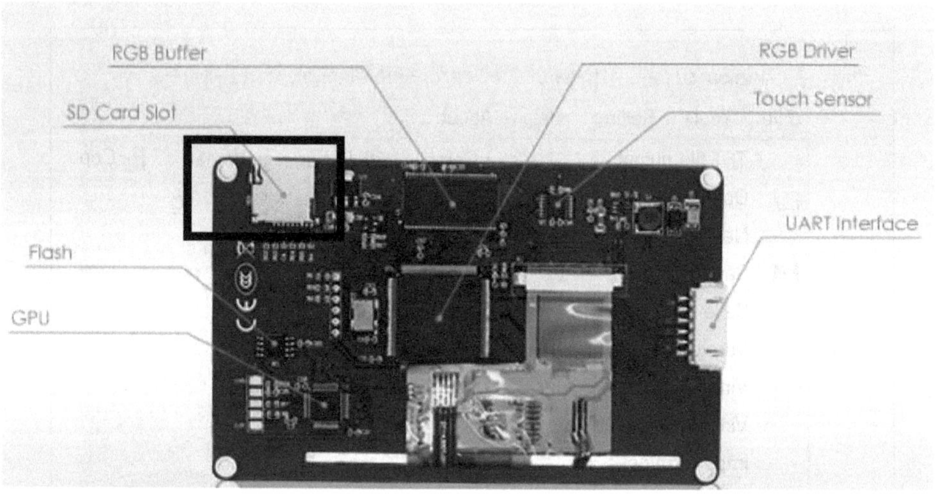

[그림 4.19] SD 메모리 삽입

5. Arduino 프로그램 작성하기

HMI의 기본적인 보레이트는 9600이며, 이는 변경할 수 있는데, 필요에 따라서 시스템이나 해당 페이지 수행 전에 설정하는 것이 좋다. 아두이노 우노에는 하드웨어 시리얼 포트가 하나밖에 없어 소프트웨어 포트를 선언해서 사용하면 되고, 우노 이상급에서는 하드웨어 포트 기본 포트 이외 것을 사용하면 된다.

1) HMI 보레이트 설정 확인 및 Hardware 확인

HMI Rx ↔ Arduino Tx(3) 단자 연결

HMI Tx ↔ Arduino Rx(2) 단자 연결

bauds=2400, bauds=19200, bauds=115200;

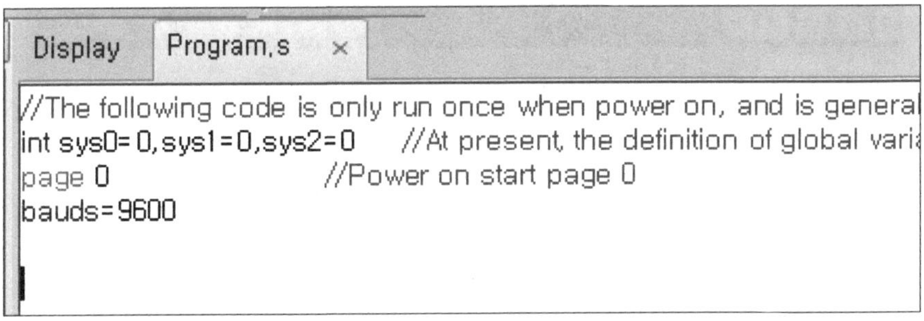

[그림 5.20] HMI baud 설정

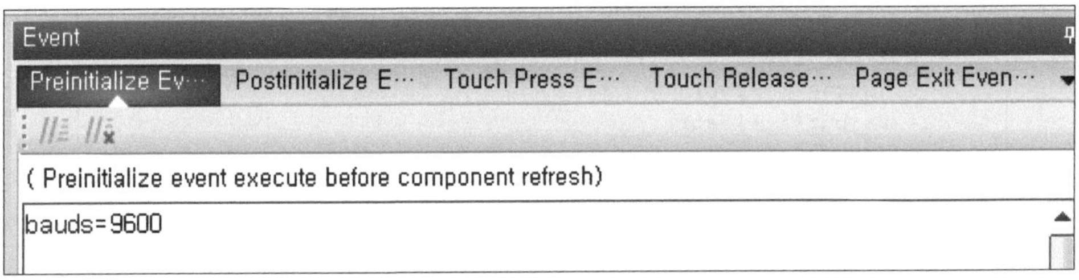

[그림 5.21] HMI baud 설정

2) Arduino 프로그램 작성

HMI에서 데이터를 받아 아두이노의 시리얼 포트로 출력하는 프로그램 [그림 5.22]을 작성해 본다.

```
arduino_test7 §
#include <SoftwareSerial.h>
SoftwareSerial hmi_rs232(2,3);//(Rx,Tx)
char buf[10],buf1[20];
char i=0;
int val;
char str;
void setup() {
hmi_rs232.begin(9600);
Serial.begin(9600);
}
void loop() {
   if(hmi_rs232.available()){
      str=hmi_rs232.read();
      if(str=='$')i=0;
      else buf[i++]=str;
      if(str=='&'){
         buf[0]=0x20;
         buf[i-1]=0x20;
         val=atoi(buf);
         Serial.println(val);
        //////////////////////

        sprintf(buf1,"t23.txt=\"%d\"%c%c%c",val,0xff,0xff,0xff);
        hmi_rs232.print(buf1);
      }
   }

}
```

[그림 5.22] Arduino 프로그램

```
COM7

100
100
100
100
200
```

[그림 5.23] Arduino 프로그램 결과

6. STM32 프로그램 작성하기

HMI의 기본적인 보레이트는 9600이며, 이는 변경할 수 있는데, 필요에 따라서 시스템이나 해당 페이지 수행 전에 설정하는 것이 좋다. 여기서는 STM32L432kc 보드를 사용하도록 하고 어느 것을 사용하여도 상관없다. 데이터를 HMI로부터 수신하여 STM32 MCU 시리얼 포트 2로 전송하여 확인한다.

1) HMI 보레이트 설정 확인 및 Hardware 확인

HMI Rx ↔ STM32L432kc Tx(3) 단자 연결

HMI Tx ↔ STM32L432kc Rx(2) 단자 연결

bauds=9600;

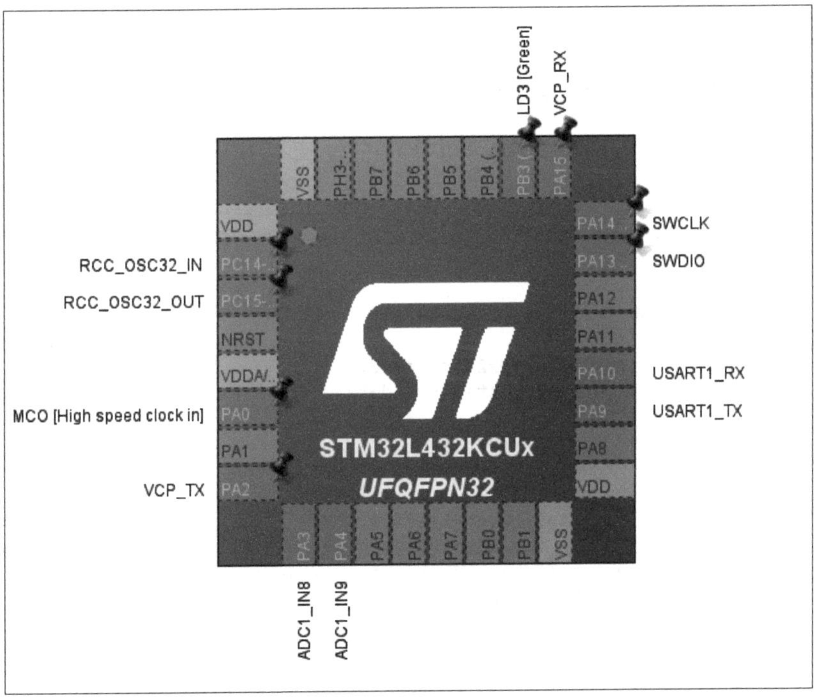

[그림 4.24] USART1, 2(VCP_TX,VCP_RX) 설정

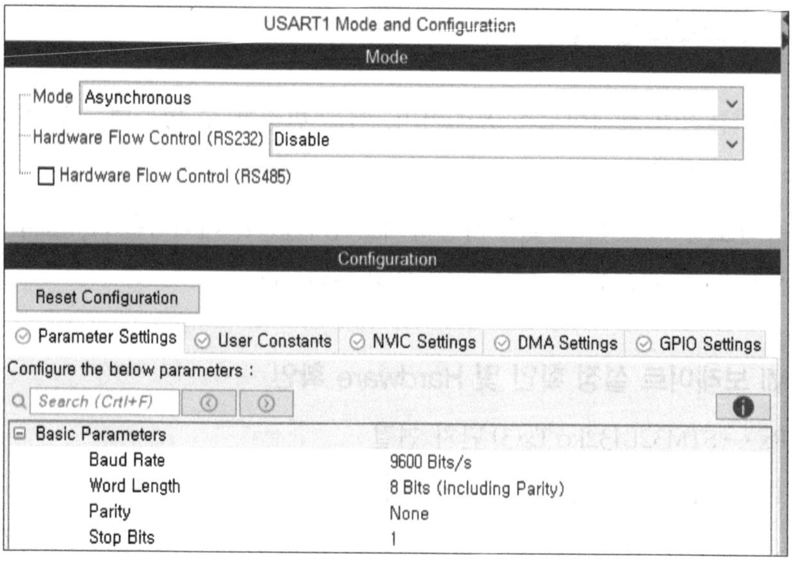

[그림 4.25] 보레이트 설정

2) STM32 문자열 수신 및 송신

수신은 인터럽트를 아래와 같이 작성하고 수신 조건이 만족하면 바로 송신한다.

```
void HAL_UART_RxCpltCallback(UART_HandleTypeDef *huart)
{

    if(huart->Instance==USART1){

        if(rx_data==0x24)rx_ct=0;
         rx_data1[rx_ct++]=rx_data;

        if(rx_data==0x26){
          rx_data1[0]=0x20;
          rx_data1[1]=0x20;
          rx_data1[rx_ct-1]=0x20;
          int_rx_data=atoi((char*)rx_data1);
          printf("data=%d\r\n",int_rx_data);
          sprintf(buf2,"%d",int_rx_data);
          NEXTION_SendString("t23",buf2);
          rx_ct=0;
        }
        if(rx_ct>10)rx_ct=0;
    }
    HAL_UART_Receive_IT(&huart1,&rx_data,1);
}
```

[그림 5.26] 인터럽트 콜백 함수

프로그램 주요 내용은 다음과 같다.

```
/* Private user code ---------------------------------------------
/* USER CODE BEGIN 0 */
uint8_t Cmd_End[3]={0xFF,0xFF,0xFF};
uint8_t rx_data,rx_data1[10],rx_ct=0;
char buf1[20],buf2[4];
int int_rx_data;
float float_rx_data,temp,humi;

void NEXTION_SendString(char *ID,char *string){
    char buffer[50];
    int len=sprintf(buffer,"%s.txt=\"%s\"",ID,string);
    HAL_UART_Transmit(&huart1,(uint8_t *) buffer, len,500);
    HAL_UART_Transmit(&huart1, Cmd_End,3,100);
}

int __io_putchar(int ch)
{
HAL_UART_Transmit(&huart2, (uint8_t *)&ch, 1, 0xFFFF);
return ch;
}

void HAL_UART_RxCpltCallback(UART_HandleTypeDef *huart)
{

    if(huart->Instance==USART1){

        if(rx_data==0x24)rx_ct=0;
         rx_data1[rx_ct++]=rx_data;

        if(rx_data==0x26){
          rx_data1[0]=0x20;
          rx_data1[1]=0x20;
          rx_data1[rx_ct-1]=0x20;
          int_rx_data=atoi((char*)rx_data1);
          printf("data=%d\r\n",int_rx_data);
          sprintf(buf2,"%d",int_rx_data);
          NEXTION_SendString("t23",buf2);
          rx_ct=0;
        }
        if(rx_ct>10)rx_ct=0;
    }
    HAL_UART_Receive_IT(&huart1,&rx_data,1);
}
```

```c
int main(void)
{
  /* USER CODE BEGIN 1 */

  /* USER CODE END 1 */

  /* MCU Configuration--------------------------------------------------------*/

  /* Reset of all peripherals, Initializes the Flash interface and the Systick. */
  HAL_Init();

  /* USER CODE BEGIN Init */

  /* USER CODE END Init */

  /* Configure the system clock */
  SystemClock_Config();

  /* USER CODE BEGIN SysInit */

  /* USER CODE END SysInit */

  /* Initialize all configured peripherals */
  MX_GPIO_Init();
  MX_USART2_UART_Init();
  MX_DMA_Init();
  MX_ADC1_Init();
  MX_USART1_UART_Init();
  /* USER CODE BEGIN 2 */
 HAL_UART_Receive_IT(&huart1,&rx_data,1);

  /* USER CODE END 2 */

  /* Infinite loop */
  /* USER CODE BEGIN WHILE */
  while (1)
  {
  }
```

[그림 5.27] 프로그램 주요 내용

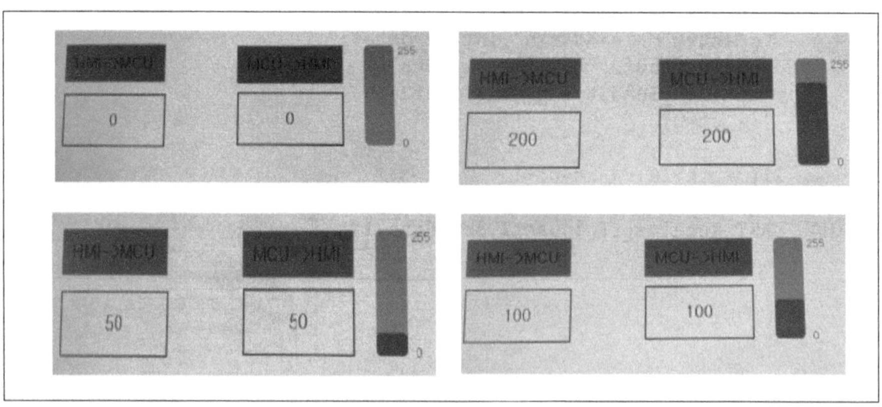

[그림 5.28] STM32 프로그램 결과

CHAPTER 6

온·습도 센서 모니터링하기

CHAPTER 06

MCU 기반 HMI GUI 프로젝트

온·습도 센서 모니터링하기

1. HMI File 만들기

[그림 6.1]~[그림 6.4]과 같이 설정한다(5"인텔리전트 타입).

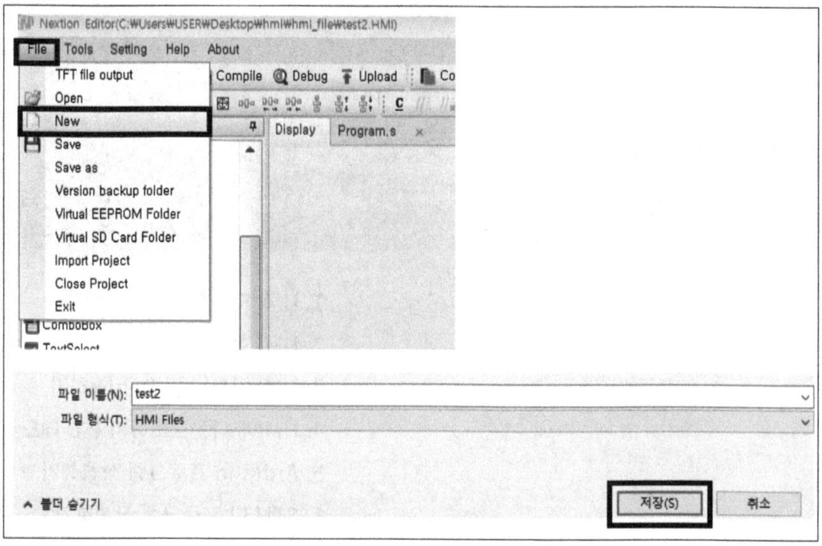

[그림 6.1] HMI File 만들기

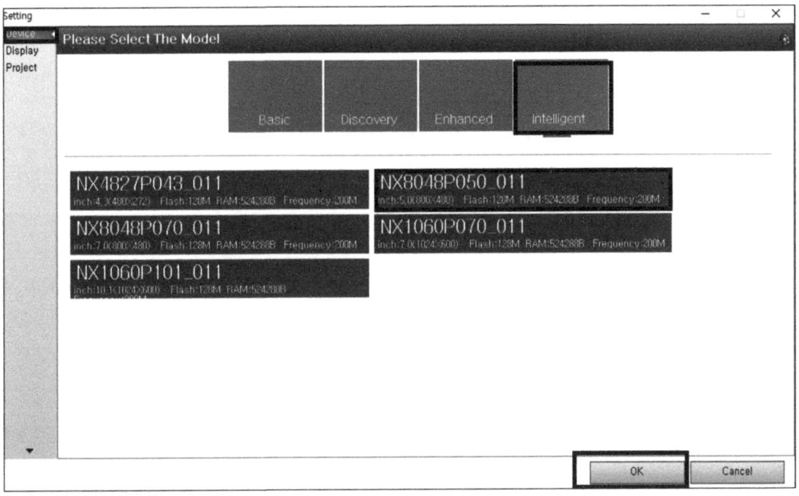

[그림 6.2] 디바이스 모델 선정

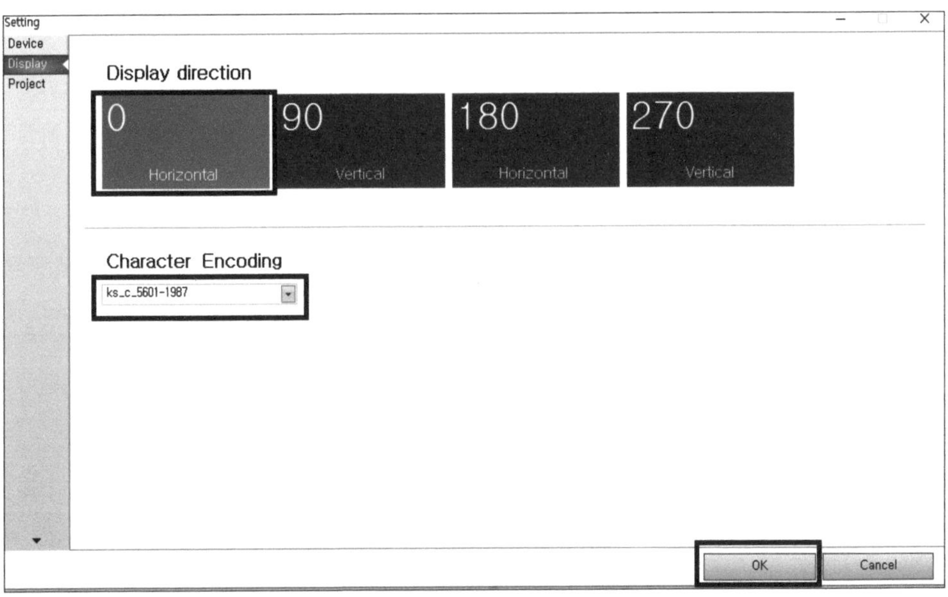

[그림 6.3] 디스플레이 방향과 엔코딩 선정

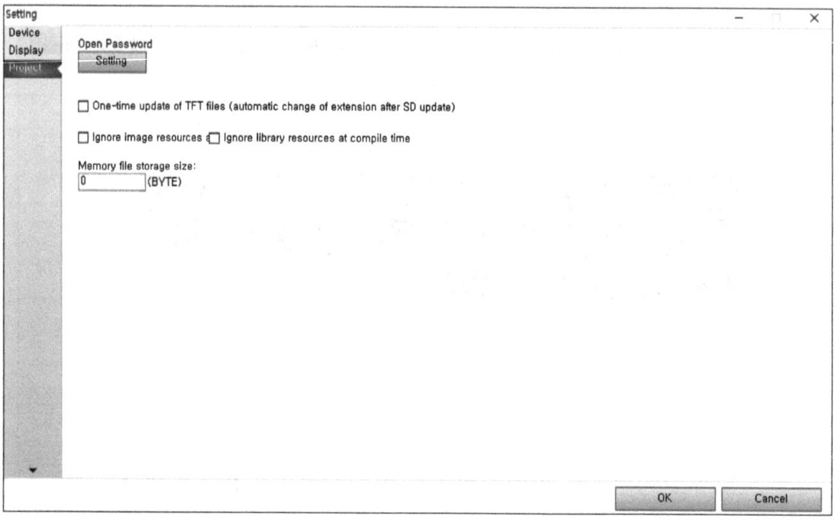

[그림 6.4] Project 선정

2. HMI 화면 구성하기

1) [그림 6.5] 및 [그림 6.6]과 같이 HMI 디스플레이 창에 배치하여 온도 및 습도가 게이지 형태로 나타나고, 페이지를 넘기면 그 값이 그래프 형태로 나타나도록 한다. 이를 위해서는 Tool Box의 Picture Box 및 Gauge를 활용하여야 한다. 본 장에서는 이 사용법을 활용한다.

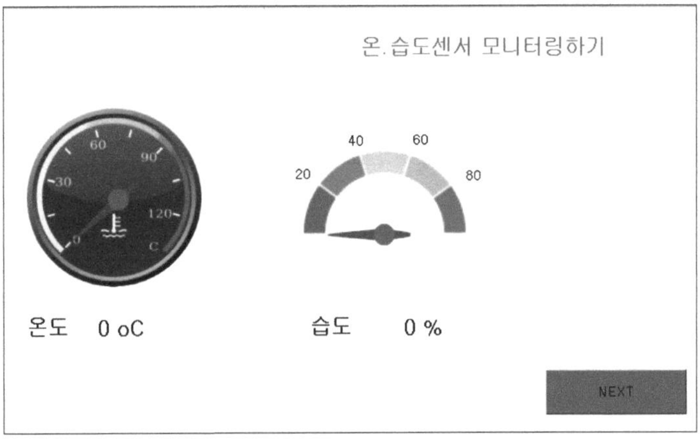

[그림 6.5] 컨트롤 선택 및 배치(page 0)

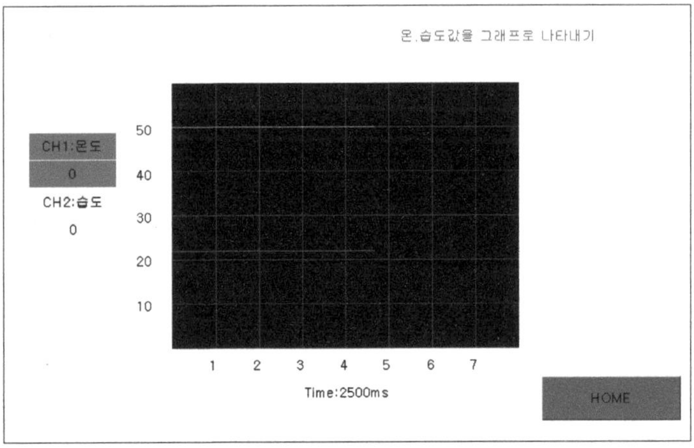

[그림 6.6] 컨트롤 선택 및 배치(page 1)

2) Font 생성하기 (4개 생성, [그림 6.7]~[그림 6.9])

이전에 생성되어 있다면 생성하지 않고 바로 사용할 수 있다.

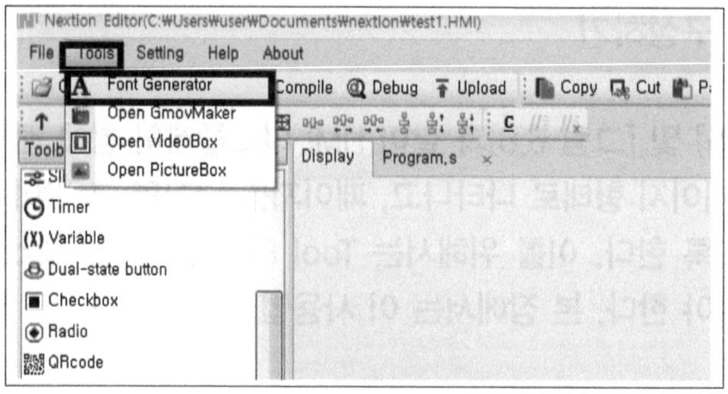

[그림 6.7] 폰트 설정

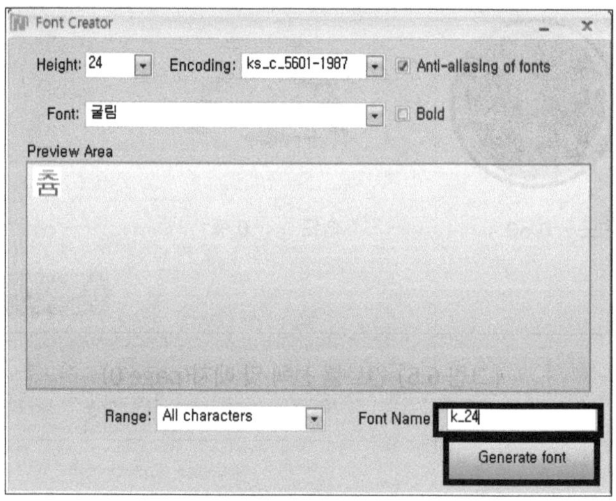

[그림 6.8] 폰트 생성

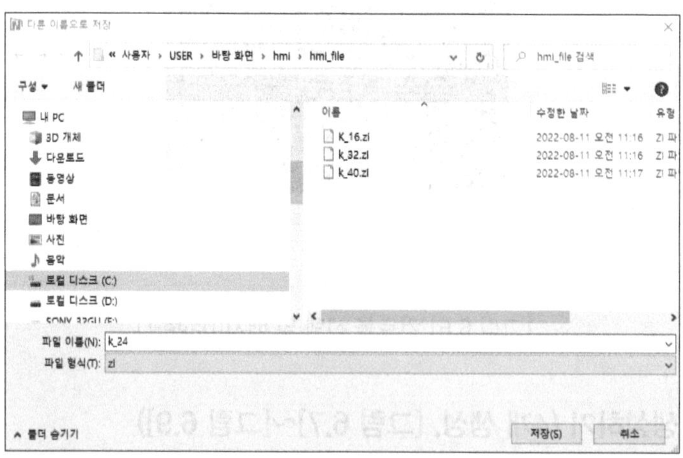

[그림 6.9] 폰트 생성

3) Font 등록하기 [그림 6.10]~[그림 6.11] 순서: (1), (2), (3)

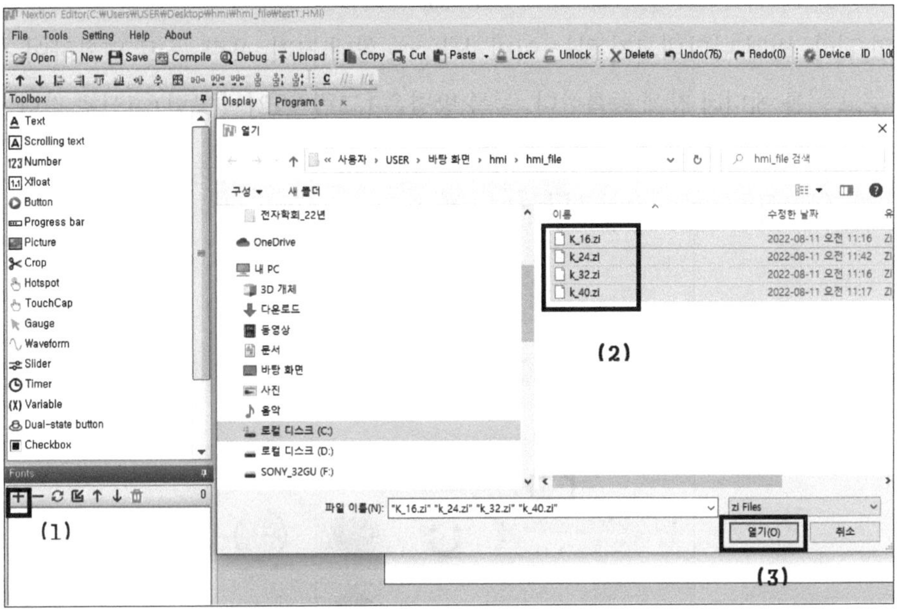

[그림 6.10] 생성된 Font 등록하기

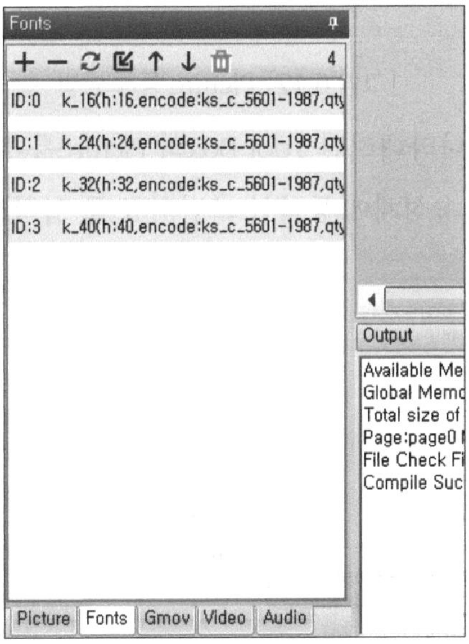

[그림 6.11] 등록된 Font

4) 객체 등록 및 속성 적용하기 (샘플)

그림이나 이미지 같은 것을 화면에 나타내고자 할 때 Tools Box에서 Picture를 이용하면 된다. 먼저 나타내고자 하는 이미지를 png 형태(크기, 용량 등)로 변환하여 저장해 두고 이를 에디터 창에 등록한다. 등록 방법은 [그림 6.12]~[그림 6.13]과 같다.

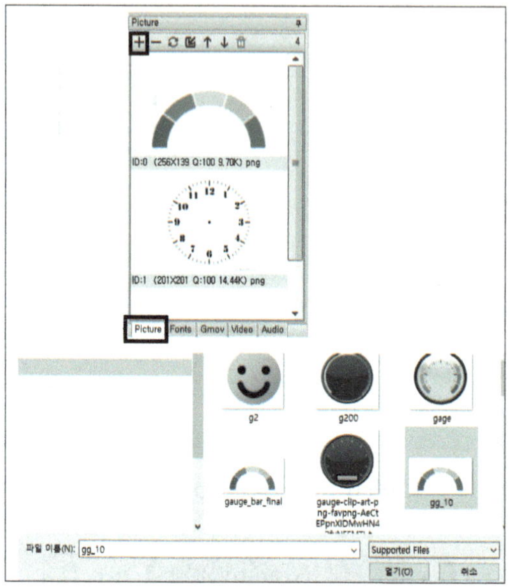

[그림 6.12] Picture 등록 방법

그다음 에디터 창에 나타내려면 Tool Box의 Picture를 클릭하면 에디터 창에 px 객체가 나타난다. px의 속성체에 등록한 그림의 ID를 입력하면 된다.

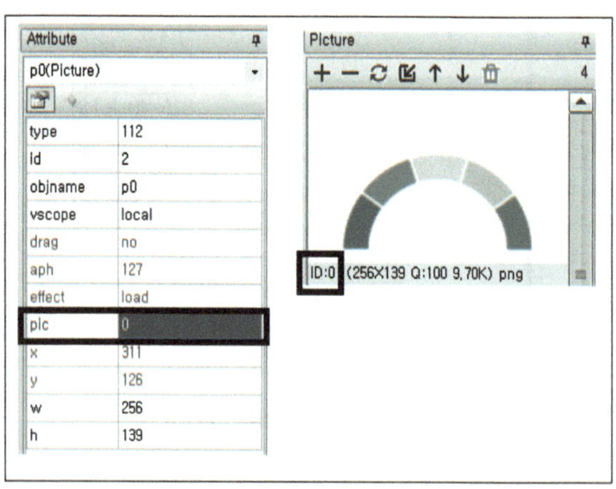

[그림 6.13] Picture 등록 방법

등록이 완료되면 이용 방법에 따라서 추가 작업이 필요하다. 여기서는 그림 두 개를 등록하여 온도와 습도를 나타내는데 사용하고자 한다. 단순히 그림의 역할은 여기까지이고 그림을 활용하여 디지털 및 아날로그의 값을 돋보이게 나타내고자 할 때 사용한다. 여기서는 Tool Box의 Gauge와 그림을 결합한 이미지 효과를 활용한다. [그림 6.14]는 Gauge의 Format(출발점 위치 지정) 속성값이며 보통 0~360의 값을 갖고, 게이지의 값(val) 또한 0~360의 값을 갖는다. 이 두 값을 잘 이용하여 게이지를 컨트롤한다.

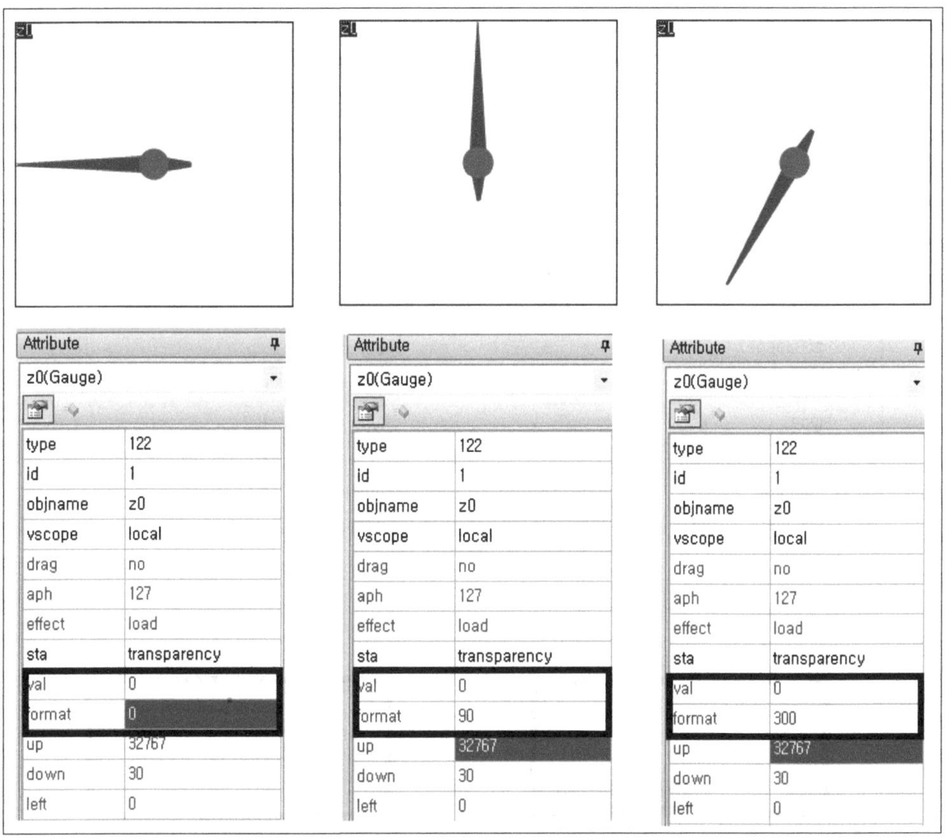

[그림 6.14] Gauge의 Format(기준점 위치) 속성 설정

〉〉 그림과 Gauge 결합하기 및 속성 변경

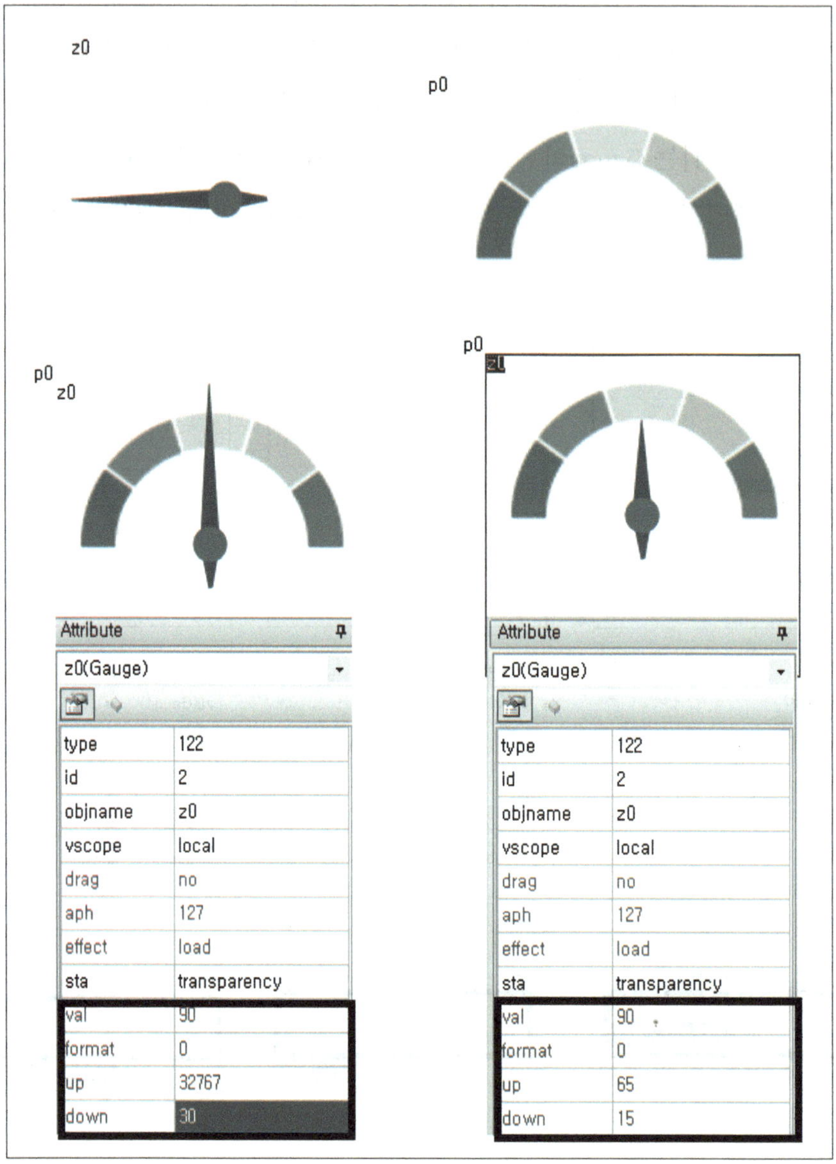

[그림 6.15] Gauge+ Picture 속성 설정

〉〉 그림과 Gauge 결합하기 및 Gauge 값 적용해 보기

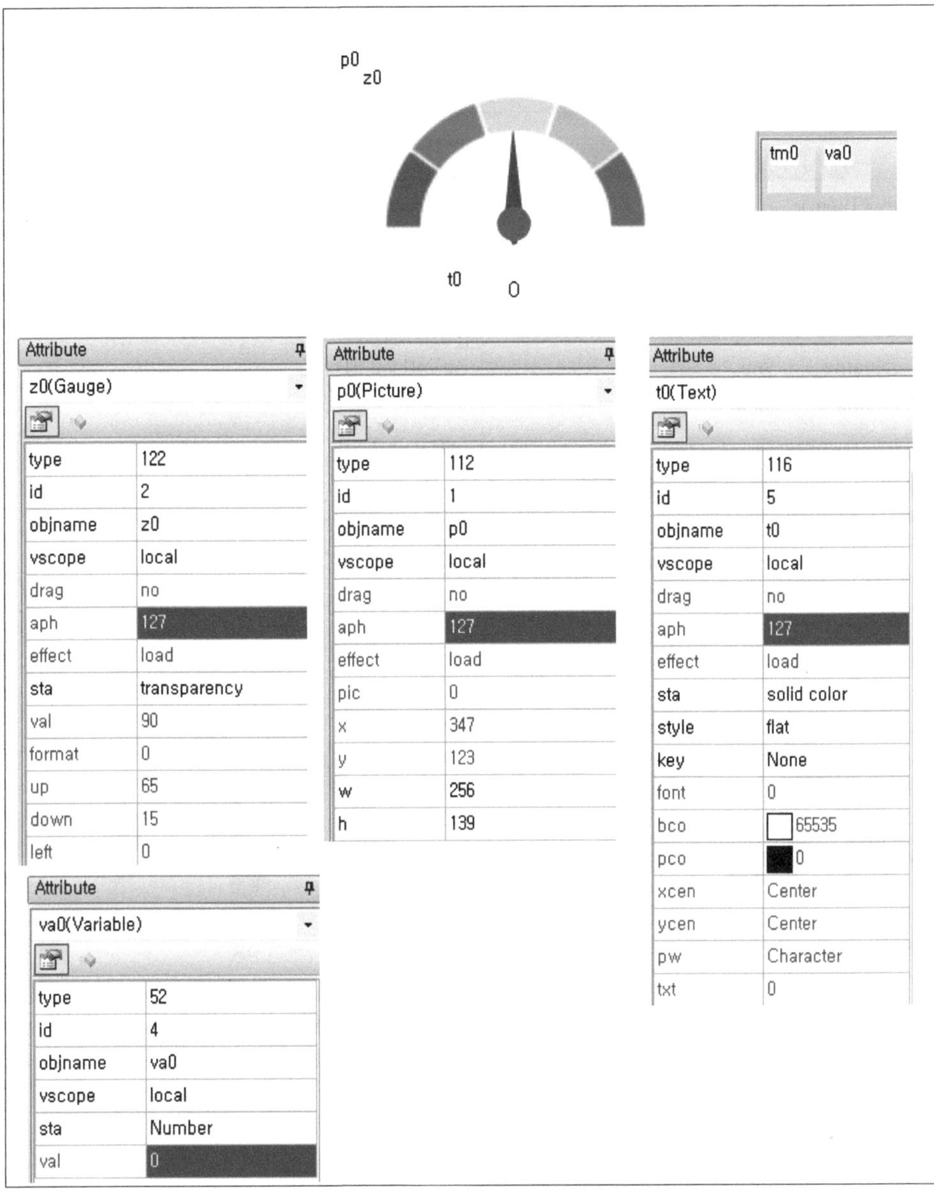

[그림 6.16] Gauge+ Picture 속성 설정

〉〉 타이머 프로그램하기

타이머를 이용하여 50ms마다 Gauge 값이 1씩 증가하도록 하였고, 180까지 나타냈다.

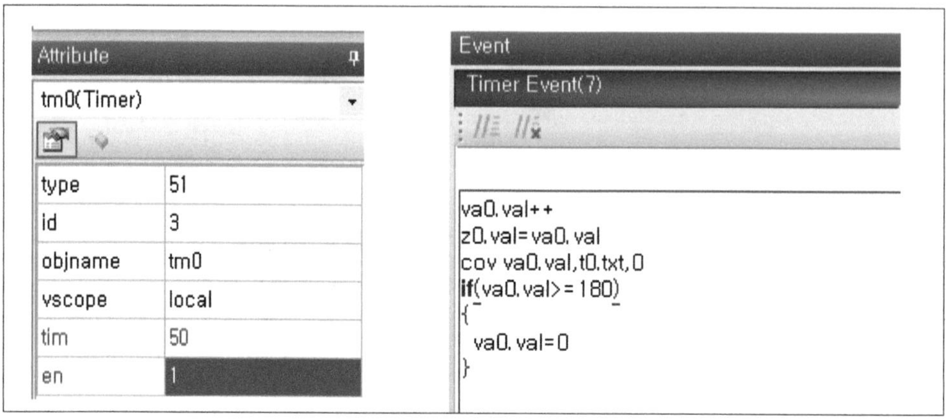

[그림 6.17] 타이머 속성 및 프로그램

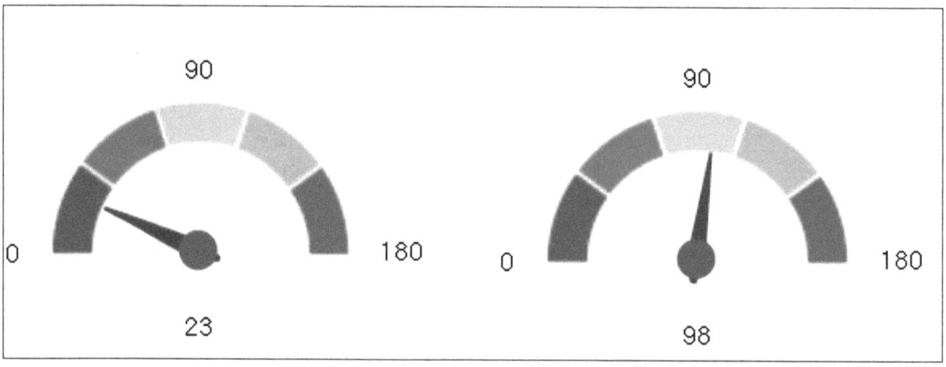

[그림 6.18] Gauge 값 디스플레이

5) 객체 등록 및 속성 적용하기 (page 0)

이와 같은 방법으로 이미지를 등록하고 해당 Gauge를 배치하고 프로그램한다.

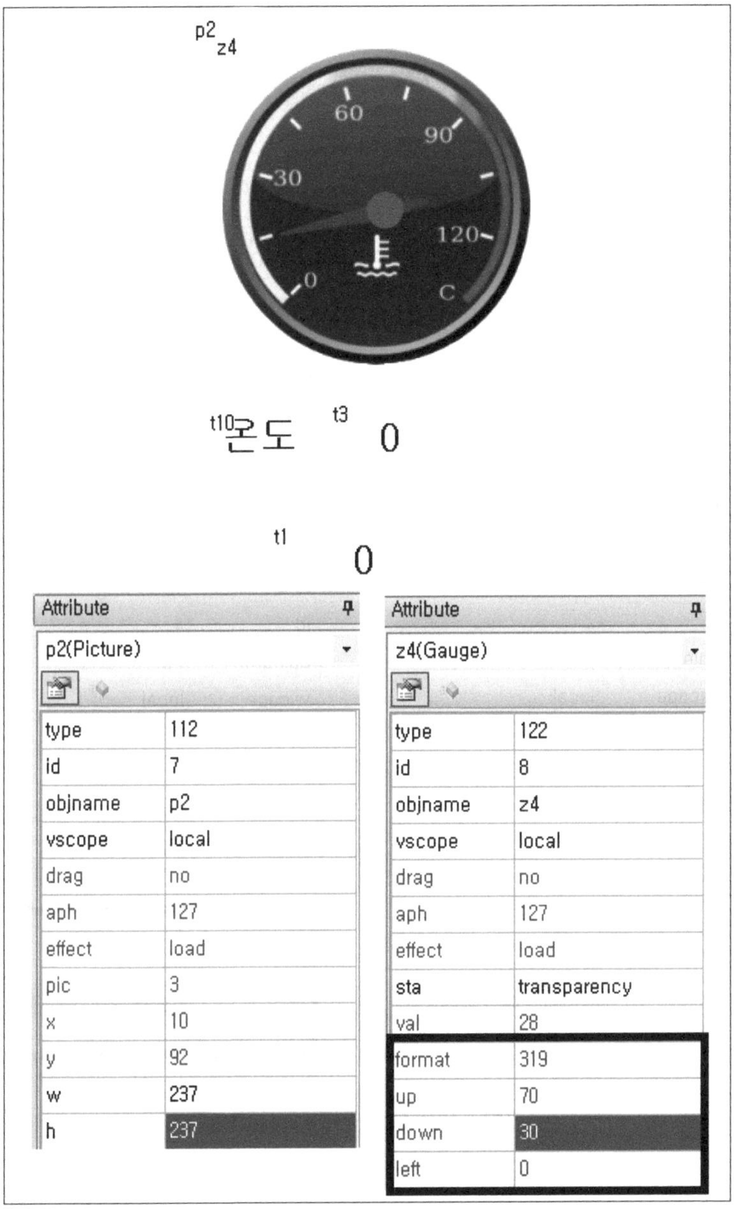

[그림 6.19] 온도 연관 속성값 설정

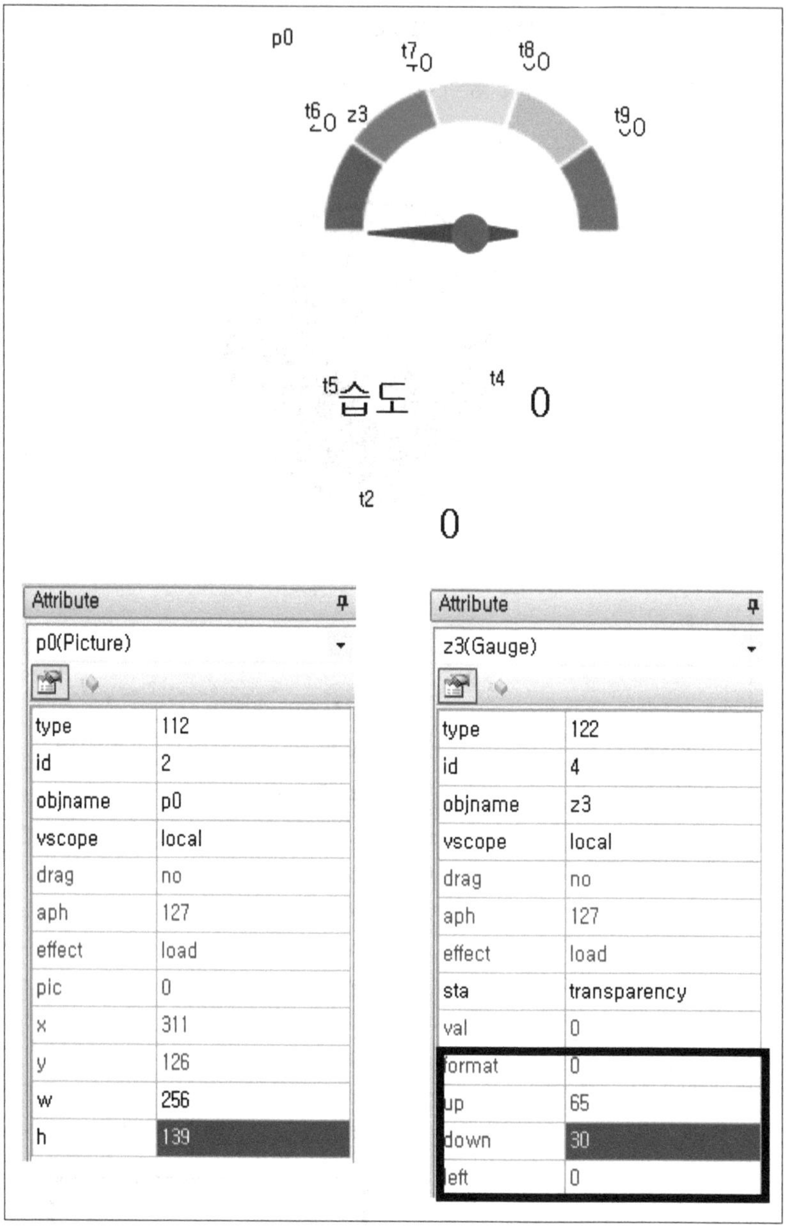

[그림 6.20] 습도 연관 속성값 설정

6) 객체 등록 및 속성 적용하기 (page 1)

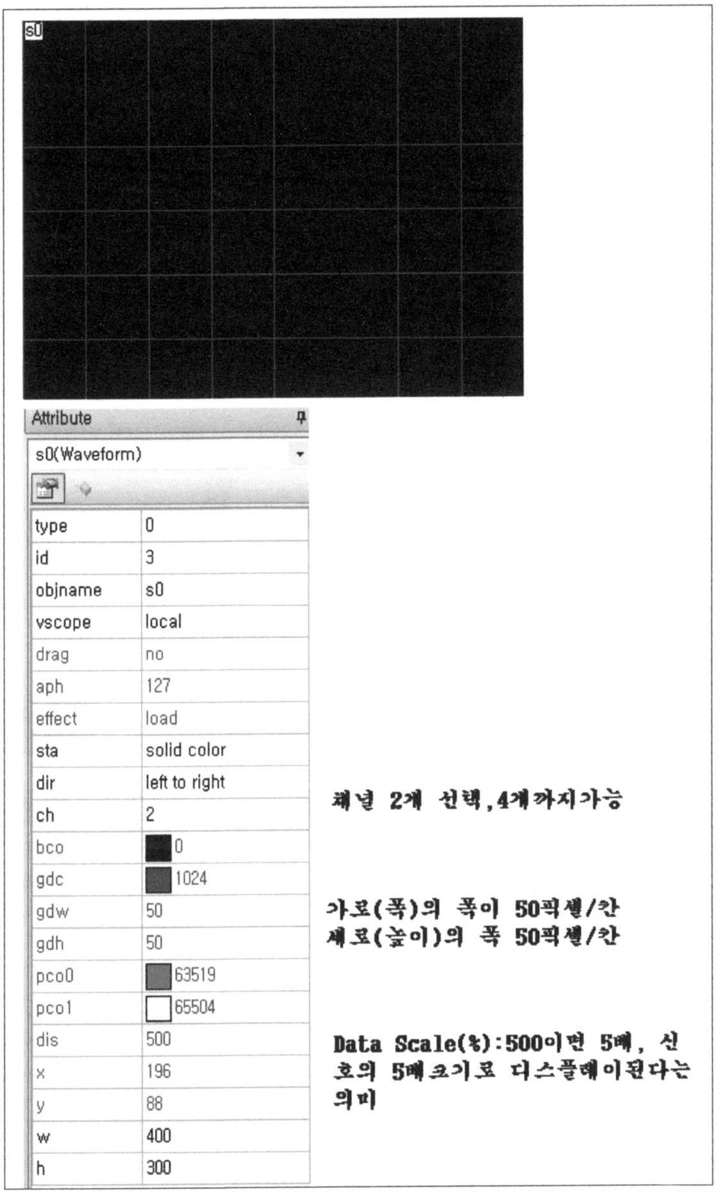

[그림 6.21] Wave 속성값 설정

7) 프로그램하기

먼저 page 0을 보면 [그림6.22], MCU로부터 들어오는 데이터를 t0, t1 객체에서 받아서 t3.txt 및 t4.txt에 나타내고 그 값을 Gauge에 맞도록 Scale하여 사용하면 된다. page1에서도 t29.t30 객체에 데이터를 받아 wave에 적용한다. 타이머를 통해서 데이터 값을 나타낸다(vis, add 명령어 부록 참고).

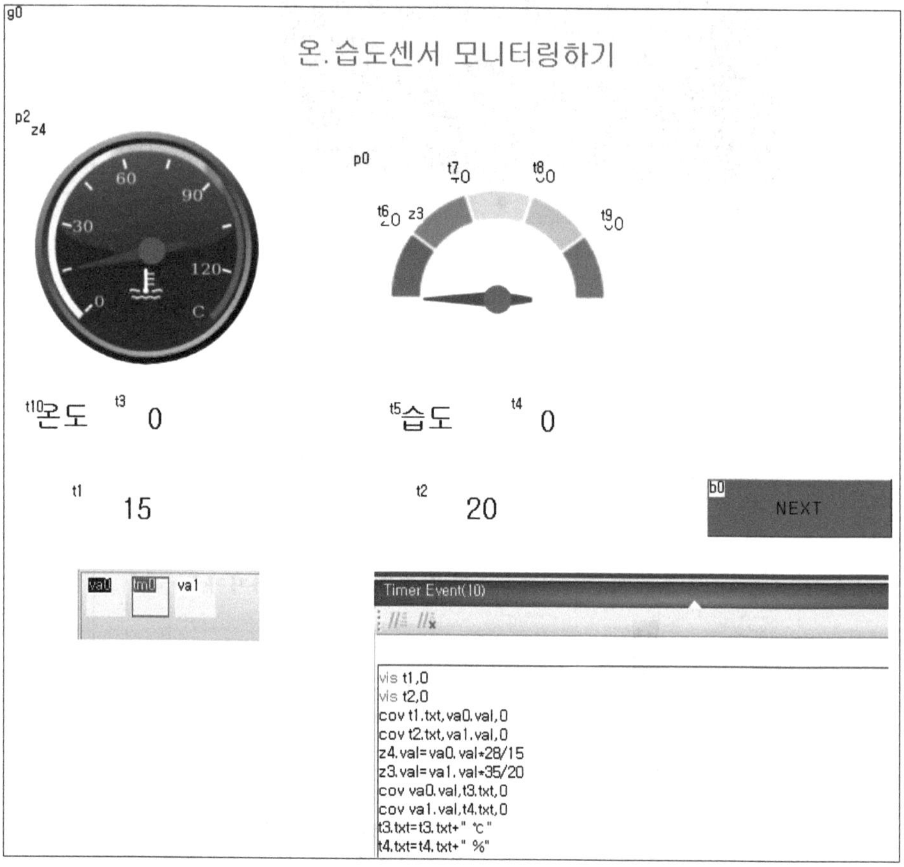

[그림 6.22] page 0 프로그램

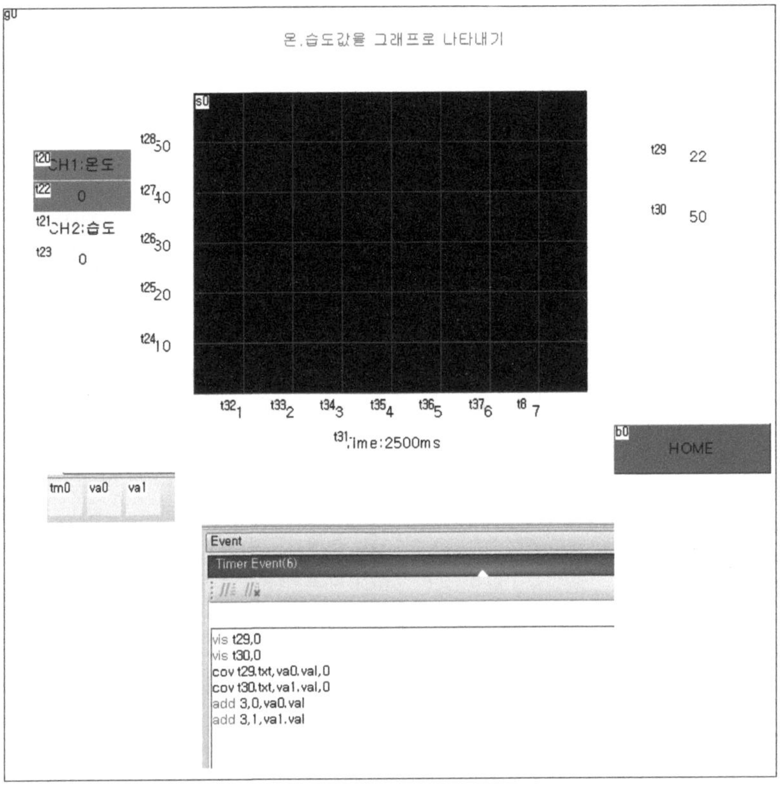

[그림 6.23] page 1 프로그램

8) 버튼 프로그램하기

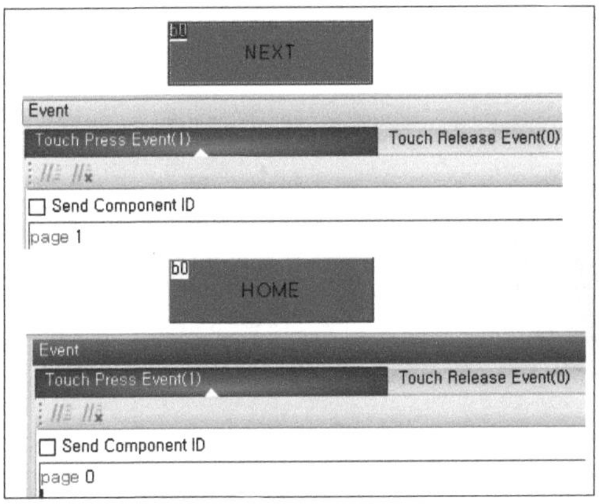

[그림 6.24] 버튼 코딩

3. HMI 컴파일 및 Debug 하기

화면 구성이 완료되면 Save를 클릭한 다음 컴파일과 Debug를 하면 된다. 만약 컴파일에서 에러가 발생하면 수정한 다음 저장하고 다시 Debug를 한다[그림 6.25], [그림 6.26]. 실제 Debug 된 내용이 HMI에 적용된다.

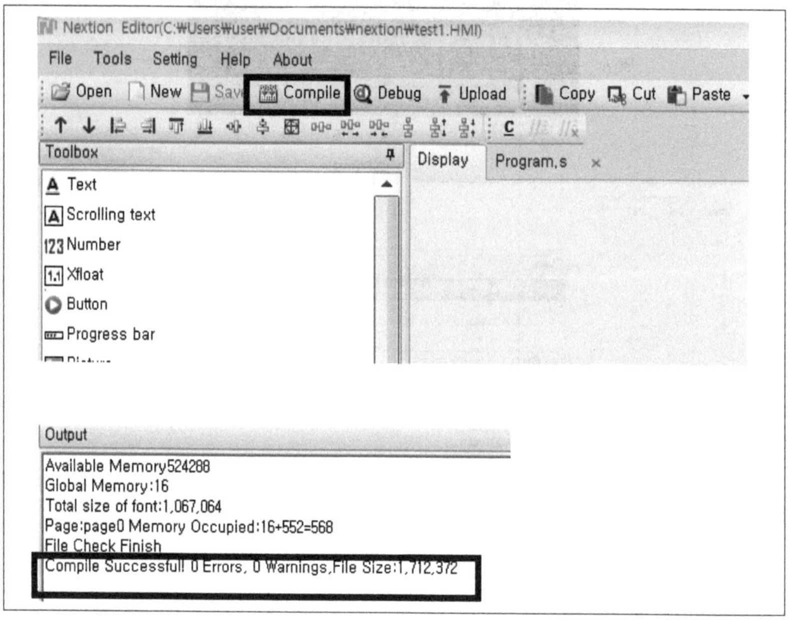

[그림 6.25] 컴파일하기

[그림 6.26] Debug

4. HMI에 다운로드하기 (SD 메모리 이용)

Micro SD 메모리(8~32GB)를 준비하여 PC에 연결하고 아래 [그림 6.27]과 같이 SD 메모리에 파일을 저장한다.

1) SD 메모리에 파일 저장하기

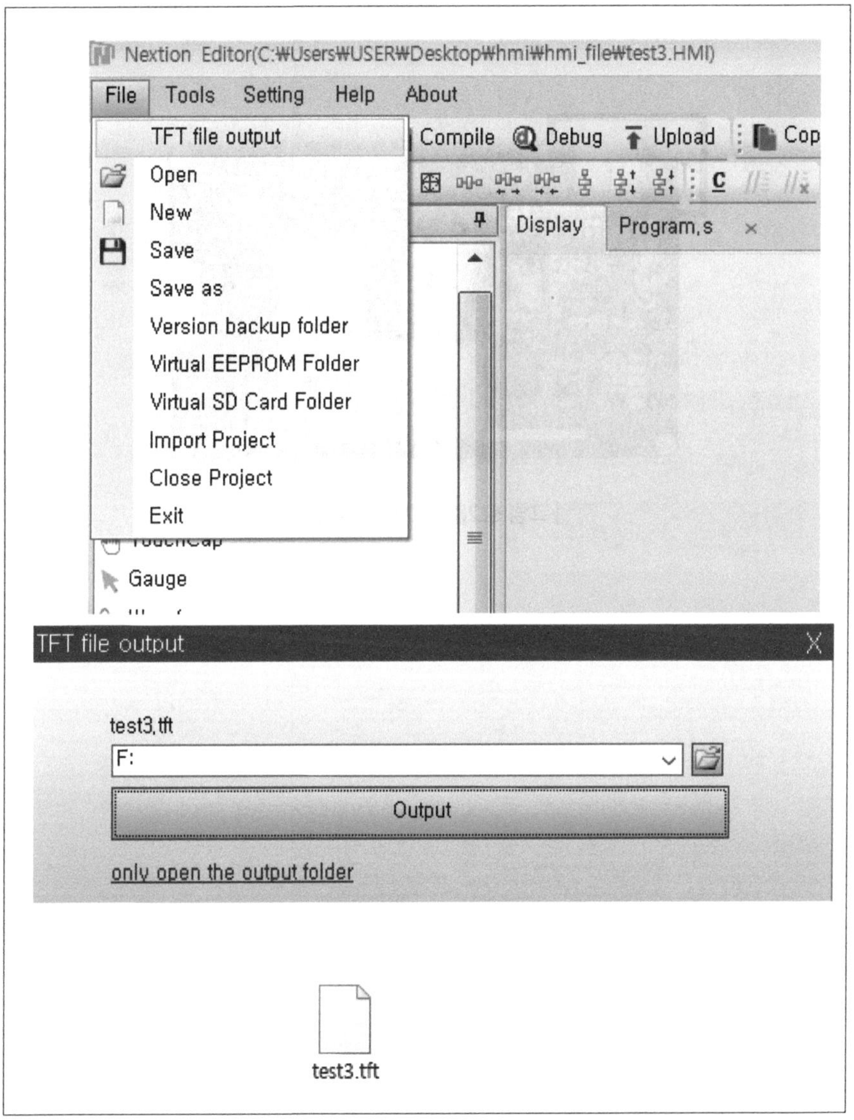

[그림 6.27] SD 메모리에 파일 저장

2) HMI에 SD 메모리 연결 및 다운로드하기

HMI에 SD Card Slot 메모리를 삽입하고 전원을 off → On 하여 프로그램을 다운로드하고 완료되면 SD 메모리를 제거한 다음, 다시 전원을 off → on 하면 된다. 한번 다운로드가 완료되면 임의로 수정 및 지우지 않는 한 내용은 프레시 메모리에 저장된다.

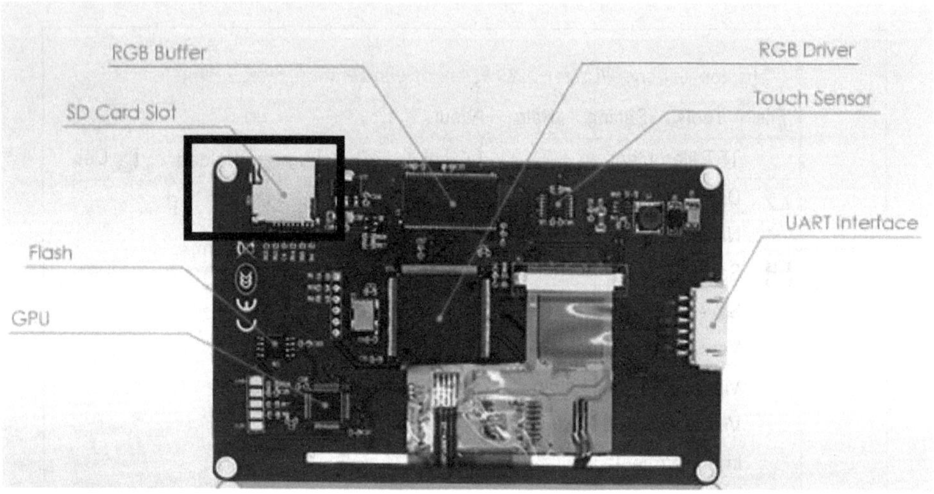

[그림 6.28] SD 메모리 삽입

5. Arduino 프로그램 작성하기

HMI의 기본적인 보레이트는 9600이며, 이는 변경할 수 있는데, 필요에 따라서 시스템이나 해당 페이지 수행 전에 설정하는 것이 좋다. 아두이노 우노에는 하드웨어 시리얼 포트가 하나밖에 없어 소프트웨어 포트를 선언해서 사용하면 되고 우노 이상급에서는 하드웨어 포트 기본 포트 이외 것을 사용하면 된다.

1) HMI 보레이트 설정 확인 및 Hardware 확인

HMI Rx ↔ Arduino Tx(3) 단자 연결

HMI Tx ↔ Arduino Rx(2) 단자 연결

bauds=2400, bauds=19200, bauds=115200;

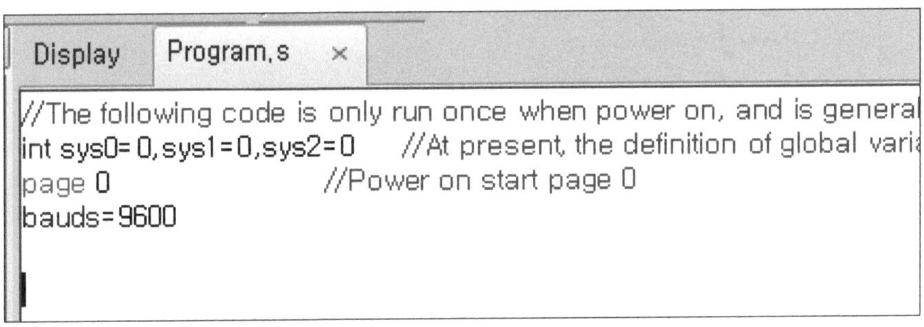

[그림 6.29] HMI baud 설정

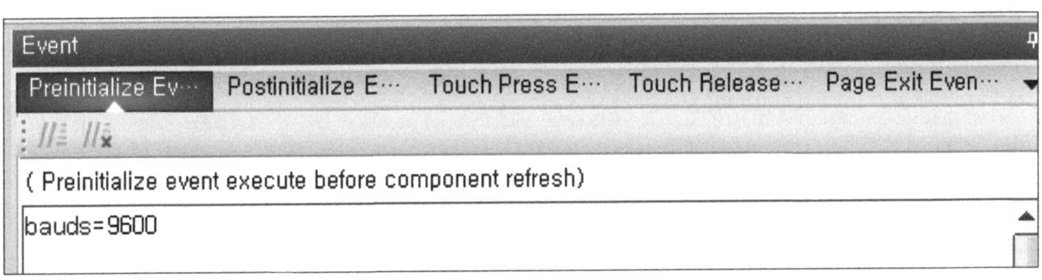

[그림 6.30] HMI baud 설정

2) Arduino 프로그램 작성

HMI에서 데이터를 받아 아두이노의 시리얼 포트로 출력하는 프로그램(그림 6.22)을 작성해 본다.

arduino_test9 §

```
#include <SoftwareSerial.h>
#include <DFRobot_DHT11.h>
 DFRobot_DHT11 DHT;
#define DHT11_PIN 7

char buf[10],buf1[10];
int16_t h;
int16_t t;
SoftwareSerial hmi_rs232(2,3);//(Rx,Tx)
void setup() {
hmi_rs232.begin(9600);
Serial.begin(9600);
}

void loop() {
        DHT.read(DHT11_PIN);
        t=(DHT.temperature);
        h=(DHT.humidity);

        Serial.print(t);
        sprintf(buf,"t1.txt=\"%d\"%c%c%c",t,0xff,0xff,0xff);
        hmi_rs232.print(buf);

        sprintf(buf,"t2.txt=\"%d\"%c%c%c",h,0xff,0xff,0xff);
        hmi_rs232.print(buf);

        sprintf(buf,"t29.txt=\"%d\"%c%c%c",t,0xff,0xff,0xff);
        hmi_rs232.print(buf);

        sprintf(buf,"t30.txt=\"%d\"%c%c%c",h,0xff,0xff,0xff);
        hmi_rs232.print(buf);

        delay(1000);
  }
```

[그림 6.31] Arduino 프로그램

6. STM32 프로그램 작성하기

HMI의 기본적인 보레이트는 9600이며, 이는 변경할 수 있는데, 필요에 따라서 시스템이나 해당 페이지 수행 전에 설정하는 것이 좋다. 여기서는 STM32L432kc 보드를 사용하도록 하고 어느 것을 사용하여도 상관없다. 데이터를 HMI로부터 수신하여 STM32 MCU 시리얼 포트 2로 전송하여 확인한다.

1) HMI 보레이트 설정 확인 및 Hardware 확인

HMI Rx ↔ STM32L432kc Tx(3) 단자 연결

HMI Tx ↔ STM32L432kc Rx(2) 단자 연결

bauds=9600;

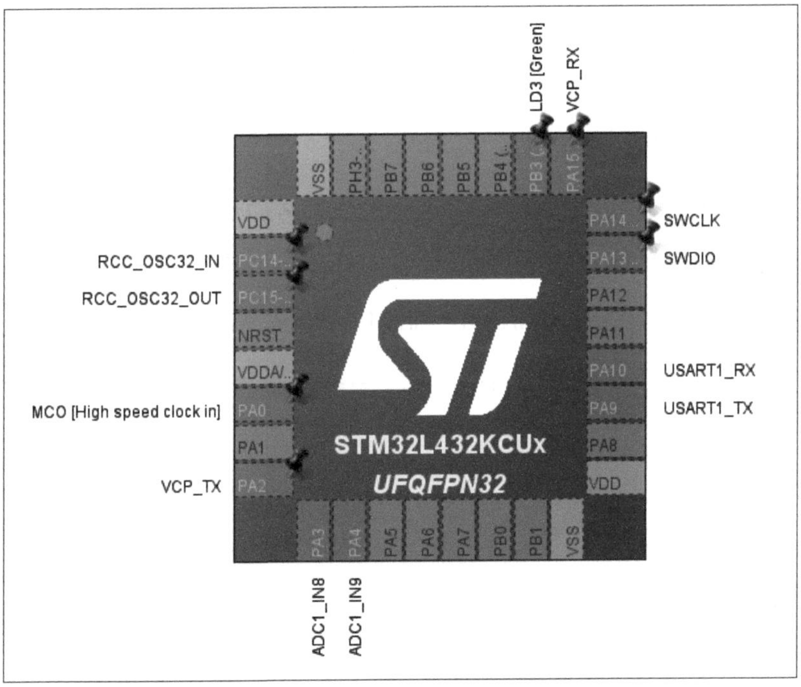

[그림 6.32] USART1, 2(VCP_TX,VCP_RX) 설정

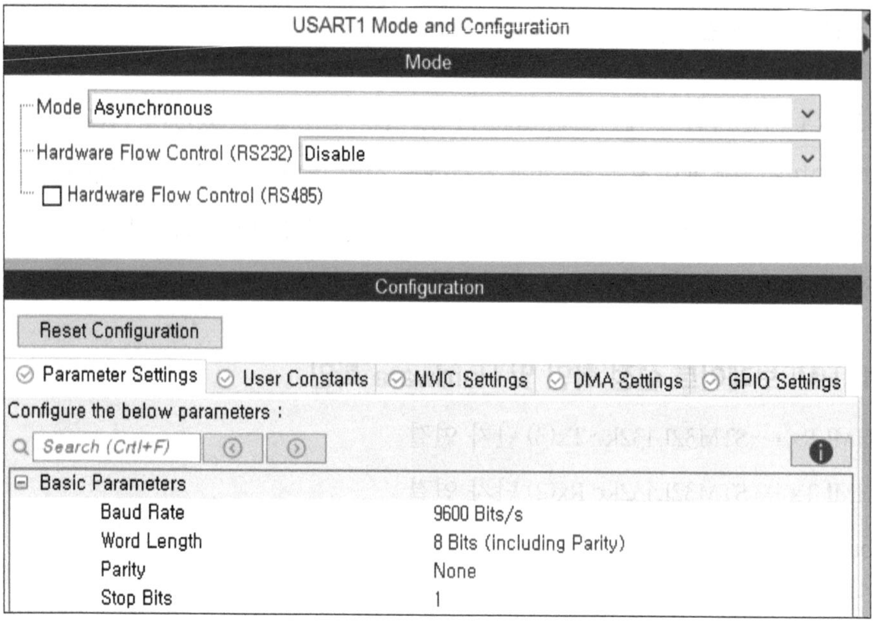

[그림 6.33] 보레이트 설정

2) STM32 문자열 송신

문자 전송 프로그램만 필요하다. 주요 프로그램은 그림과 같다. 온도센서 DHT11의 라이브러리 파일 DHT.c , DHT.h 파일은 다음 사이트를 참고하였다.

(https://controllerstech.com/using-dht11-sensor-with-stm32/)

```
/* USER CODE END Header */
/* Includes ------------------------------------------------------------------*
#include "main.h"

/* Private includes ----------------------------------------------------------*
/* USER CODE BEGIN Includes */
#include "stdio.h"
#include "stdlib.h"
#include "math.h"
#include "DHT.h"
/* USER CODE END Includes */
```

[그림 6.34] 헤더 설정

```
uint8_t Cmd_End[3]={0xFF,0xFF,0xFF};
uint8_t rx_data,rx_data1[10],rx_ct=0;
char buf1[20],buf2[4];
int int_rx_data;
float float_rx_data,temp,humi;

void NEXTION_SendString(char *ID,char *string){
    char buffer[50];
    int len=sprintf(buffer,"%s.txt=\"%s\"",ID,string);
    HAL_UART_Transmit(&huart1,(uint8_t *) buffer, len,500);
    HAL_UART_Transmit(&huart1, Cmd_End,3,100);
}

int __io_putchar(int ch)
{
HAL_UART_Transmit(&huart2, (uint8_t *)&ch, 1, 0xFFFF);
return ch;
}

void HAL_UART_RxCpltCallback(UART_HandleTypeDef *huart)
{

    if(huart->Instance==USART1){

        if(rx_data==0x24)rx_ct=0;
         rx_data1[rx_ct++]=rx_data;

        if(rx_data==0x26){
          rx_data1[0]=0x20;
          rx_data1[1]=0x20;
          rx_data1[rx_ct-1]=0x20;
          int_rx_data=atoi((char*)rx_data1);
          printf("data=%d\r\n",int_rx_data);
          sprintf(buf2,"%d",int_rx_data);
          NEXTION_SendString("t23",buf2);
          rx_ct=0;
        }
        if(rx_ct>10)rx_ct=0;
    }
    HAL_UART_Receive_IT(&huart1,&rx_data,1);
}

DHT_DataTypedef DHT11_Data;
```

[그림 6.35] 함수 부분

```
/* USER CODE BEGIN 2 */
HAL_UART_Receive_IT(&huart1,&rx_data,1);

 /* USER CODE END 2 */

 /* Infinite loop */
 /* USER CODE BEGIN WHILE */
 while (1)
 {


    DHT_GetData(&DHT11_Data);
    temp = DHT11_Data.Temperature;
    humi = DHT11_Data.Humidity;

    sprintf(buf1,"%3.2f",temp);
    NEXTION_SendString("t1",(char *)buf1);

    sprintf(buf1,"%3.2f",humi);
    NEXTION_SendString("t2",(char *)buf1);

    sprintf(buf1,"%3.2f",temp);
    NEXTION_SendString("t29",(char *)buf1);

    sprintf(buf1,"%3.2f",humi);
    NEXTION_SendString("t30",(char *)buf1);

    HAL_GPIO_TogglePin(LD3_GPIO_Port, LD3_Pin);
    HAL_Delay(1000);
   /* USER CODE END WHILE */

   /* USER CODE BEGIN 3 */
 }
 /* USER CODE END 3 */
}
```

[그림 6.36] Main 함수 부분

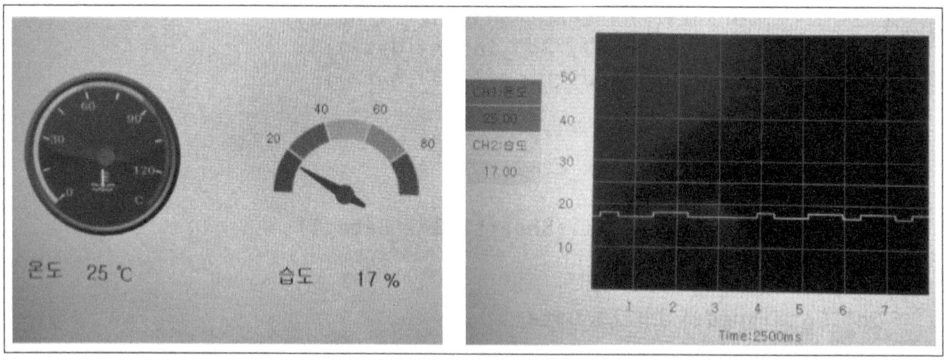

[그림 6.37] 디스플레이 사진

MCU 기반 HMI GUI 프로젝트

CHAPTER 7

HMI Audio 활용하기

1. HMI File 만들기
2. HMI 화면 구성하기
3. HMI 컴파일 및 Debug하기
4. HMI에 다운로드하기 (SD 메모리 이용)
5. Arduino 프로그램 작성하기
6. STM32 프로그램 작성하기

CHAPTER 07

MCU 기반 HMI GUI 프로젝트

HMI Audio 활용하기

1. HMI File 만들기

[그림 7.1]~[그림 7.4]와 같이 설정한다(5"인텔리전트 타입).

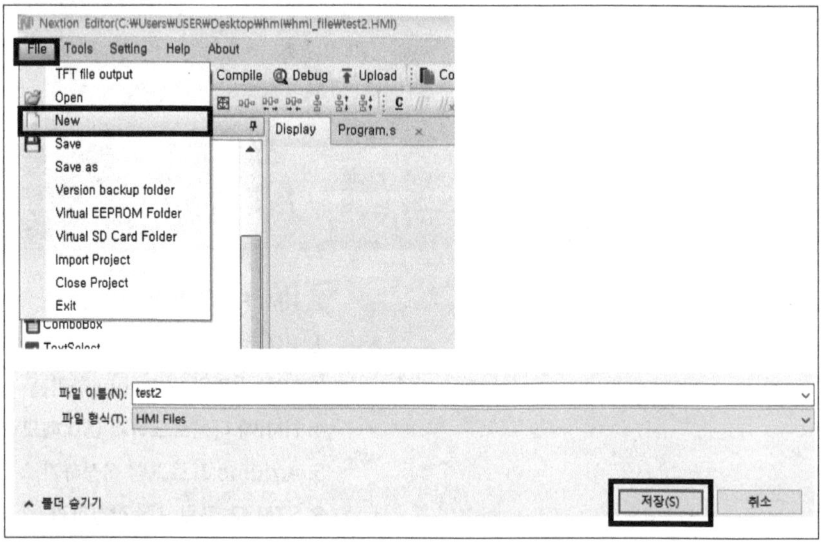

[그림 7.1] HMI File 만들기

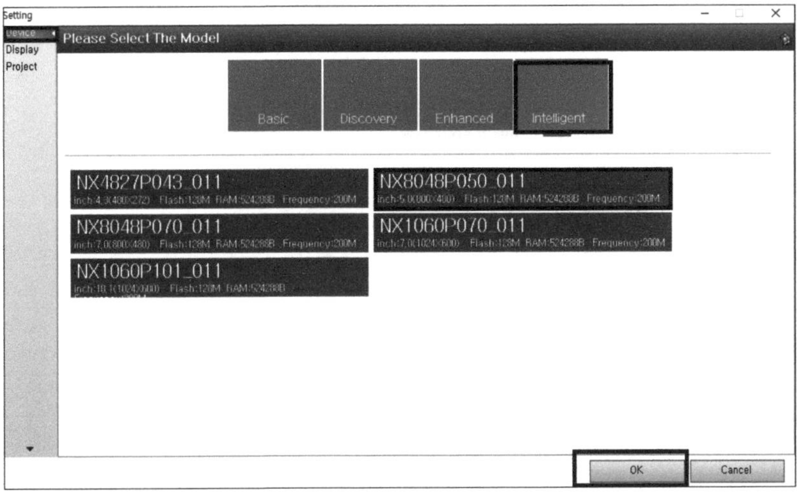

[그림 7.2] 디바이스 모델 선정

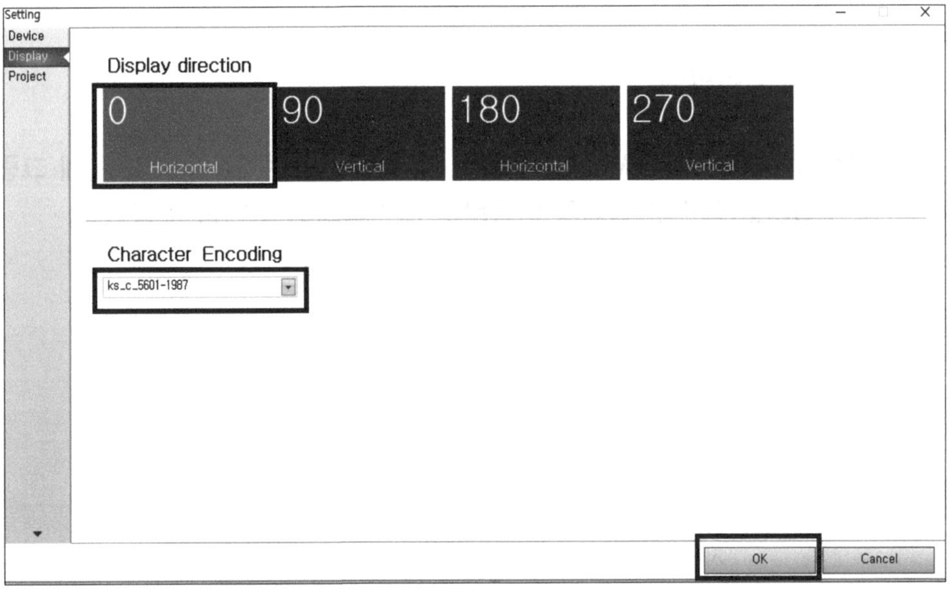

[그림 7.3] 디스플레이 방향과 엔코딩 선정

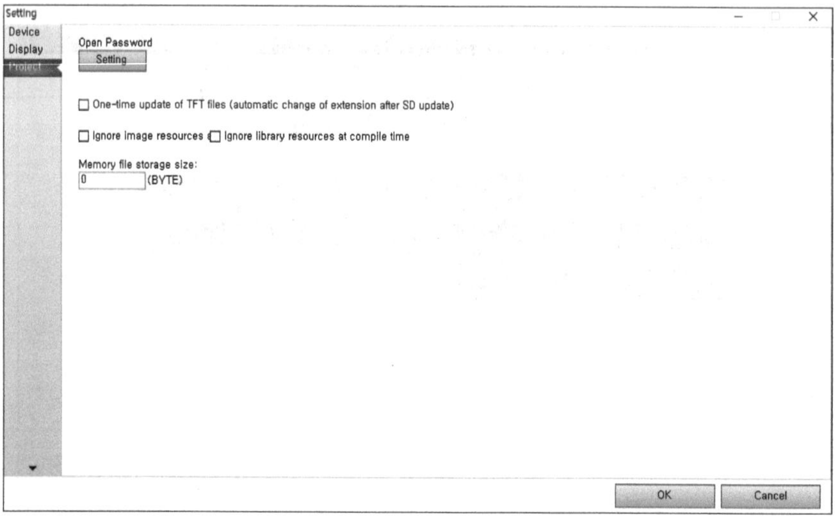

[그림 7.4] Project 선정

2. HMI 화면 구성하기

1) [그림 7.5]와 같이 HMI 디스플레이 창에 배치하여 Gauge 및 시계 그림을 조합하고 텍스트 객체를 이용하여 디스플레이 화면을 구성한다.

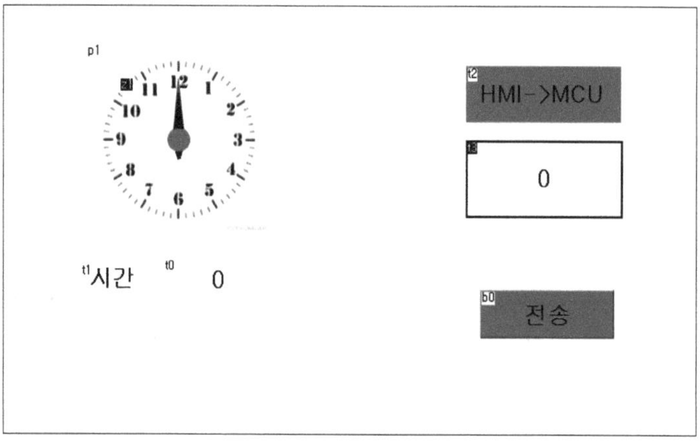

[그림 7.5] 컨트롤 배치

2) Font 생성하기 (4개 생성, [그림 7.6]~[그림 7.8])

이전에 생성되어 있다면 생성하지 않고 바로 사용할 수 있다.

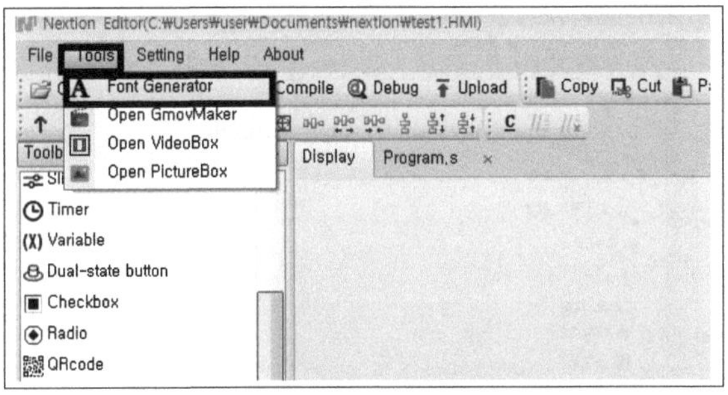

[그림 7.6] 폰트 설정

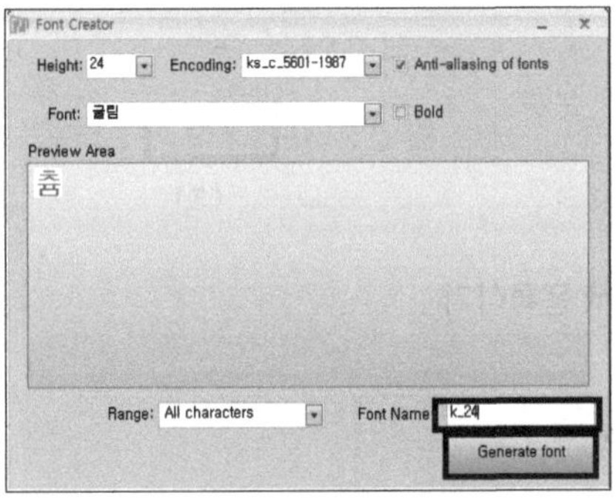

[그림 7.7] 폰트 생성

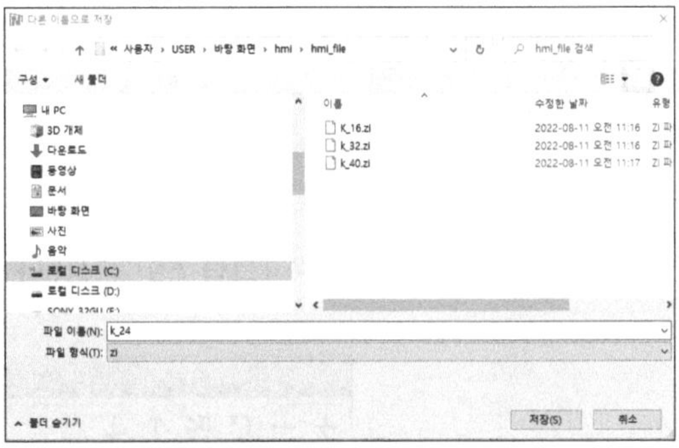

[그림 7.8] 폰트 생성

3) Font 등록하기 ([그림 7.9]~[그림 7.10]) 순서: (1), (2), (3)

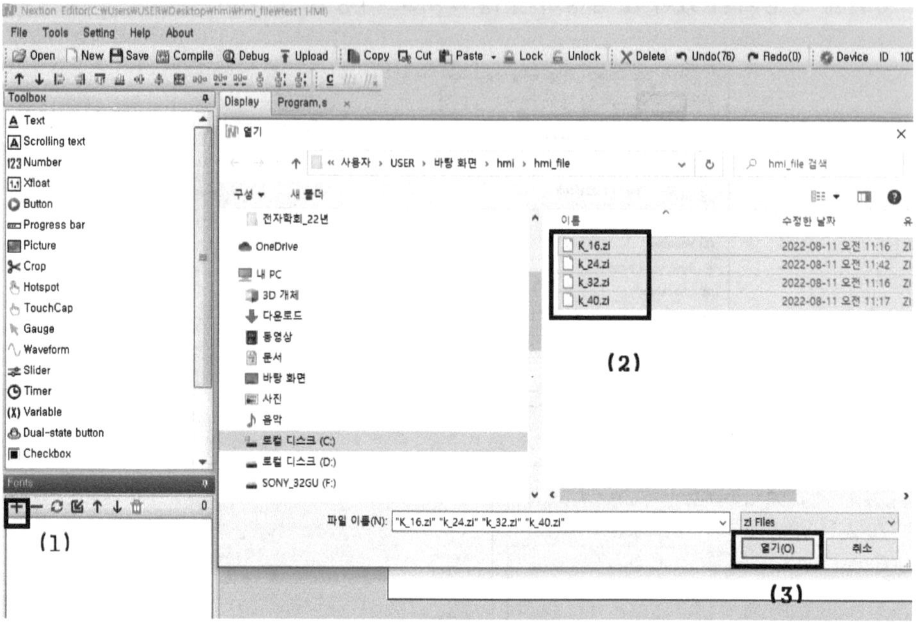

[그림 7.9] 생성된 Font 등록하기

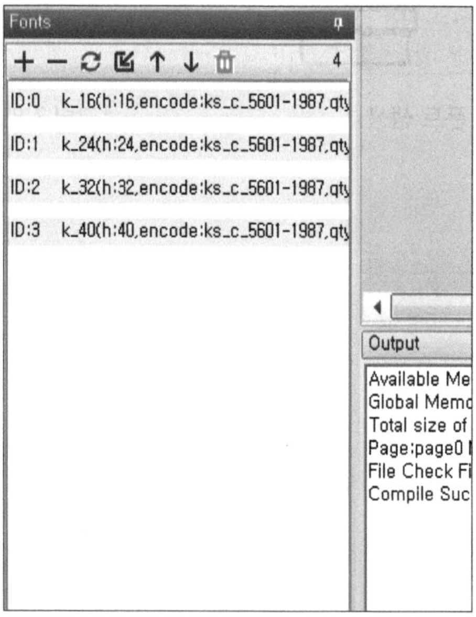

[그림 7.10] 등록된 Font

4) 객체 등록하기 (그림, 효과음)

그림이나 이미지 같은 것을 화면에 나타내고자 할 때 Tools Box에서 Picture를 이용하면 된다. 먼저 나타내고자 하는 이미지를 png 형태(크기, 용량 등)로 변환하여 저장해 두고 이를 에디터 창에 등록한다. 등록 방법은 [그림 7.11]((1)~(3)) 순서와 [그림 7.13]과 같다.

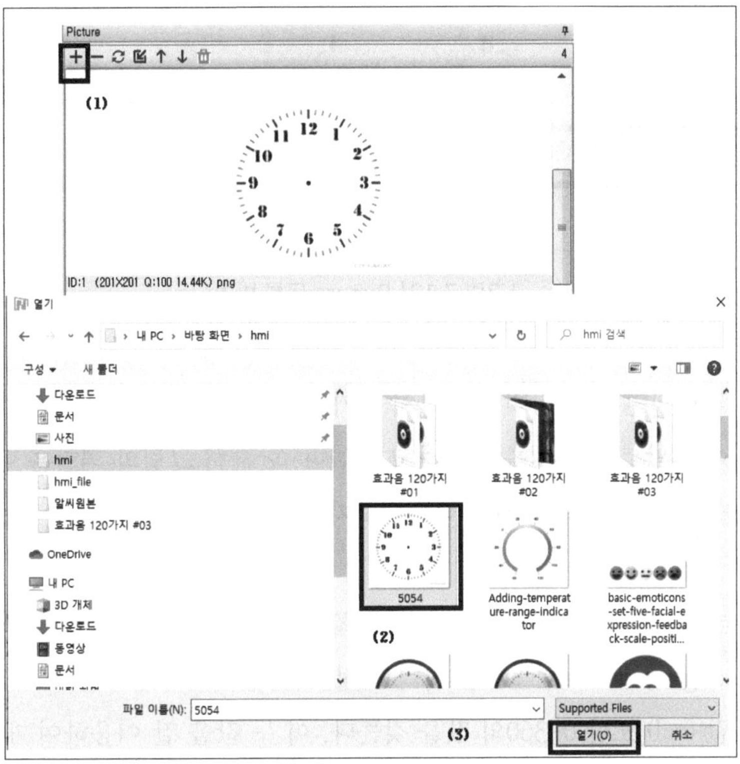

[그림 7.11] Picture 등록 방법

그 다음 에디터 창에 나타내려면 Tool Box의 Picture를 클릭하면 에디터 창에 px 객체가 나타난다. px의 속성체에 등록한 그림의 ID를 입력하면 된다.

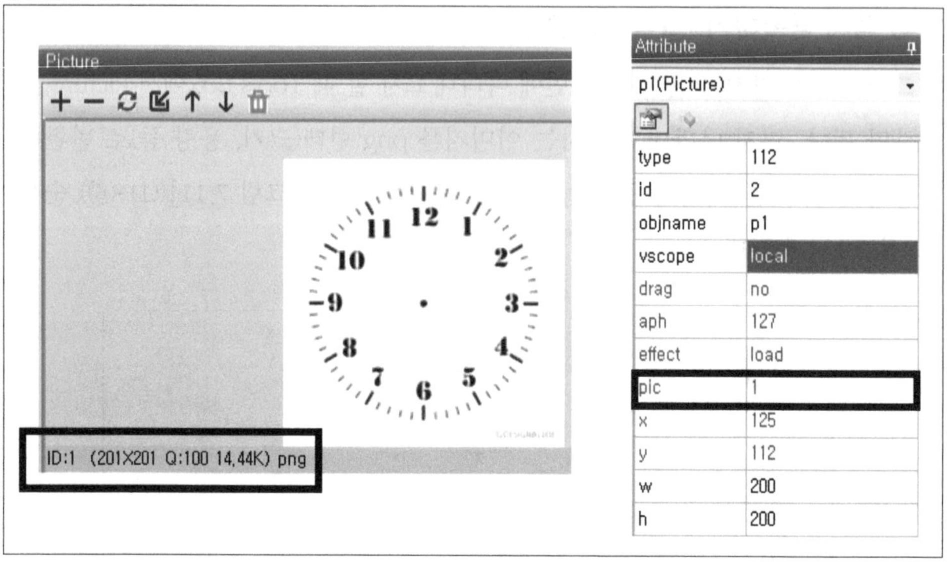

[그림 7.12] Picture 등록 방법

등록이 완료되면 이용 방법에 따라서 추가 작업이 필요하다. 여기서는 시계 그림을 등록하여 아날로그 시계를 구현하고자 한다. 단순히 그림의 역할은 여기까지이고, 이러한 기법은 시각적 효과를 나타내고자 할 때 사용한다.

여기서는 Tool Box의 Gauge와 그림을 결합한 이미지 효과를 활용한다. [그림 7.14]는 Gauge의 Format(출발점 위치 지정) 속성값이며 보통 0~360의 값을 갖고, 게이지의 값 (val) 또한 0~360의 값을 갖는다. 이 두 값을 잘 이용하여 게이지를 컨트롤한다.

이번에는 소리를 등록해 보도록 한다. 먼저 인터넷에서 효과음을 검색(무료 사이트)하여 다운로드 후 이용한다(효과음 사이트: https://delete0204.tistory.com/84). 여기서는 두 가지 효과음, 띠용(잘못 선택하거나 미설정 효과음), 딩동뎅(올바른 선택 및 설정 완료 효과음)을 사용한다. 다음 [그림 7.13-1]의 (1)~(4)순서로 변환하고 그림과 같이 등록할 수 있는 형태로 변환된다.

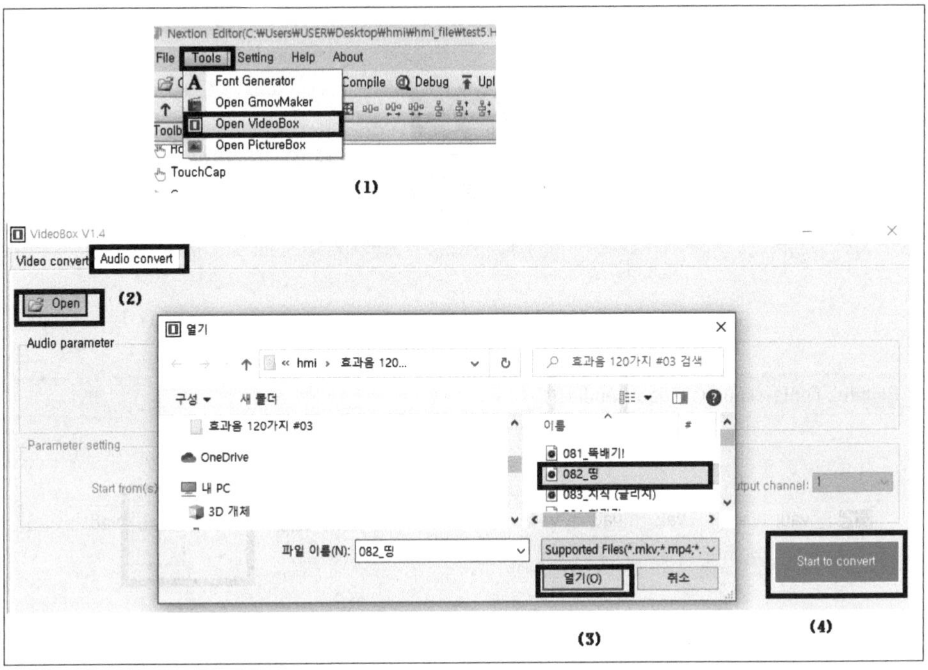

[그림 7.13-2]는 효과음 2개를 Audio Tools Box 등록하고 Tool box의 Audio 객체를 통해서 wav0,wav1을 생성한 다음, 속성을 지정하고자 하는 효과음 ID로 변경하면 된다.

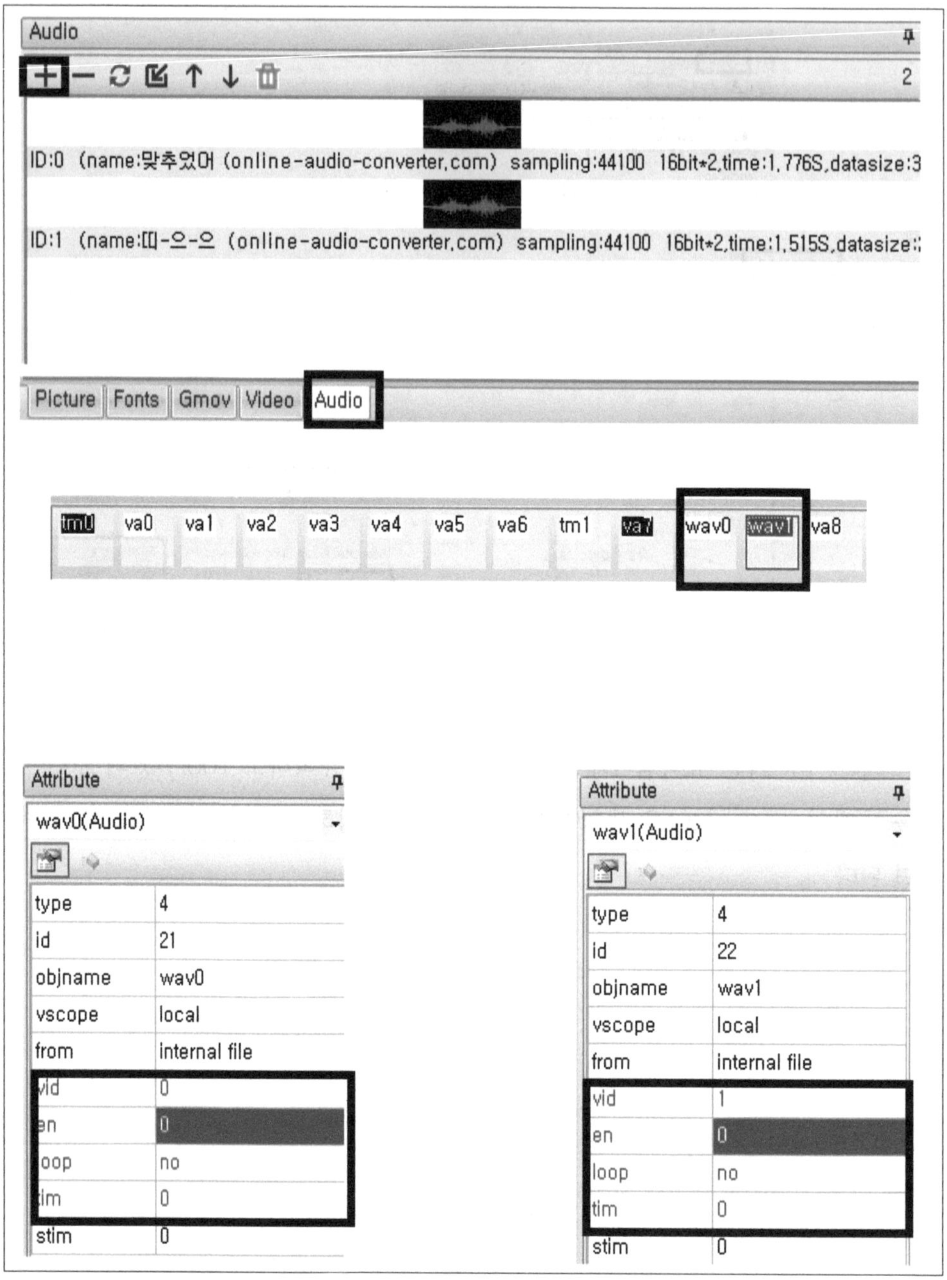

[그림 7.13-2] 소리 등록 속성 지정

5) Gauge Format 속성

[그림 7.14]는 게이지의 Format 속성에 따른 게이지의 스타트 위치를 나타낸다.

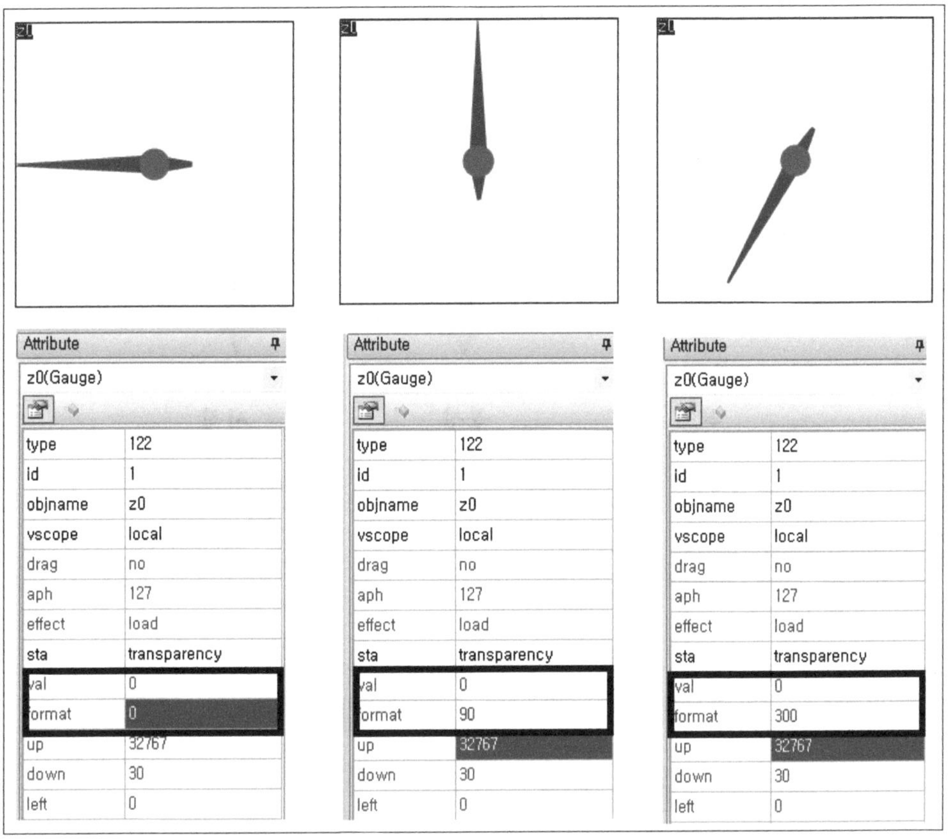

[그림 7.14] Gauge의 Format (기준점 위치) 속성 설정

6) Gauge 초침, 분침, 시침 속성 지정하기

[그림 7.5]와 같은 시계를 나타내려면 초침, 분침, 시침이 필요하다. 따라서 3개의 게이지가 필요하며, 초침은 1초에 한 칸, 분침은 분마다, 시침은 시간마다 한 칸씩 증가하여야 하고 , 시침은 분침의 위치에 따라서 적당한 위치가 되어야 한다. 이것은 시계를 만들기 위한 간단한 알고리즘에 해당한다. HMI에서 제공하는 rtc 명령어를 이용하여도 되지만 여기서는 타이머를 이용하도록 한다.

[그림 7.15]는 초침, 분침, 시침의 길이 및 색을 지정한 그림이다.

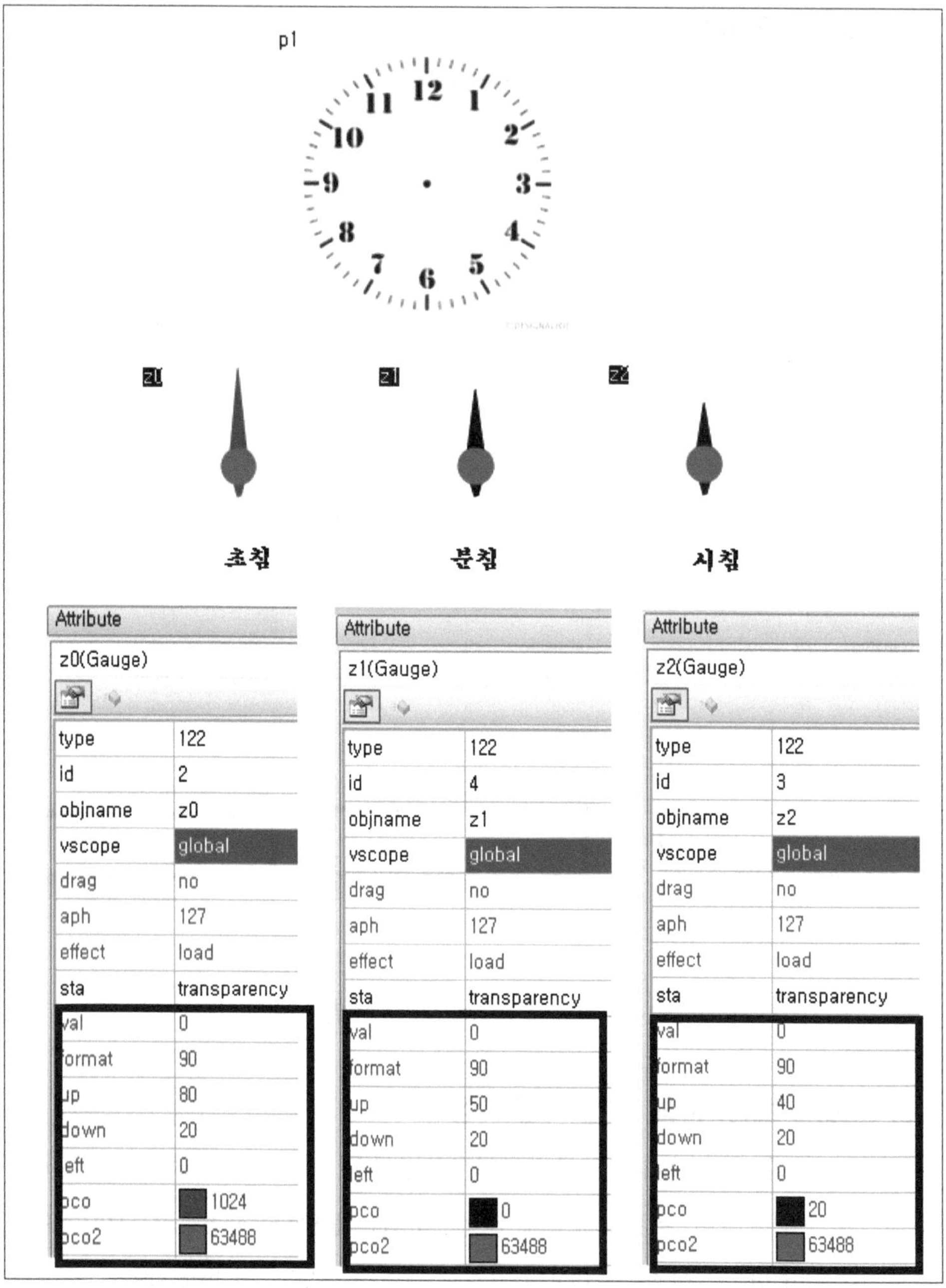

[그림 7.15] Gauge의 Format 및 구성 요소의 길이(침) 색 지정

7) Gauge 시계 그림 결합하기

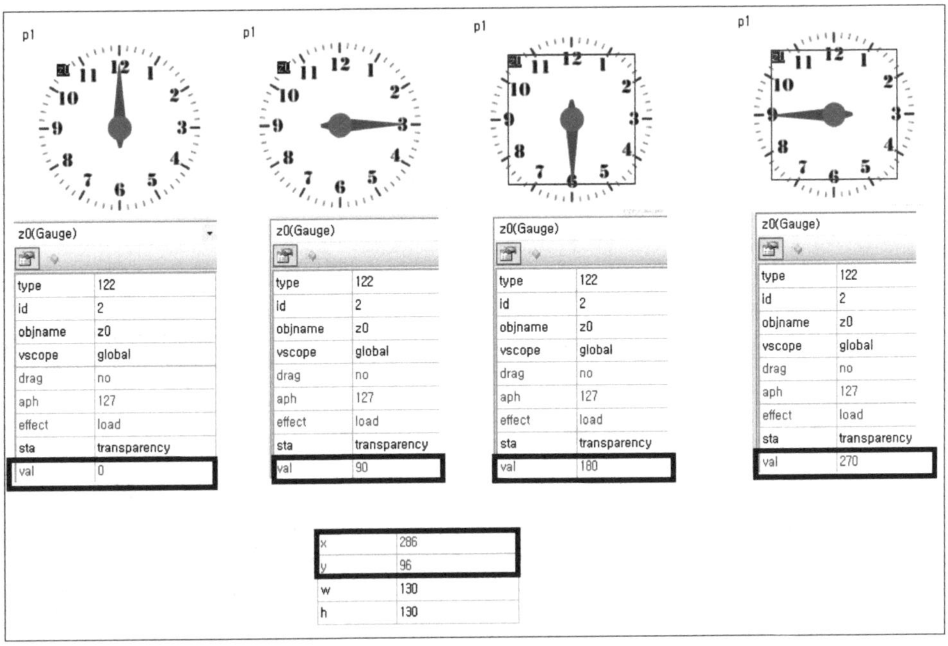

[그림 7.16] Gauge와 그림 결합 및 x, y 좌표 지정

[그림 7.16]은 그림과 초침을 결합하기 위한 좌표를 찾기 위한 그림이며 이에 x=286, y=96임을 알 수 있다. 따라서 분침과 시침의 좌표 및 크기로 하면 우리가 원하는 형태의 시계를 만들 수 있다[그림 7.17].

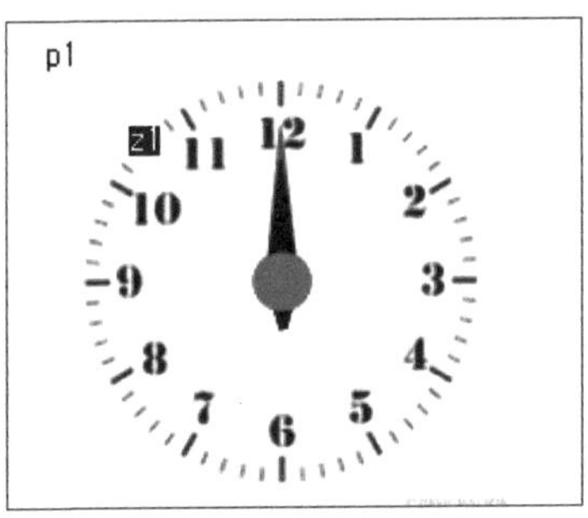

[그림 7.17] Gauge 3개+ Picture

8) 나머지 객체 속성 지정하기

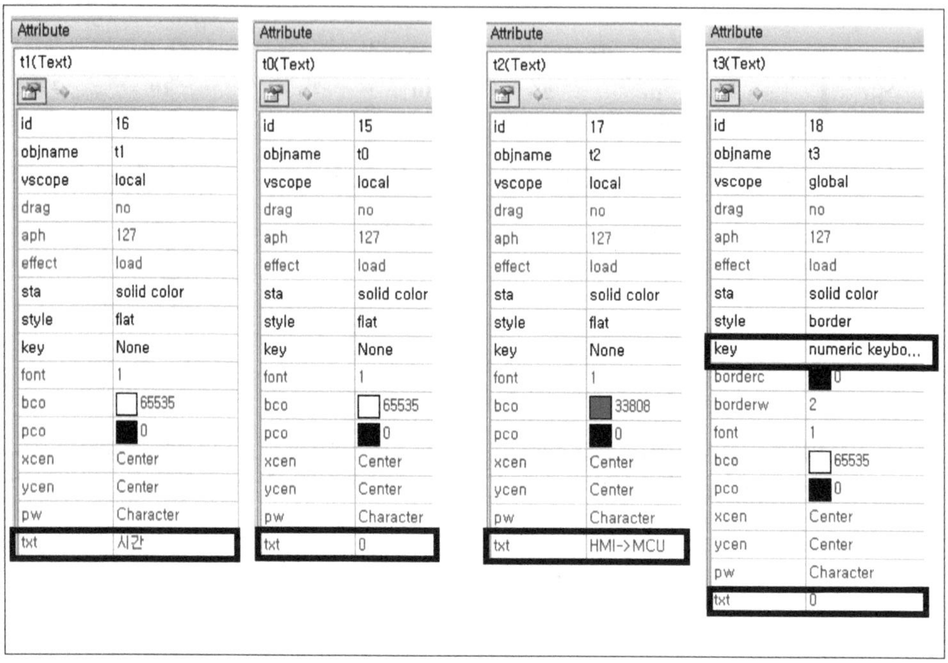

[그림 7.18] 객체 속성 지정하기

9) 타이머 프로그램하기

시간 알고리즘은 일반화되어 있어 쉽게 프로그램할 수 있다. 그러나 여기서 사용하는 명령어 체계에 맞도록 하여야 하는 것 때문에 익숙해지기 전까지는 불편하다. 관련된 명령어와 문법 체계는 부록을 참고하기 바란다.

타이머 프로그램을 하기 위해서는 타이머 및 필요 변수를 만들면 된다. 초, 분, 시간 변수 va0, va1, va2를 만들고 또한 분을 참조하여 시침의 위치를 조정할 수 있는 변수 va3를 만들고 시, 분, 초를 문자로 변환하여 저장하는 변수 va4, va5, va6를 만든다. 시계의 초깃값을 설정하기 위해서 타이머(tm1) 하나를 더 만들어 활용한다. 또한, 12시 이상이 되면 아날로그 시계는 0부터 시작한다.

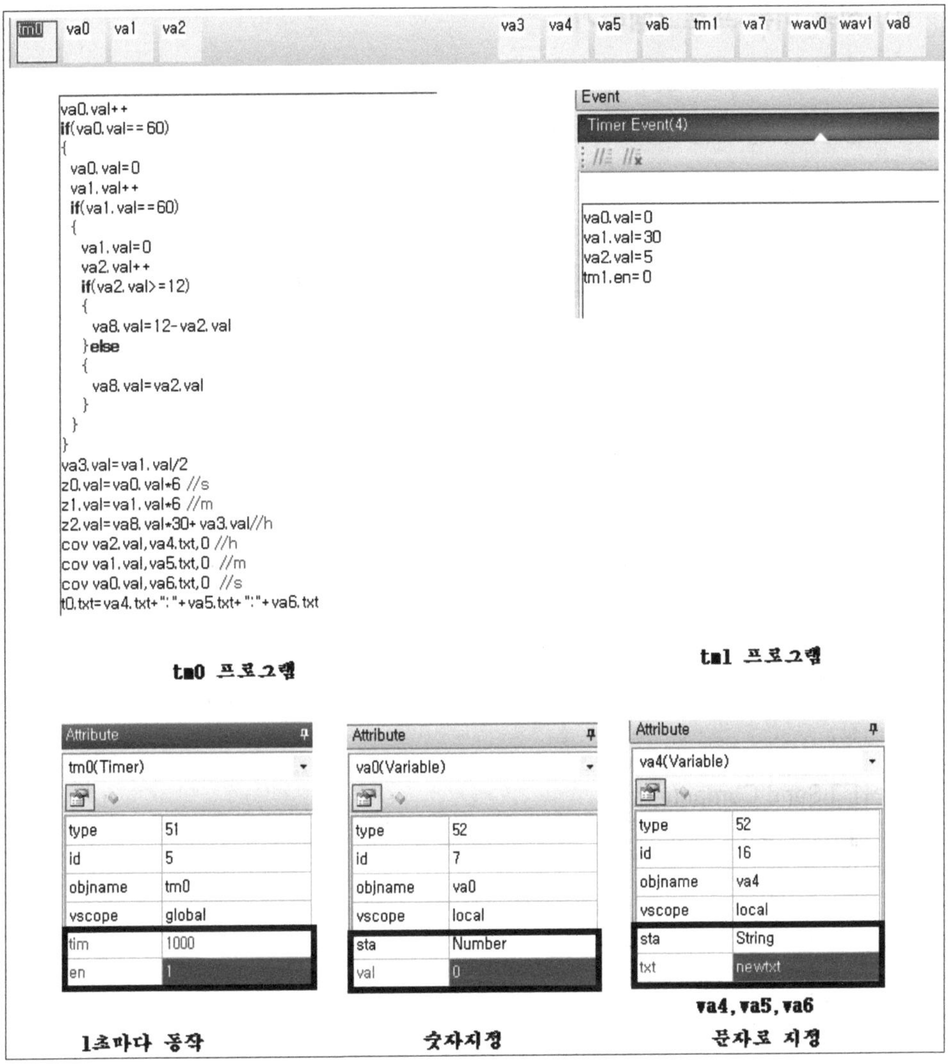

[그림 7.19] 타이머 0,1 프로그램하기

10) 전송 버튼 프로그램하기

t3 객체를 초기화 설정하고 전송을 하면 코드가 전송되고 딩동뎅 음이 발생하며, 초기화를 하지 않으면 '딩' 소리가 나며 코드는 전송되지 않는다. 또한, t3 객체는 nemeric keyboard를 설정하여 숫자를 입력하도록 하였다.

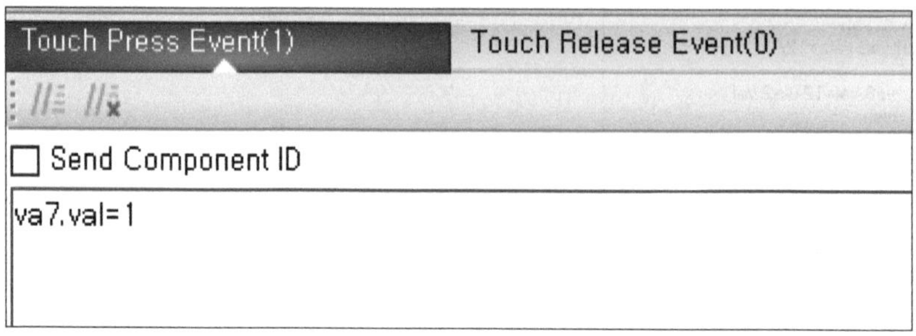

[그림 7.20] t3 객체 선택 시 동작 (va7: global 지정)

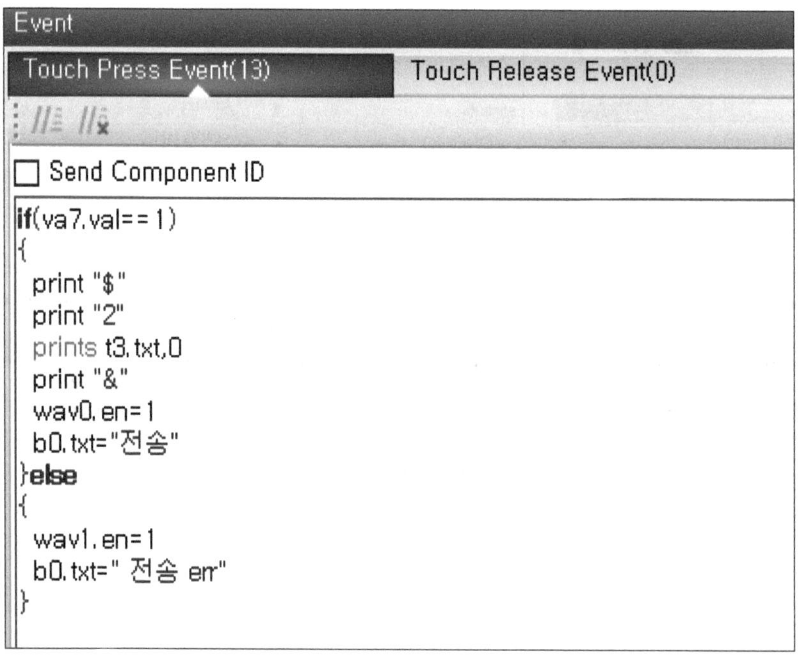

[그림 7.21] 전송 버튼 코딩

3. HMI 컴파일 및 Debug 하기

화면 구성이 완료되면 Save를 클릭한 다음 컴파일과 Debug를 하면 된다. 만약 컴파일에서 에러가 발생하면 수정한 다음 저장하고 다시 Debug를 한다[그림 7.22], [그림 7.23]. 실제 Debug 된 내용이 HMI에 적용된다.

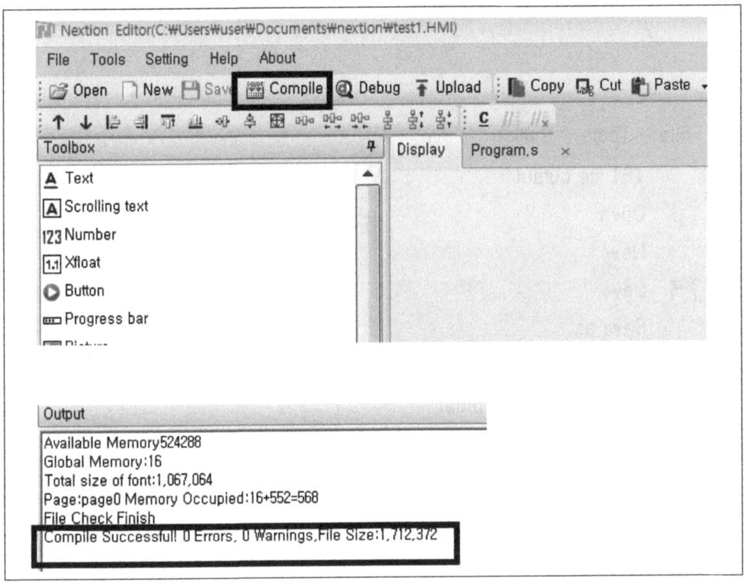

[그림 7.22] 컴파일하기

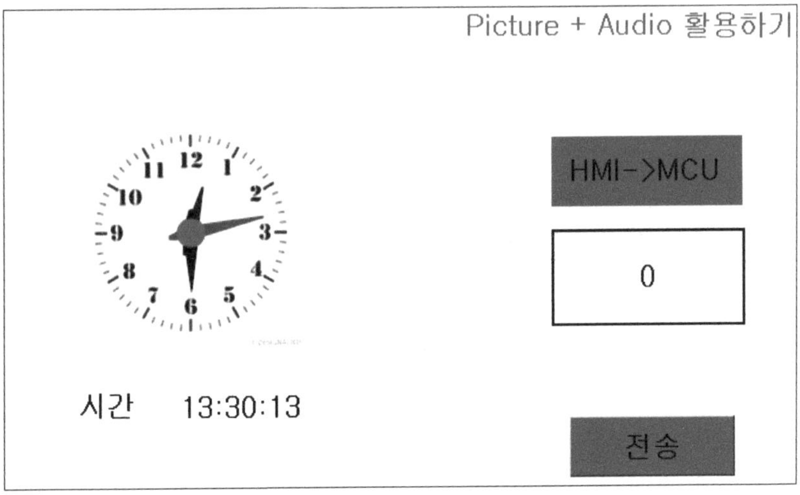

[그림 7.23] Debug

4. HMI에 다운로드하기 (SD 메모리 이용)

Micro SD 메모리(8~32GB)를 준비하여 PC에 연결하고 아래 [그림 7.24]와 같이 SD 메모리에 파일을 저장한다.

1) SD 메모리에 파일 저장하기

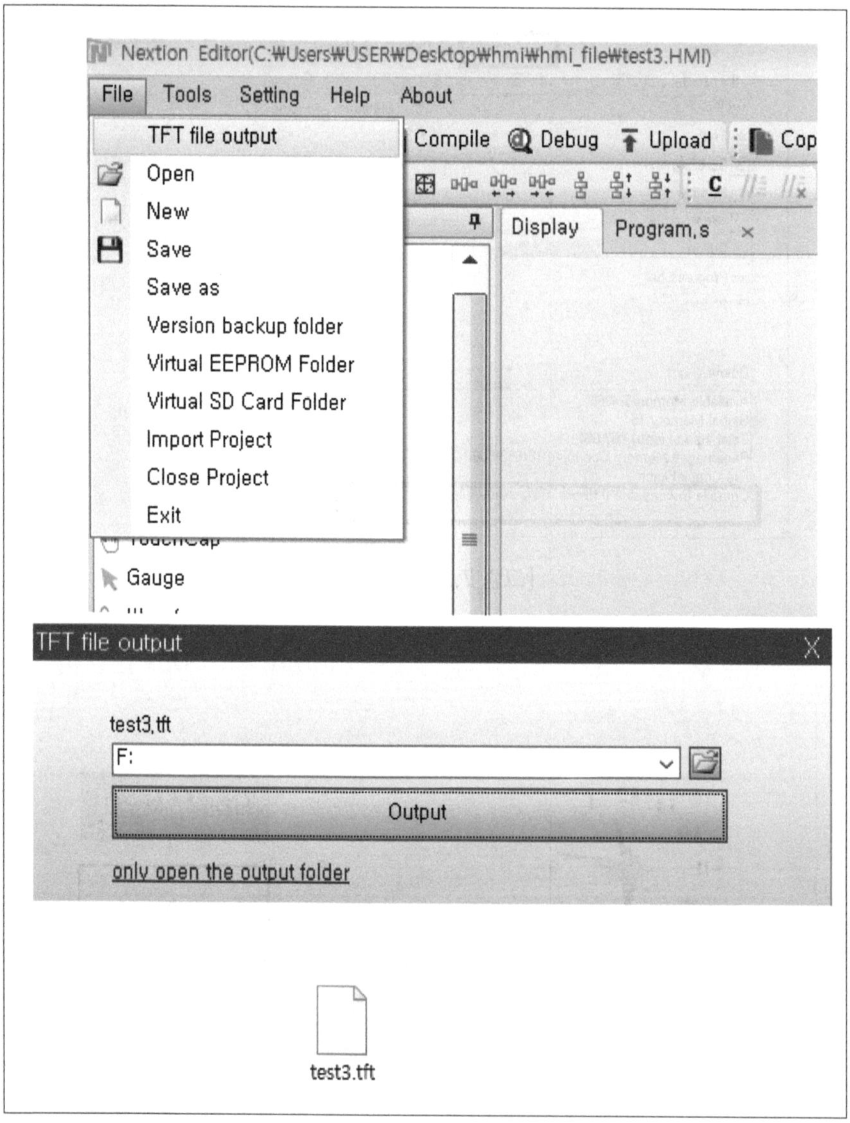

[그림 7.24] SD 메모리에 파일 저장

2) HMI에 SD 메모리 연결 및 다운로드하기

HMI에 SD Card Slot 메모리를 삽입하고 전원을 off → On 하여 프로그램을 다운로드하고 완료되면 SD 메모리를 제거한 다음, 다시 전원을 off → on 하면 된다. 한 번 다운로드가 완료되면 임의로 수정 및 지우지 않는 한 내용은 프레시 메모리에 저장된다.

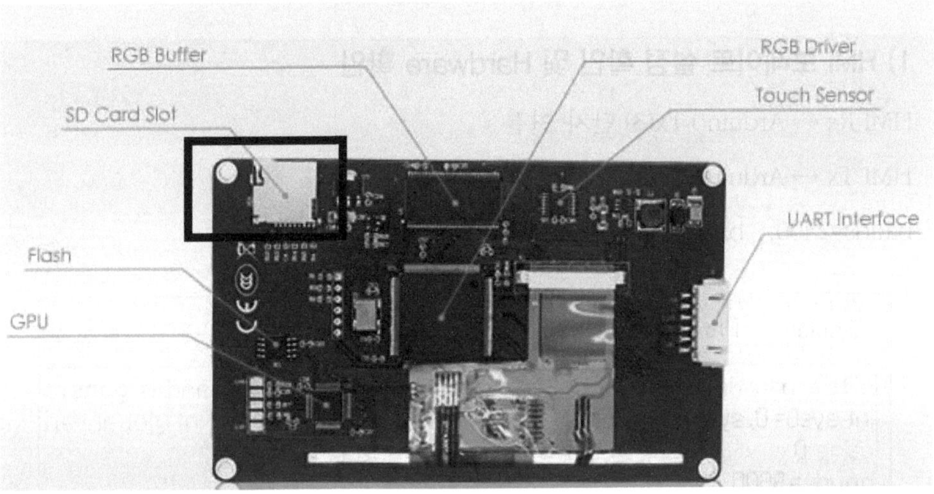

[그림 7.25] SD 메모리 삽입

5. Arduino 프로그램 작성하기

HMI의 기본적인 보레이트는 9600이며, 이는 변경할 수 있는데, 필요에 따라서 시스템이나 해당 페이지 수행 전에 설정하는 것이 좋다. 아두이노 우노에는 하드웨어 시리얼 포트가 하나밖에 없어 소프트웨어 포트를 선언해서 사용하면 되고 우노 이상급에서는 하드웨어 포트 기본 포트 이외 것을 사용하면 된다.

1) HMI 보레이트 설정 확인 및 Hardware 확인

HMI Rx ↔ Arduino Tx(3) 단자 연결

HMI Tx ↔ Arduino Rx(2) 단자 연결

bauds=2400, bauds=19200, bauds=115200;

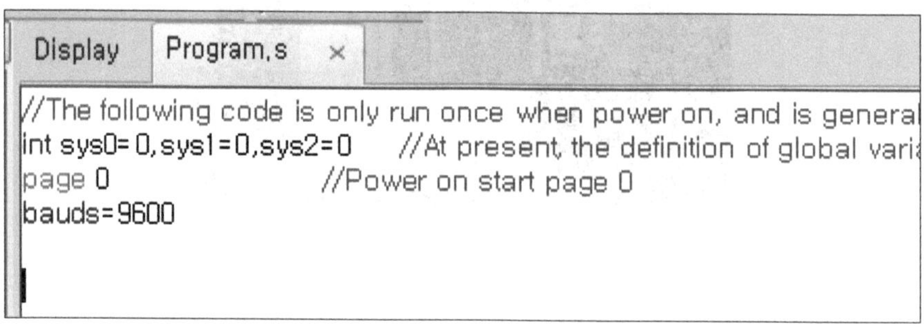

[그림 7.26] HMI baud 설정

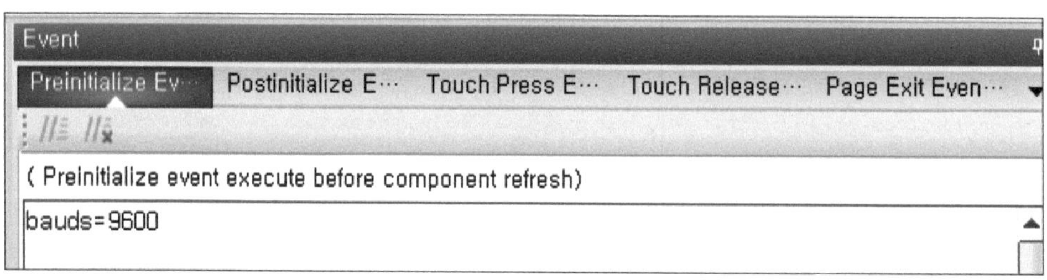

[그림 7.27] HMI baud 설정

2) Arduino 프로그램 작성

HMI에서 데이터를 받아 아두이노의 HMI 및 시리얼 포트로 출력하는 프로그램 [그림 7.28]을 작성해 본다.

```
#include <SoftwareSerial.h>
SoftwareSerial hmi_rs232(2,3);//(Rx,Tx)
char buf[10],buf1[20];
char i=0;
int val;
char str;
void setup() {
hmi_rs232.begin(9600);
Serial.begin(9600);

}
void loop() {
   if(hmi_rs232.available()){
      str=hmi_rs232.read();
      if(str=='$')i=0;
      else buf[i++]=str;
      if(str=='&'){
         buf[0]=0x20;
         buf[i-1]=0x20;
         val=atoi(buf);
         Serial.println(val);
        //////////////////////

        sprintf(buf1,"t4.txt=\"%d\"%c%c%c",val,0xff,0xff,0xff);
        hmi_rs232.print(buf1);
      }
   }

}
```

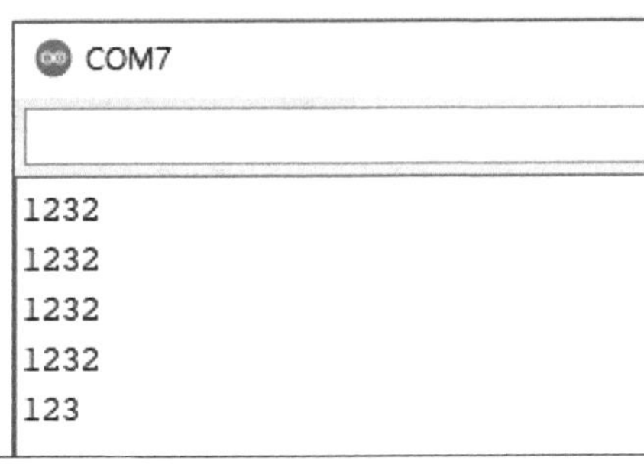

[그림 7.28] Arduino 프로그램

6. STM32 프로그램 작성하기

HMI의 기본적인 보레이트는 9600이며, 이는 변경할 수 있는데, 필요에 따라서 시스템이나 해당 페이지 수행 전에 설정하는 것이 좋다. 여기서는 STM32L432kc 보드를 사용하도록 하고 어느 것을 사용하여도 상관없다. 데이터를 HMI로부터 수신하여 STM32 MCU 시리얼 포트 2로 전송하여 확인한다.

1) HMI 보레이트 설정 확인 및 Hardware 확인

HMI Rx ↔ STM32L432kc Tx(3) 단자 연결

HMI Tx ↔ STM32L432kc Rx(2) 단자 연결

bauds=9600;

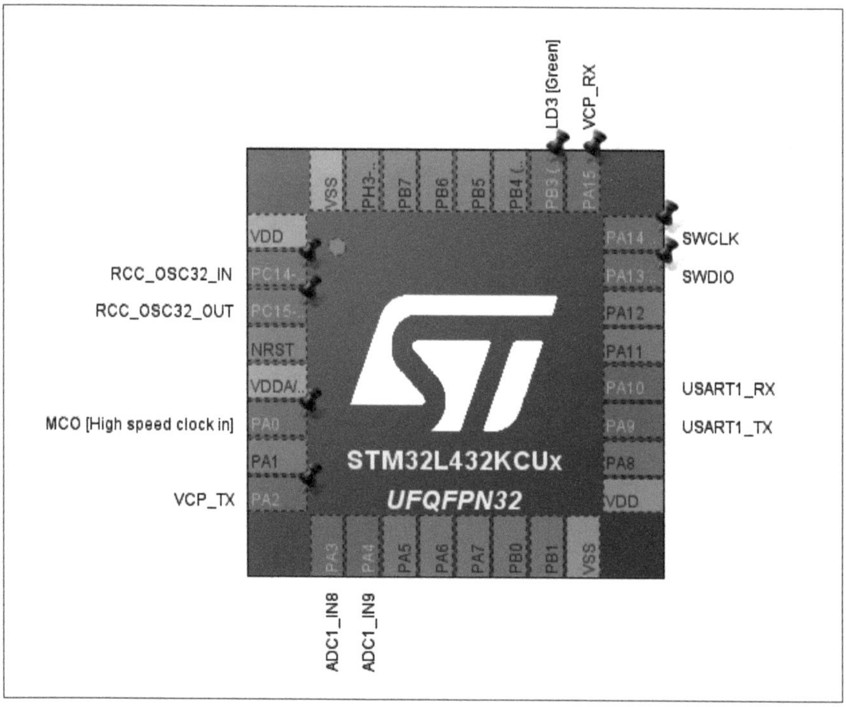

[그림 7.29] USART1, 2(VCP_TX,VCP_RX) 설정

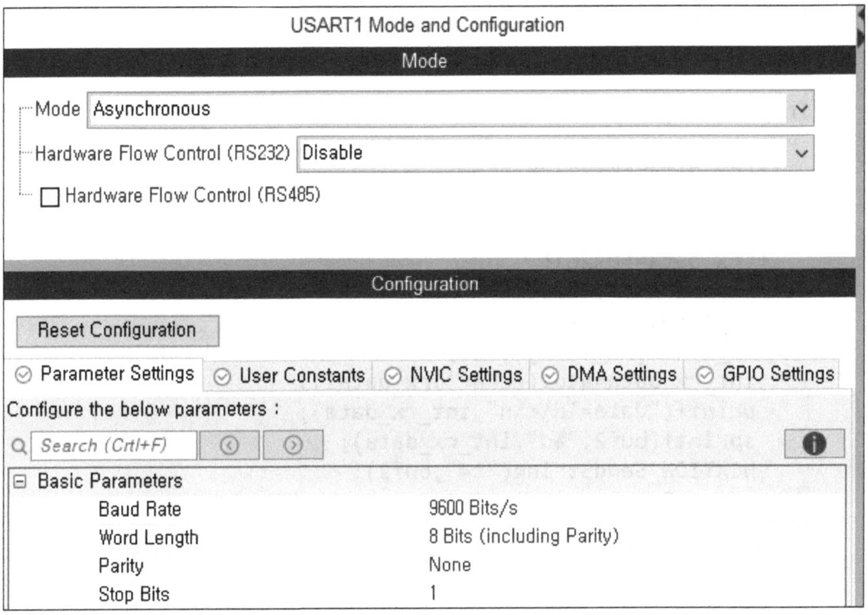

[그림 7.30] 보레이트 설정

2) STM32 Data 수신

Data를 인터럽트 수신 함수에서 받아 시리얼 포트 및 HMI로 전송한다.

```
void NEXTION_SendString(char *ID,char *string){
    char buffer[50];
    int len=sprintf(buffer,"%s.txt=\"%s\"",ID,string);
    HAL_UART_Transmit(&huart1,(uint8_t *) buffer, len,500);
    HAL_UART_Transmit(&huart1, Cmd_End,3,100);
}

int __io_putchar(int ch)
{
HAL_UART_Transmit(&huart2, (uint8_t *)&ch, 1, 0xFFFF);
return ch;
}
```

[그림 7.31] Data 전송 함수

```
void HAL_UART_RxCpltCallback(UART_HandleTypeDef *huart)
{

    if(huart->Instance==USART1){

        if(rx_data==0x24)rx_ct=0;
         rx_data1[rx_ct++]=rx_data;

        if(rx_data==0x26){
          rx_data1[0]=0x20;
          rx_data1[1]=0x20;
          rx_data1[rx_ct-1]=0x20;
          int_rx_data=atoi((char*)rx_data1);
          printf("data=%d\r\n",int_rx_data);
          sprintf(buf2,"%d",int_rx_data);
          NEXTION_SendString("t4",buf2);
          rx_ct=0;
        }
        if(rx_ct>10)rx_ct=0;
    }
    HAL_UART_Receive_IT(&huart1,&rx_data,1);
}
```

[그림 7.32] 인터럽트 수신 함수

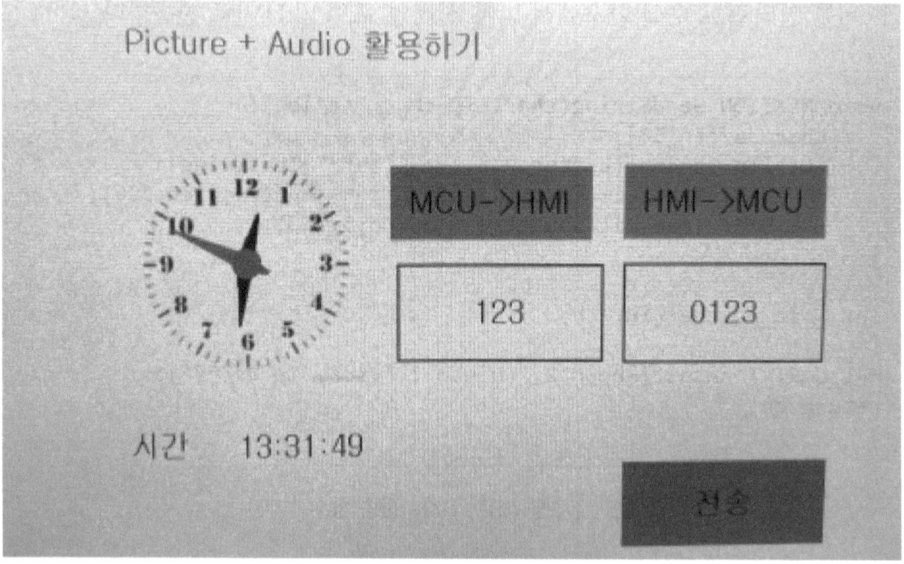

[그림 7.33] 디스플레이 사진

MCU 기반 HMI GUI 프로젝트

CHAPTER 8

HMI Video 활용하기

CHAPTER 08

MCU 기반 HMI GUI 프로젝트

HMI Video 활용하기

1. HMI File 만들기

[그림 8.1]~[그림 8.4]와 같이 설정한다(5"인텔리전트 타입).

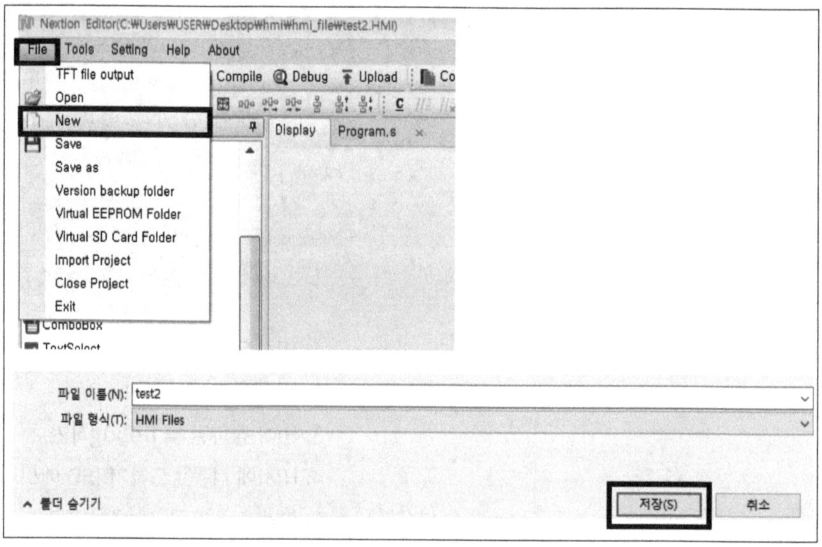

[그림 8.1] HMI File 만들기

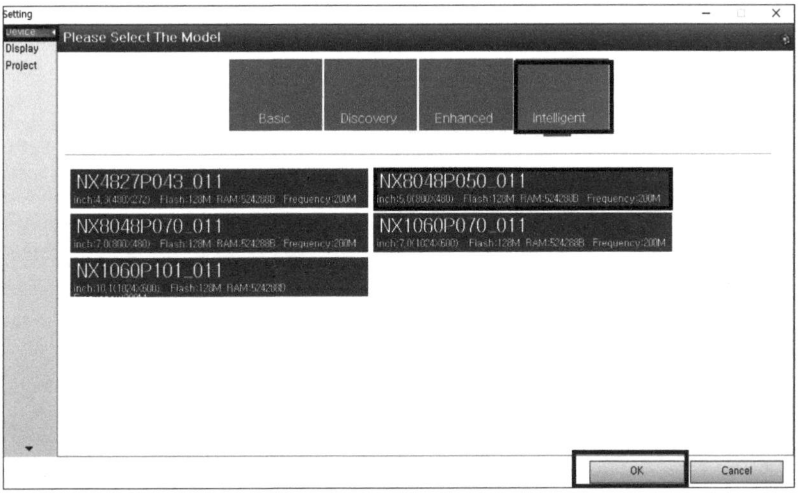

[그림 8.2] 디바이스 모델 선정

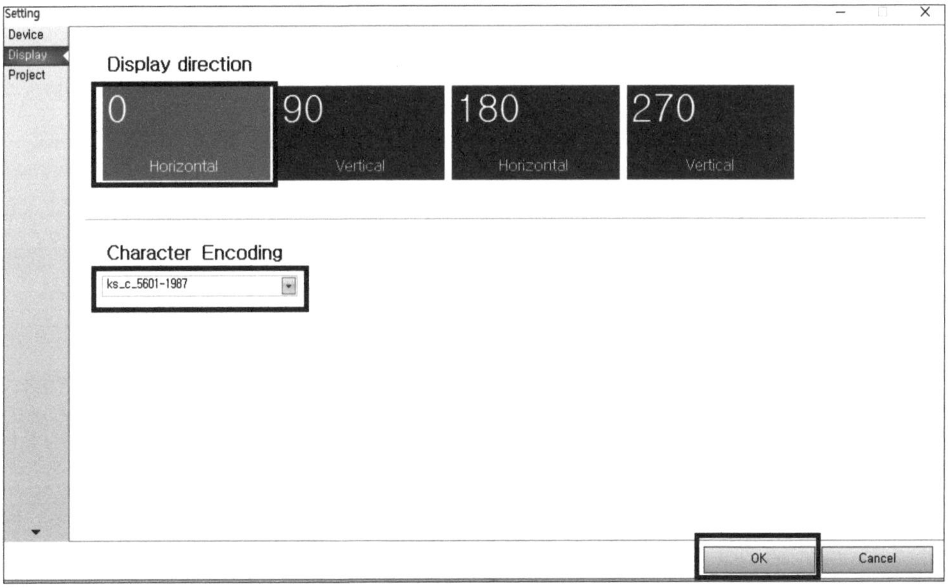

[그림 8.3] 디스플레이 방향과 엔코딩 선정

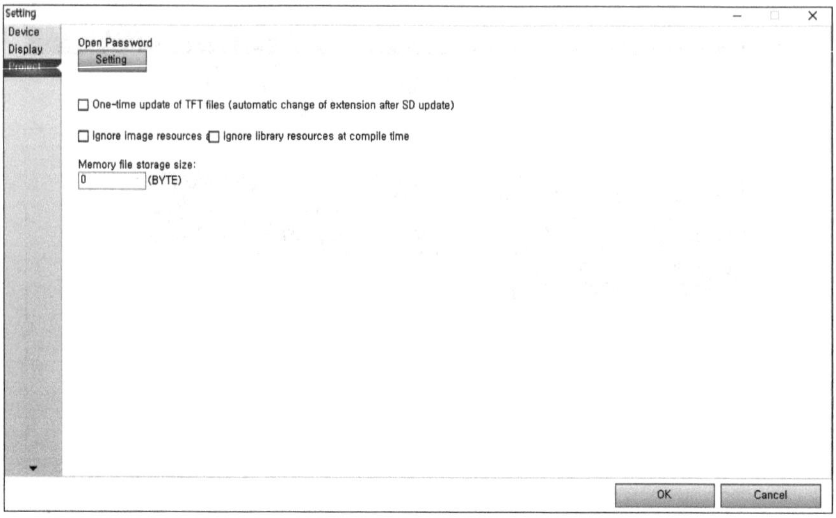

[그림 8.4] Project 선정

2. HMI 화면 구성하기

1) [그림 8.5]~[그림 8.7]과 같이 HMI 디스플레이 창에 배치하여 페이지 0에는 온도와 온도에 따른 face icon이 나타나도록 하고, 페이지 1에는 습도가 나타나며, 페이지 2에는 영상과 음악이 나오도록 구성한다. 또한, 파워 온(on)하면 영상과 음악이 나오도록 구성한다.

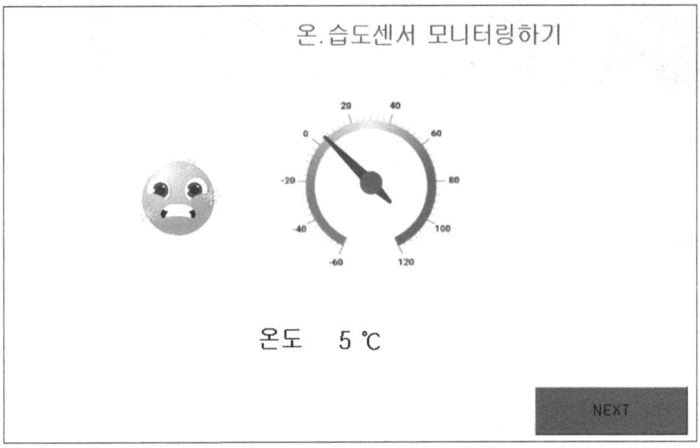

[그림 8.5] 컨트롤 배치 (page0)

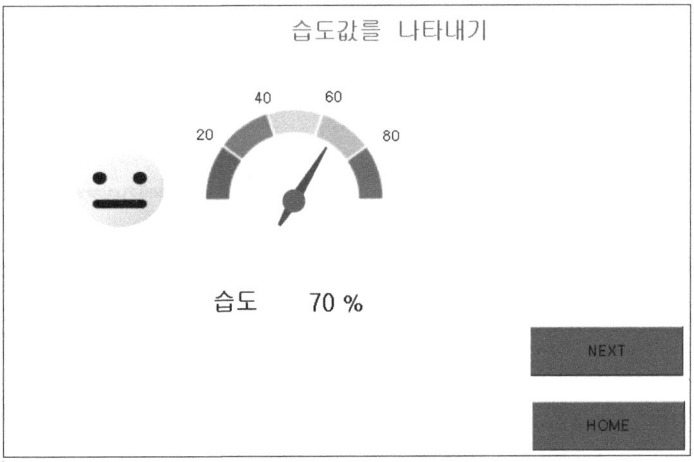

[그림 8.6] 컨트롤 배치 (page1)

[그림 8.7] 컨트롤 배치 (page2)

2) Font 생성하기 (4개 생성, [그림 8.8]~[그림 8.10])

이전에 생성되어 있다면 생성하지 않고 바로 사용할 수 있다.

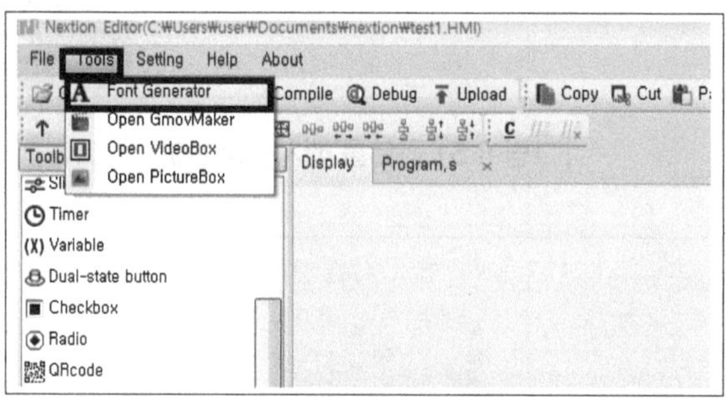

[그림 8.8] 폰트 설정

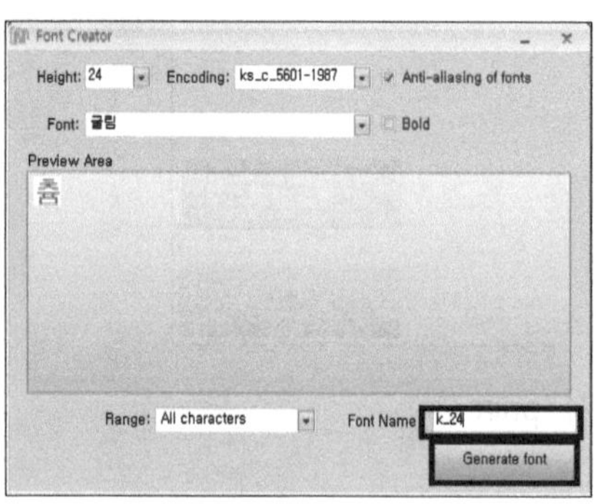

[그림 8.9] 폰트 생성

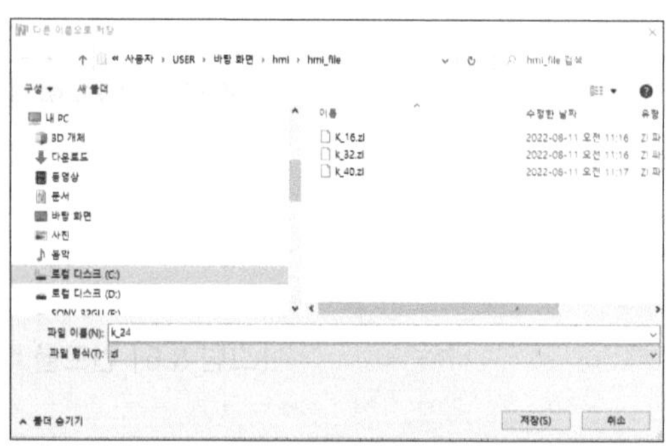

[그림 8.10] 폰트 생성

3) Font 등록하기 ([그림 8.11]~[그림 8.12]) 순서: (1), (2), (3)

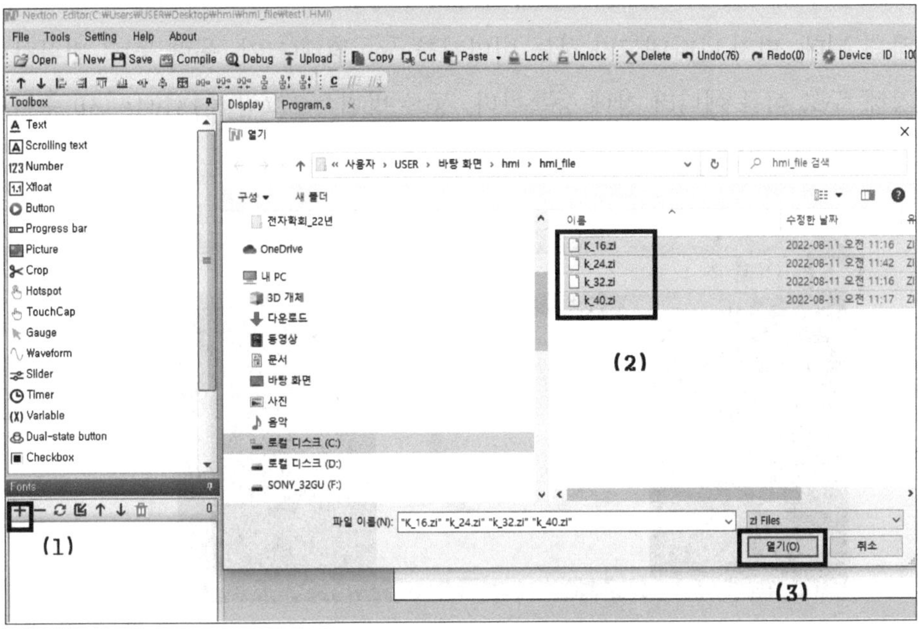

[그림 8.11] 생성된 Font 등록하기

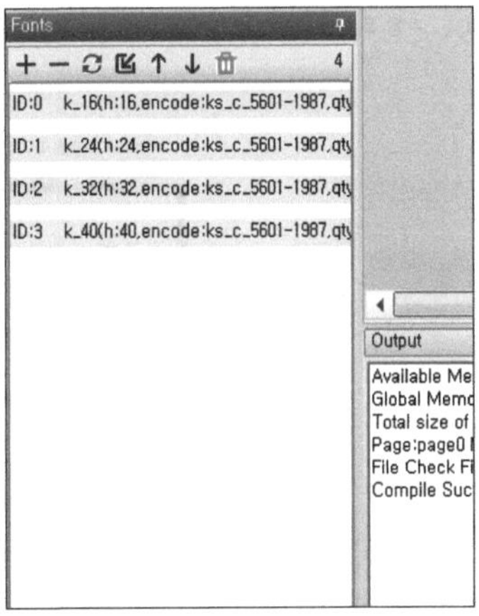

[그림 8.12] 등록된 Font

4) 객체 등록하기 (그림, icon, 음악, 영상)

그림이나 이미지 같은 것을 화면에 나타내고자 할 때 Tools Box에서 Picture를 이용하면 된다. 먼저 나타내고자 하는 이미지를 png 형태(크기, 용량 등)로 변환하여 저장해 두고 이를 에디터 창에 등록한다. 등록 방법은 [그림 8.13]((1)~(3)) 순서와 [그림 8.14]와 같다.

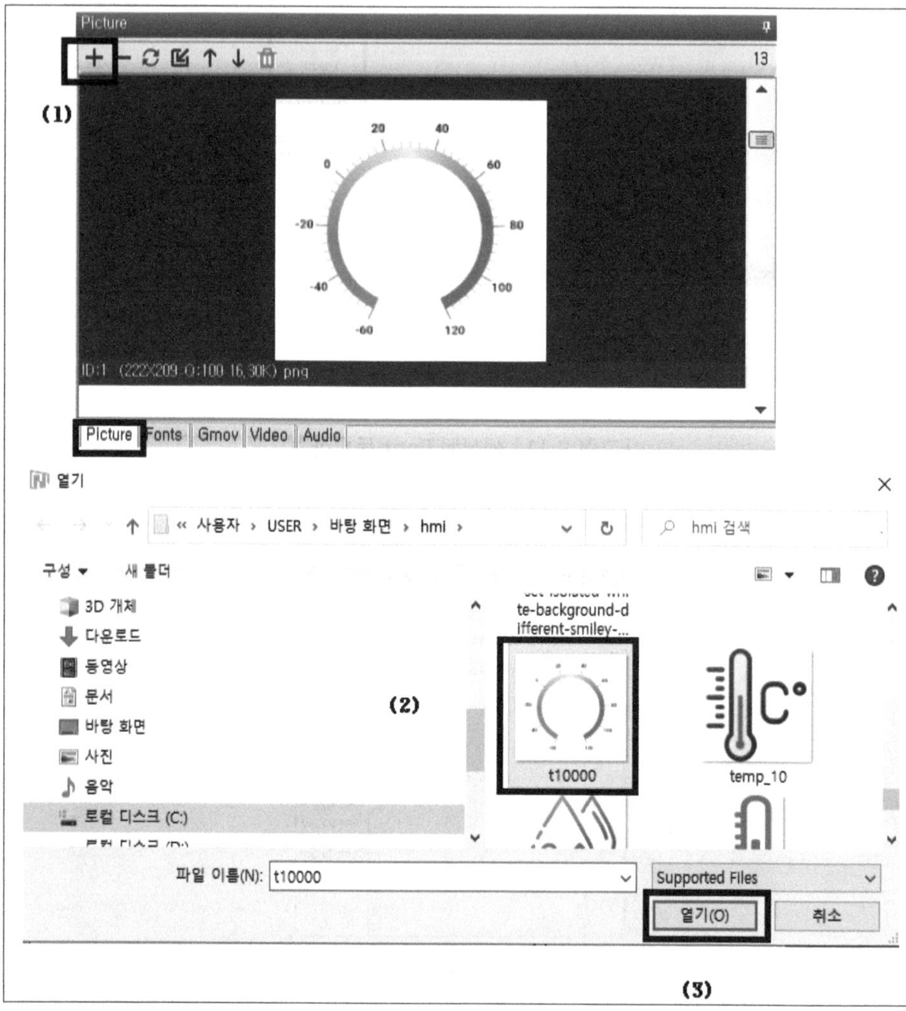

[그림 8.13] Picture 등록 방법

그 음 에디터 창에 나타내려면 Tool Box의 Picture를 클릭하면 에디터 창에 px 객체가 나타난다. px의 속성체에 등록한 그림의 ID를 입력하면 된다.

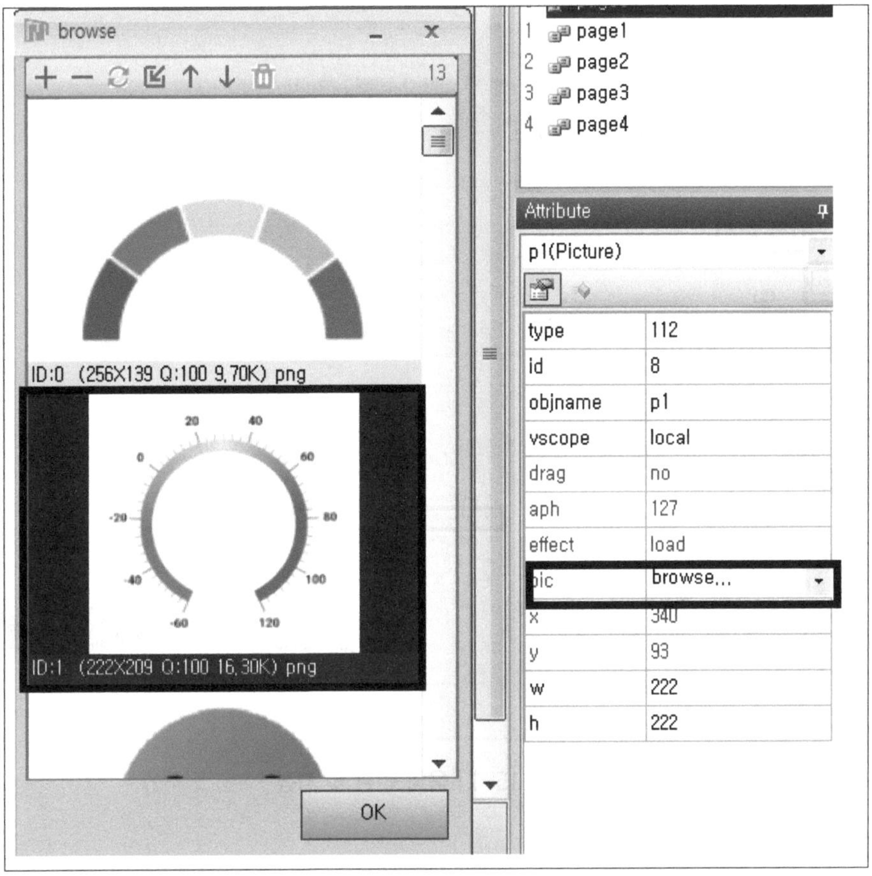

[그림 8.14] Picture 등록 방법

등록이 완료되면 이용 방법에 따라서 추가 작업이 필요하다. 여기서는 Tool Box의 Gauge와 그림을 결합한 이미지 효과를 활용한다.

이번에는 음악 및 영상을 등록해 보도록 한다. 먼저 인터넷에서 검색(무료 사이트)하여 이용한다(배경 음악 및 영상 사이트 https://pixabay.com/ko/). 주의할 것은 영상 및 소리 사이즈가 크면 문제가 될 수 있으니 참고하기 바란다. 여기서 소개하는 것은 간단한 배경 음악 및 영상에 사용할 수 있다는 것이다. pixabay에서 Air on the G string 바흐의 음악을 다운받고 Audio convert 기능을 이용 변환하고 등록하는 순서는 [그림 8.15]와 같다.

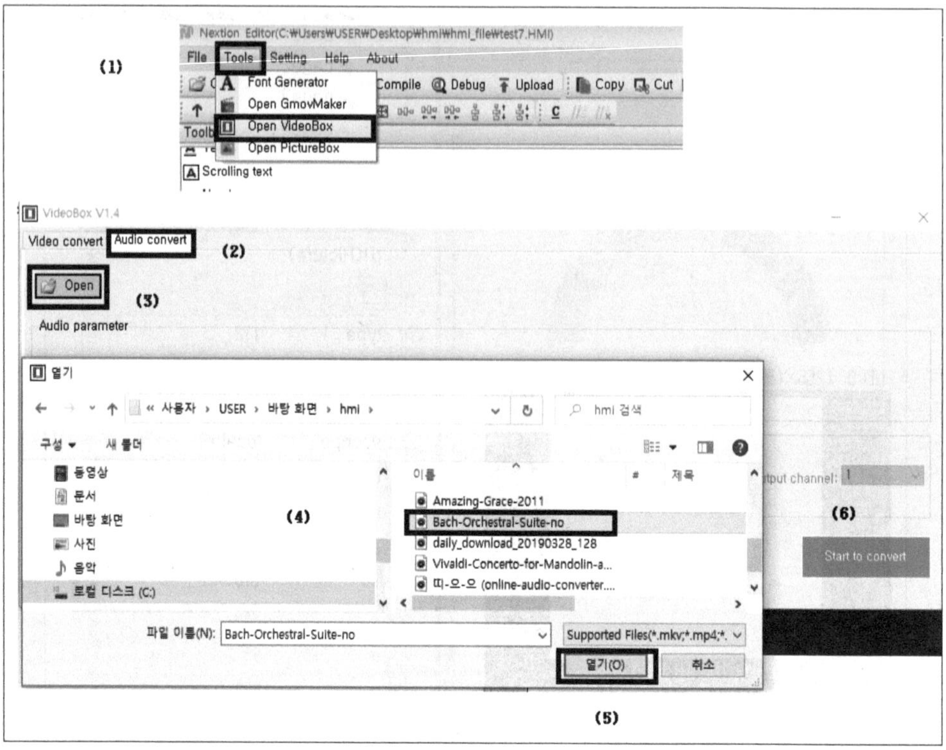

[그림 8.15-1] 음악 변환 및 저장

[그림 8.15-2]는 음악을 Audio Tools Box에 등록하고 Tool box의 Audio 객체를 통해서 wav0을 생성한 다음, 속성을 지정하고자 하는 효과음 ID로 변경하면 된다.

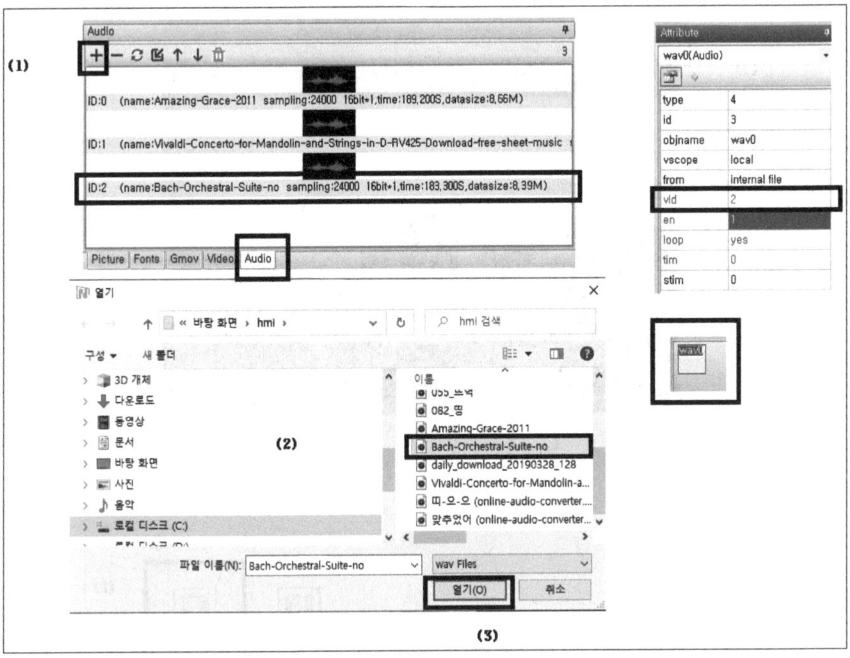

[그림 8.15-2] 음악 등록 속성 지정

다음으로 영상을 다운받고 변환 및 등록해 보자. pixabay에서 적당한 사이즈의 영상을 다운받는다. 그다음 영상 변환과 등록은 [그림 8.16]~[그림 8.17]과 같다.

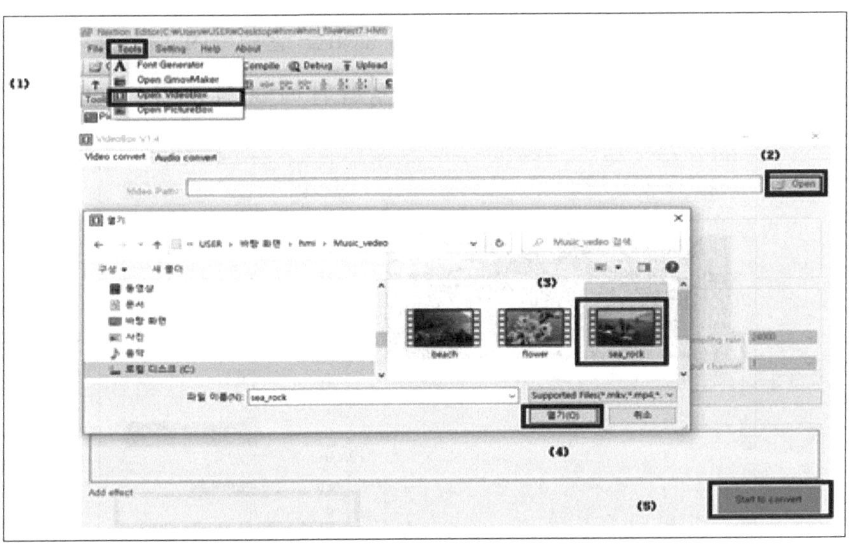

[그림 8.16] 영상 변환 및 저장

[그림 8.17] video 등록

등록이 완료되면 HMI Tool box의 Video icon을 클릭하여 디스플레이 화면에 vx(v0)가 나타나게 하여 v0의 속성창의 vid에 등록된 video의 ID를 기록하면 된다.

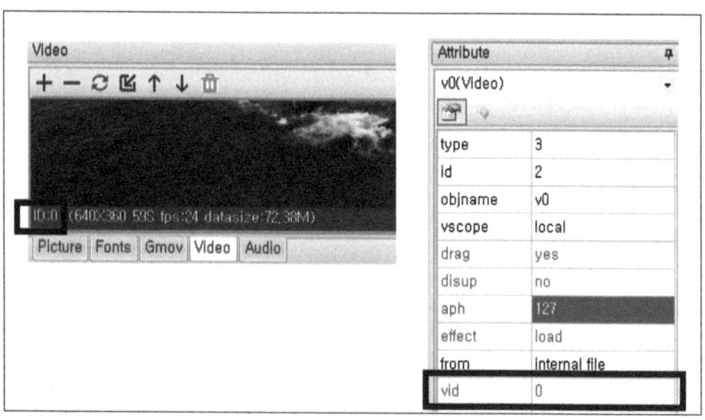

[그림 8.18] video 속성 (v0)

5) 타이머 프로그램하기

타이머(tm0, tm1)의 프로그램은 [그림 8.19]와 같다.

Timer Event(41)

```
vis t1,0
cov t1.txt,va0.val,0
if(va0.val<0)
{
  vis p0,0
  vis p3,0
  vis p5,0
  vis p6,0
  vis p8,1
}else if(va0.val<15&&va0.val>=0)
{
  vis p0,0
  vis p3,0
  vis p5,0
  vis p6,1
  vis p8,0
}else if(va0.val>=15&&va0.val<25)
{
  vis p0,1
  vis p3,0
  vis p5,0
  vis p6,0
  vis p8,0
}else if(va0.val>=26&&va0.val<31)
{
  vis p0,0
  vis p3,1
  vis p5,0
  vis p6,0
  vis p8,0
}else if(va0.val>=32)
{
  vis p0,0
  vis p3,0
  vis p5,1
  vis p6,0
  vis p8,0
}
z0.val=va0.val*35/20
cov va0.val,t3.txt,0
t3.txt=t3.txt+" ℃"
```

tm0 프로그램

Timer Event(21)

```
vis t2,0
cov t2.txt,va0.val,0
if(va0.val<68)
{
  vis p1,1
  vis p3,0
  vis p5,0
}else if(va0.val>68&&va0.val<=75)
{
  vis p1,0
  vis p3,1
  vis p5,0
}else if(va0.val>75)
{
  vis p1,0
  vis p3,0
  vis p5,1
}
z3.val=va0.val*35/20
cov va0.val,t4.txt,0
t4.txt=t4.txt+" %"
```

tm1 프로그램

[그림 8.19-1] 타이머0,1 프로그램하기

[그림 8.19-2] 온도 및 습도에 따른 icon display

6) Slider 프로그램하기

h0 객체를 Audio의 Volume을 제어하는 용도로 하고자 한다. Audio의 크기는 0~100 사이이고, h0의 값도 0~100 사이의 값이므로 변환은 [그림 8.20]과 같다.

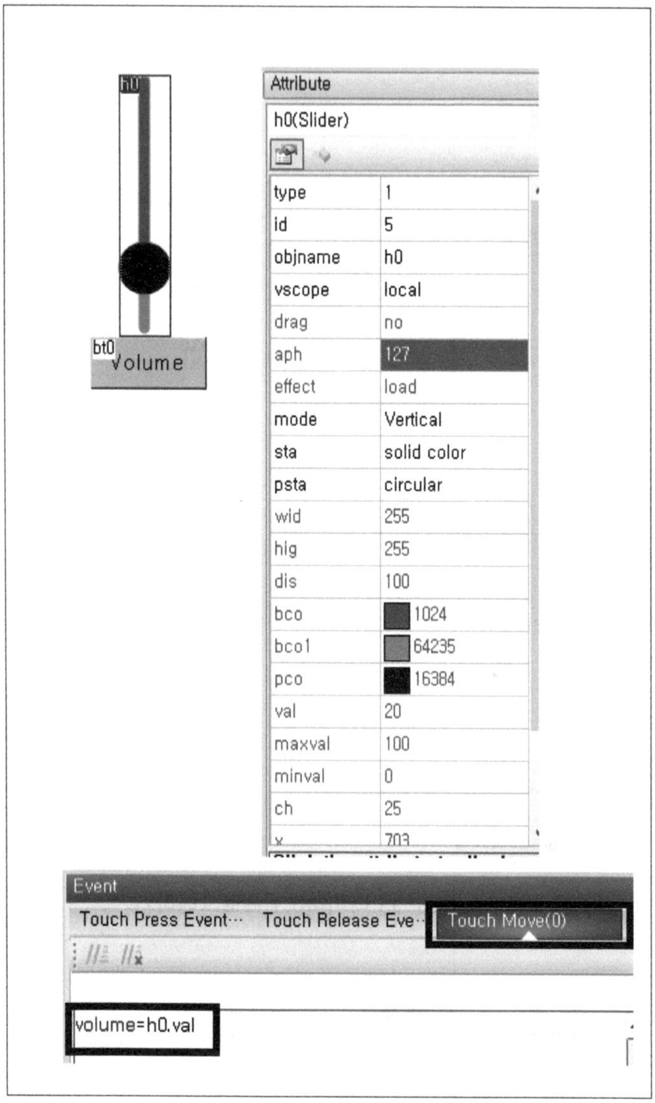

[그림 8.20] Slide 속성 및 코딩

3. HMI 컴파일 및 Debug 하기

화면 구성이 완료되면 Save를 클릭한 다음 컴파일과 Debug를 하면 된다. 만약 컴파일에서 에러가 발생하면 수정한 다음 저장하고 다시 Debug를 한다[그림 8.21], [그림 8.22]. 실제 Debug 된 내용이 HMI에 적용된다.

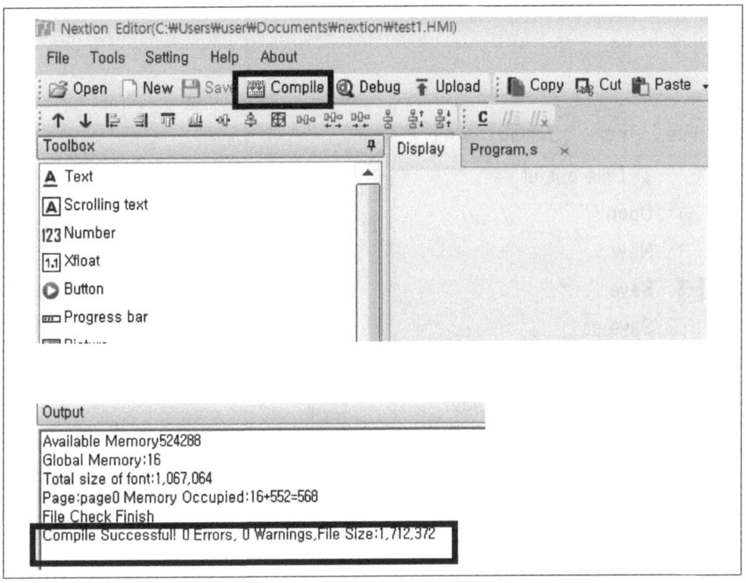

[그림 8.21] 컴파일하기

[그림 8.22] Debug

4. HMI에 다운로드하기 (SD 메모리 이용)

Micro SD 메모리 (8~32GB)를 준비하여 PC에 연결하고 아래 [그림 8.23]과 같이 SD 메모리에 파일을 저장한다.

1) SD 메모리에 파일 저장하기

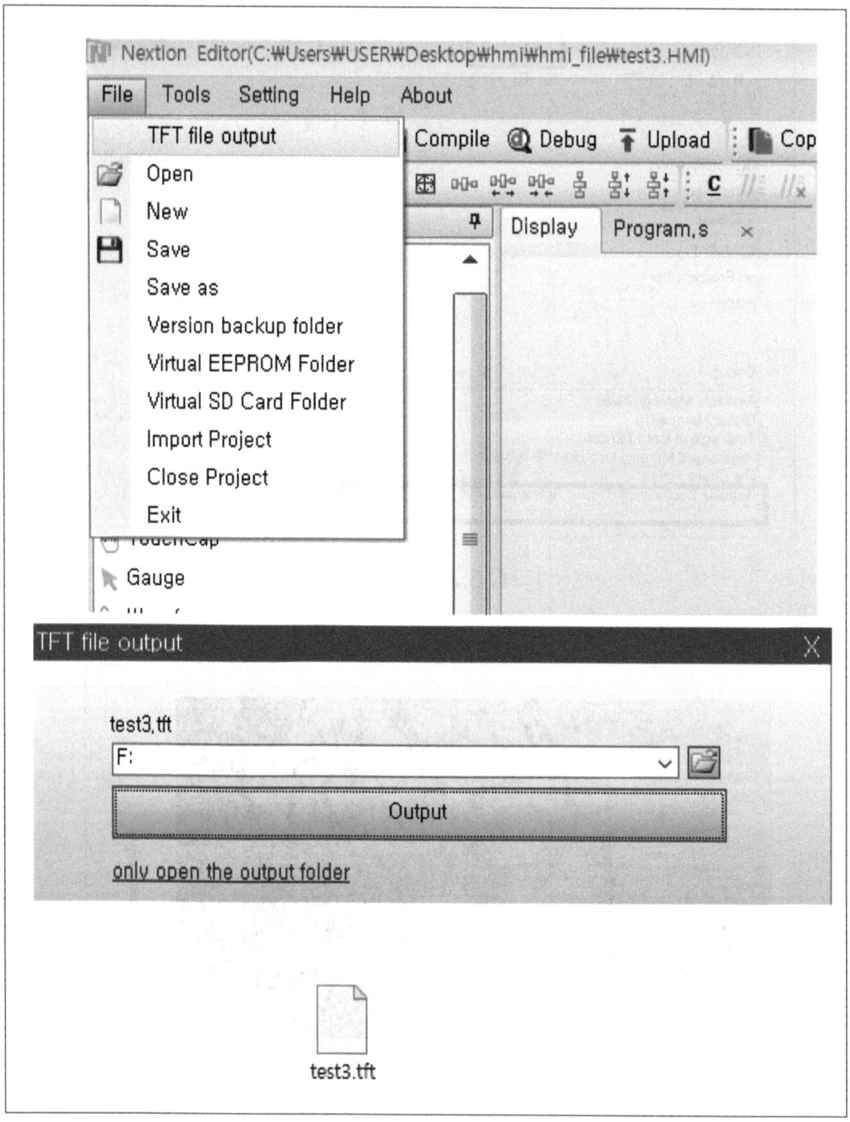

[그림 8.23] SD 메모리에 파일 저장

2) HMI에 SD 메모리 연결 및 다운로드하기

HMI에 SD Card Slot 메모리를 삽입하고 전원을 off → On 하여 프로그램을 다운로드하고 완료되면 SD 메모리를 제거한 다음, 다시 전원을 off → on 하면 된다. 한 번 다운로드가 완료되면 임의로 수정 및 지우지 않는 한 내용은 프레시 메모리에 저장된다.

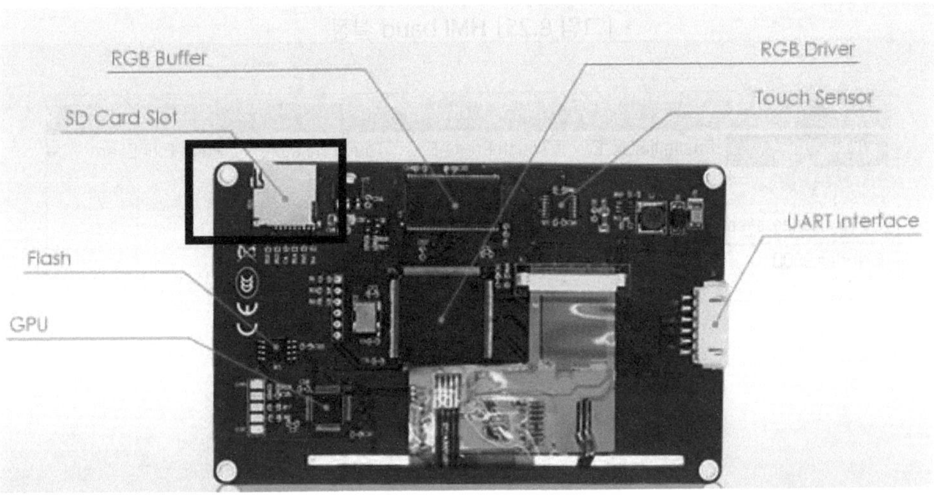

[그림 8.24] SD 메모리 삽입

5. Arduino 프로그램 작성하기

HMI의 기본적인 보레이트는 9600이며, 이는 변경할 수 있는데, 필요에 따라서 시스템이나 해당 페이지 수행 전에 설정하는 것이 좋다. 아두이노 우노에는 하드웨어 시리얼 포트가 하나밖에 없어 소프트웨어 포트를 선언해서 사용하면 되고, 우노 이상급에서는 하드웨어 포트 기본 포트 이외 것을 사용하면 된다.

1) HMI 보레이트 설정 확인 및 Hardware 확인

HMI Rx ↔ Arduino Tx(3) 단자 연결

HMI Tx ↔ Arduino Rx(2) 단자 연결

auds=2400, bauds=19200, bauds=115200;

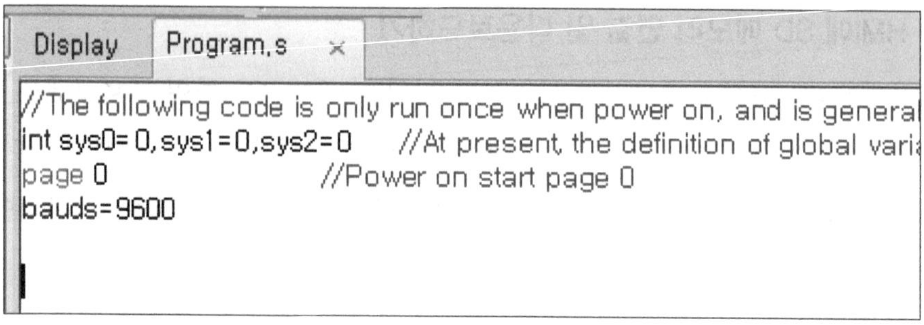

[그림 8.25] HMI baud 설정

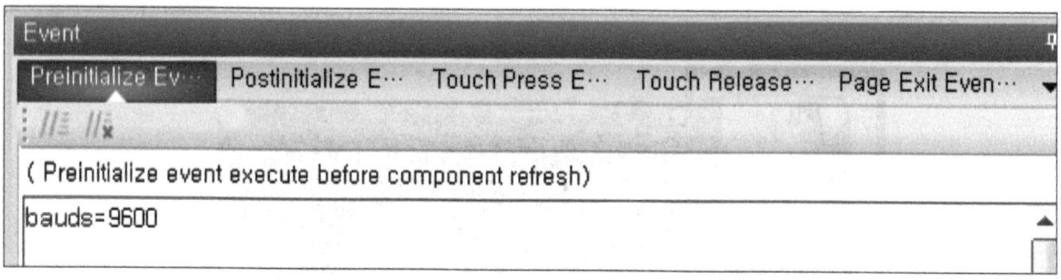

[그림 8.26] HMI baud 설정

2) Arduino 프로그램 작성

HMI에서 데이터를 받아 아두이노의 HMI 및 시리얼 포트로 출력하는 프로그램 [그림 8.27]을 작성해 본다.

```
arduino_test11

#include <SoftwareSerial.h>
#include <DFRobot_DHT11.h>
 DFRobot_DHT11 DHT;
#define DHT11_PIN 7

char buf[10],buf1[10];
int16_t h;
int16_t t;
SoftwareSerial hmi_rs232(2,3);//(Rx,Tx)
void setup() {
hmi_rs232.begin(9600);
Serial.begin(9600);
}

void loop() {
        DHT.read(DHT11_PIN);
        t=(DHT.temperature);
        h=(DHT.humidity);

        Serial.print(t);
        sprintf(buf,"t1.txt=\"%d\"%c%c%c",t,0xff,0xff,0xff);
        hmi_rs232.print(buf);

        sprintf(buf,"t2.txt=\"%d\"%c%c%c",h,0xff,0xff,0xff);
        hmi_rs232.print(buf);

        delay(1000);
  }
```

[그림 8.27] Arduino 프로그램

6. STM32 프로그램 작성하기

HMI의 기본적인 보레이트는 9600이며, 이는 변경할 수 있는데, 필요에 따라서 시스템이나 해당 페이지 수행 전에 설정하는 것이 좋다. 여기서는 STM32L432kc 보드를 사용하도록 하고 어느 것을 사용하여도 상관없다. 데이터를 HMI로부터 수신하여 STM32 MCU 시리얼 포트 2로 전송하여 확인한다.

1) HMI 보레이트 설정 확인 및 Hardware 확인

HMI Rx ↔ STM32L432kc Tx(3) 단자 연결

HMI Tx ↔ STM32L432kc Rx(2) 단자 연결

bauds=9600;

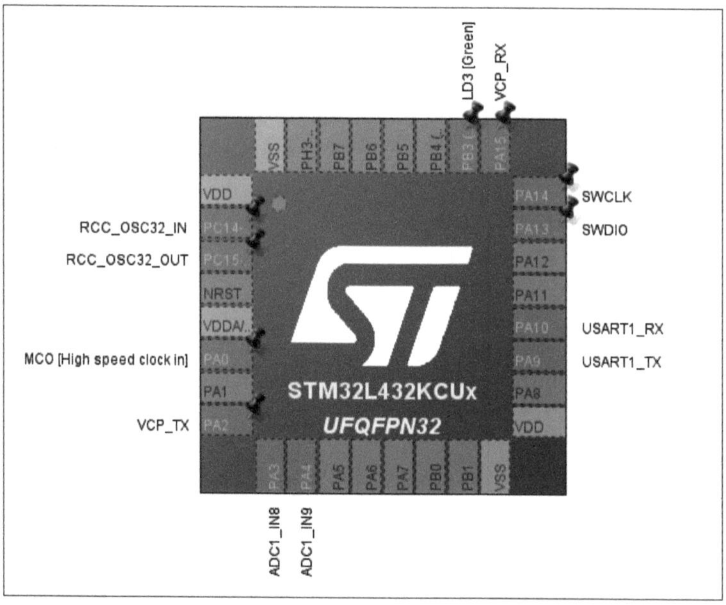

[그림 8.28] USART1, 2(VCP_TX,VCP_RX) 설정

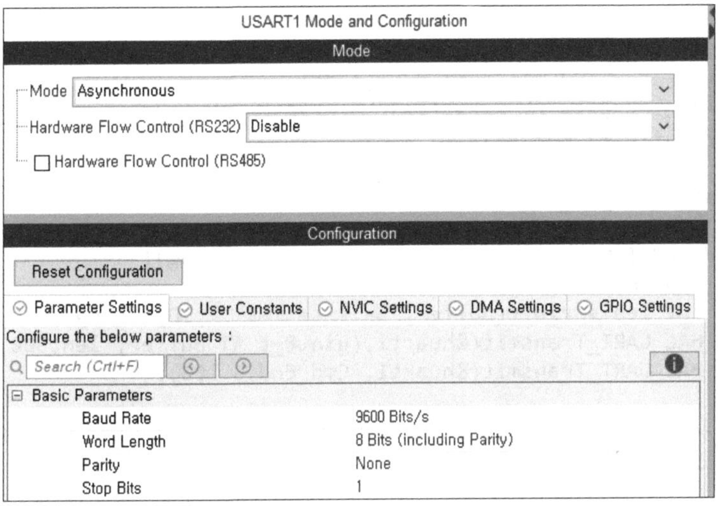

[그림 8.29] 보레이트 설정

2) STM32 Data 수신

Data를 인터럽트 수신 함수에서 받아 시리얼 포트 및 HMI로 전송한다. 헤더 파일은 다음 사이트를 참고한다(https://controllerstech.com/using-dht11-sensor-with-stm32/).

```
  */
/* USER CODE END Header */
/* Includes ------------------------------------------
#include "main.h"

/* Private includes ----------------------------------
/* USER CODE BEGIN Includes */
#include "stdio.h"
#include "stdlib.h"
#include "math.h"
#include "DHT.h"
/* USER CODE END Includes */
```

[그림 8.30] 헤더 파일

```
/* Private user code ---------------------------------------------
/* USER CODE BEGIN 0 */
uint8_t Cmd_End[3]={0xFF,0xFF,0xFF};
uint8_t rx_data,rx_data1[10],rx_ct=0;
char buf1[20],buf2[4];
int int_rx_data;
float float_rx_data,temp,humi;

void NEXTION_SendString(char *ID,char *string){
    char buffer[50];
    int len=sprintf(buffer,"%s.txt=\"%s\"",ID,string);
    HAL_UART_Transmit(&huart1,(uint8_t *) buffer, len,500);
    HAL_UART_Transmit(&huart1, Cmd_End,3,100);
}

int __io_putchar(int ch)
{
HAL_UART_Transmit(&huart2, (uint8_t *)&ch, 1, 0xFFFF);
return ch;
}

void HAL_UART_RxCpltCallback(UART_HandleTypeDef *huart)
{

    if(huart->Instance==USART1){

        if(rx_data==0x24)rx_ct=0;
         rx_data1[rx_ct++]=rx_data;

        if(rx_data==0x26){
          rx_data1[0]=0x20;
          rx_data1[1]=0x20;
          rx_data1[rx_ct-1]=0x20;
          int_rx_data=atoi((char*)rx_data1);
          printf("data=%d\r\n",int_rx_data);
          sprintf(buf2,"%d",int_rx_data);
          NEXTION_SendString("t4",buf2);
          rx_ct=0;
        }
        if(rx_ct>10)rx_ct=0;
    }
    HAL_UART_Receive_IT(&huart1,&rx_data,1);
}

DHT_DataTypedef DHT11_Data;
```

[그림 8.31] 함수 및 변수 선언

```
  /* USER CODE BEGIN 2 */
 HAL_UART_Receive_IT(&huart1,&rx_data,1);

  /* USER CODE END 2 */

  /* Infinite loop */
  /* USER CODE BEGIN WHILE */
  while (1)
  {


     DHT_GetData(&DHT11_Data);
     temp = DHT11_Data.Temperature;
     humi = DHT11_Data.Humidity;

     sprintf(buf1,"%3.2f",temp);
     NEXTION_SendString("t1",(char *)buf1);

     sprintf(buf1,"%3.2f",humi);
     NEXTION_SendString("t2",(char *)buf1);

     HAL_GPIO_TogglePin(LD3_GPIO_Port, LD3_Pin);
     HAL_Delay(1000);
    /* USER CODE END WHILE */

    /* USER CODE BEGIN 3 */
  }
  /* USER CODE END 3 */
}
```

[그림 8.32] 메인 프로그램

[그림 8.33] 디스플레이 사진

CHAPTER 9

Ultra Sonic 센서 활용하기

1. HMI File 만들기
2. HMI 화면 구성하기
3. HMI 컴파일 및 Debug하기
4. HMI에 다운로드하기(SD 메모리 이용)
5. Arduino 프로그램 작성하기
6. STM32 프로그램 작성하기

CHAPTER 09

MCU 기반 HMI GUI 프로젝트

Ultra Sonic 센서 활용하기

1. HMI File 만들기

[그림 9.1]~[그림 9.4]와 같이 설정한다(5"인텔리전트 타입).

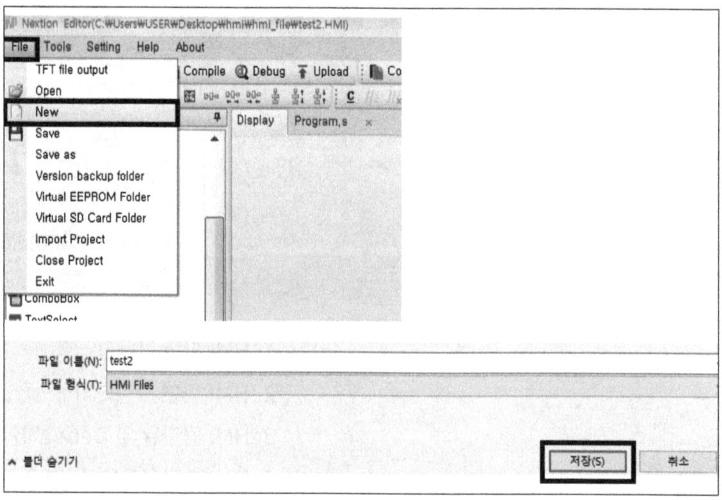

[그림 9.1] HMI File 만들기

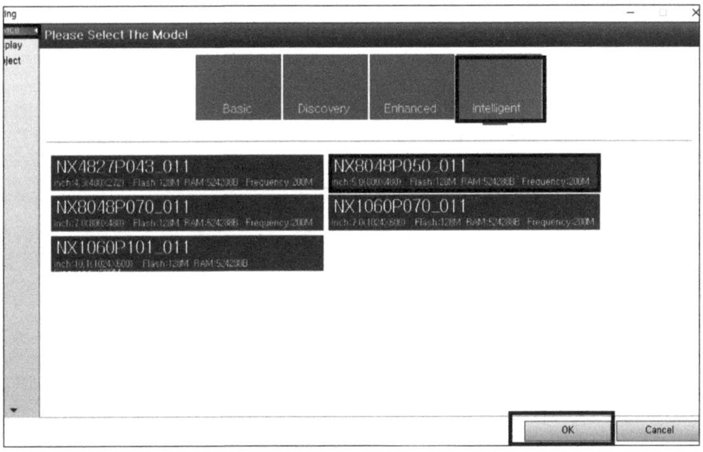

[그림 9.2] 디바이스 모델 선정

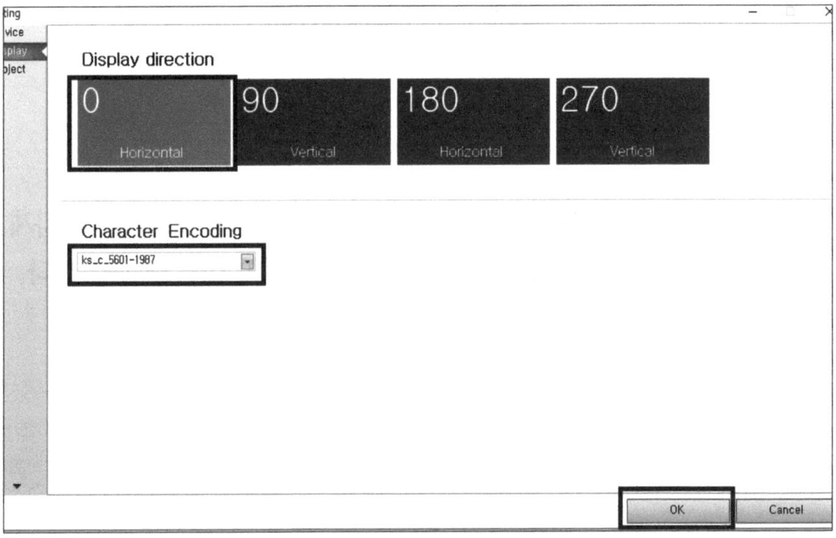

[그림 9.3] 디스플레이 방향과 엔코딩 선정

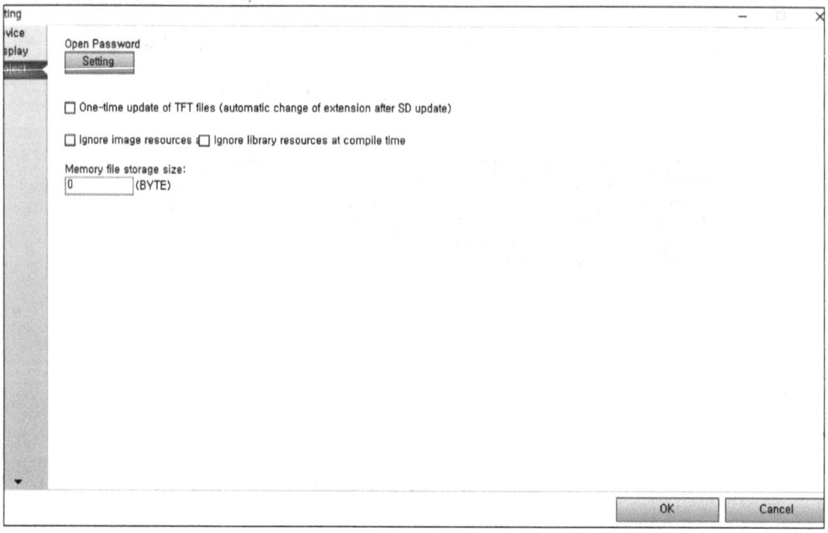

[그림 9.4] Project 선정

2. HMI 화면 구성하기

1) [그림 9.5]와 같이 HMI 디스플레이 창에 배치하여 Gauge 및 시계 그림을 조합하고 텍스트 객체를 이용하여 디스플레이 화면을 구성한다.

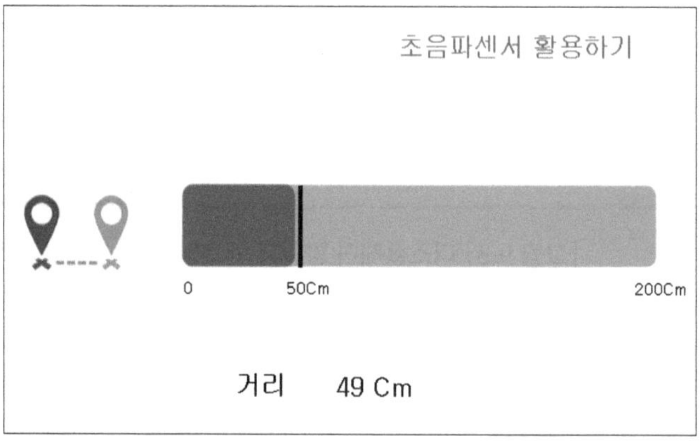

[그림 9.5] 컨트롤 배치

2) Font 생성하기 (4개 생성, [그림 9.6]~[그림 9.8])

이전에 생성되어 있다면 생성하지 않고 바로 사용할 수 있다.

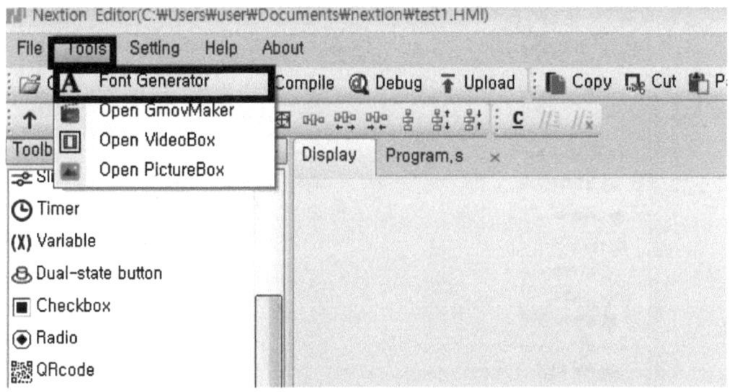

[그림 9.6] 폰트 설정

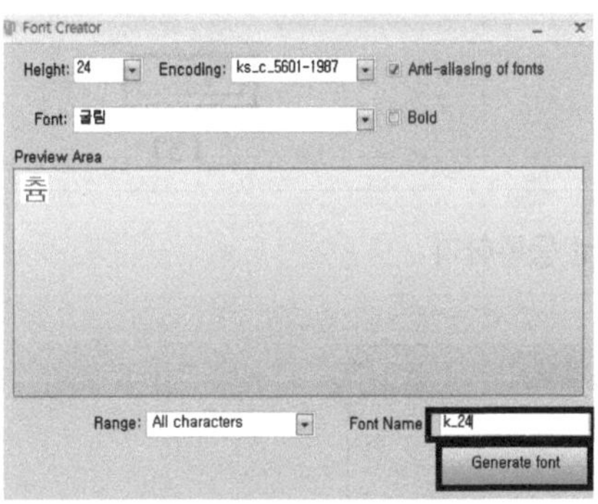

[그림 9.7] 폰트 생성

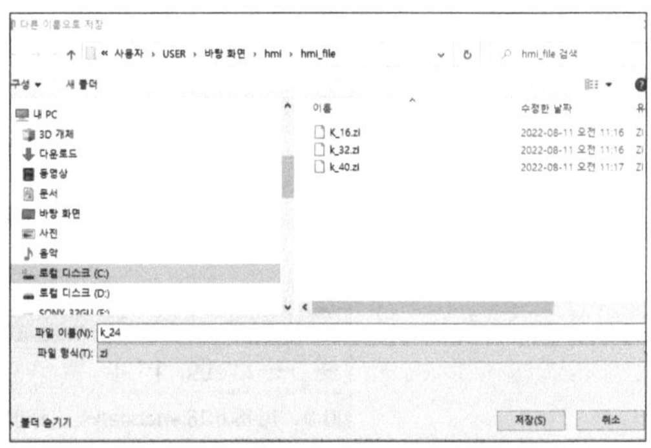

[그림 9.8] 폰트 생성

3) Font 등록하기 ([그림 9.9]~[그림 9.10]) 순서: (1), (2), (3)

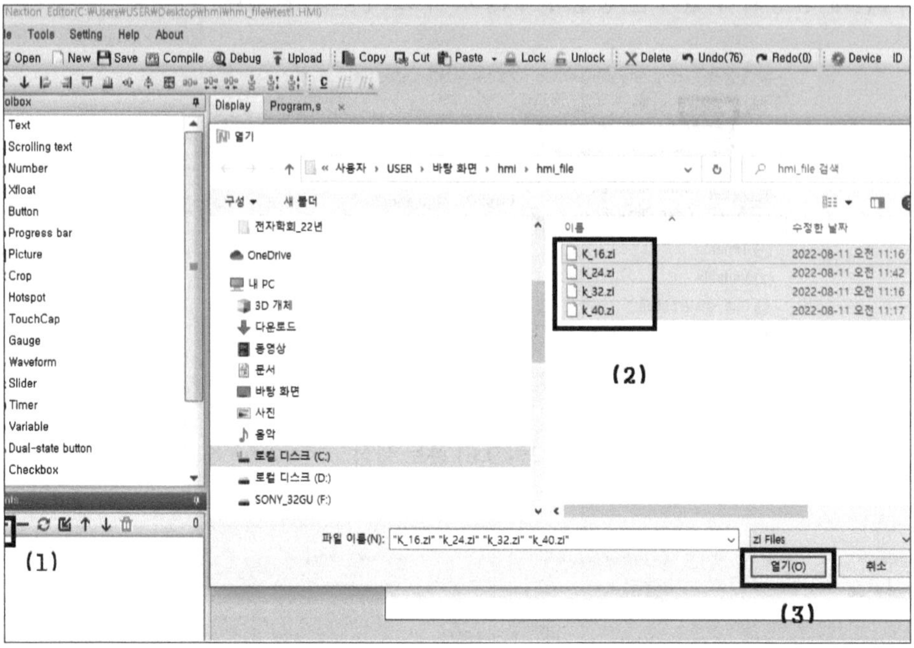

[그림 9.9] 생성된 Font 등록하기

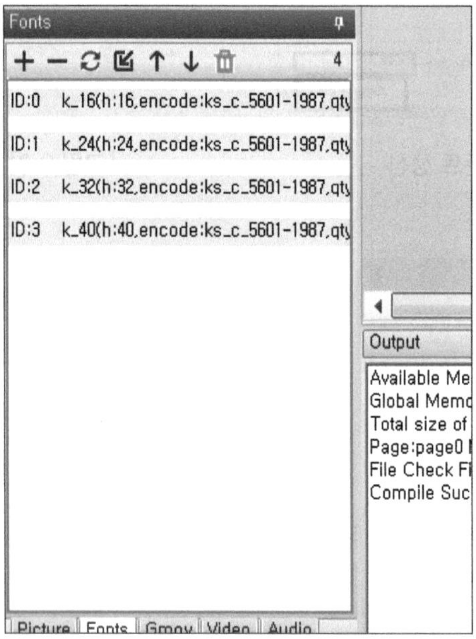

[그림 9.10] 등록된 Font

4) 객체 등록하기 (그림)

그림이나 이미지 같은 것을 화면에 나타내고자 할 때 Tools Box에서 Picture를 이용하면 된다. 먼저 나타내고자 하는 이미지를 png 형태(크기, 용량 등)로 변환하여 저장해 두고 이를 에디터 창에 등록한다(인터넷에서 distance icon 검색). 등록 방법은 [그림 9.11]((1)~(3)) 순서와 [그림 9.12]와 같다.

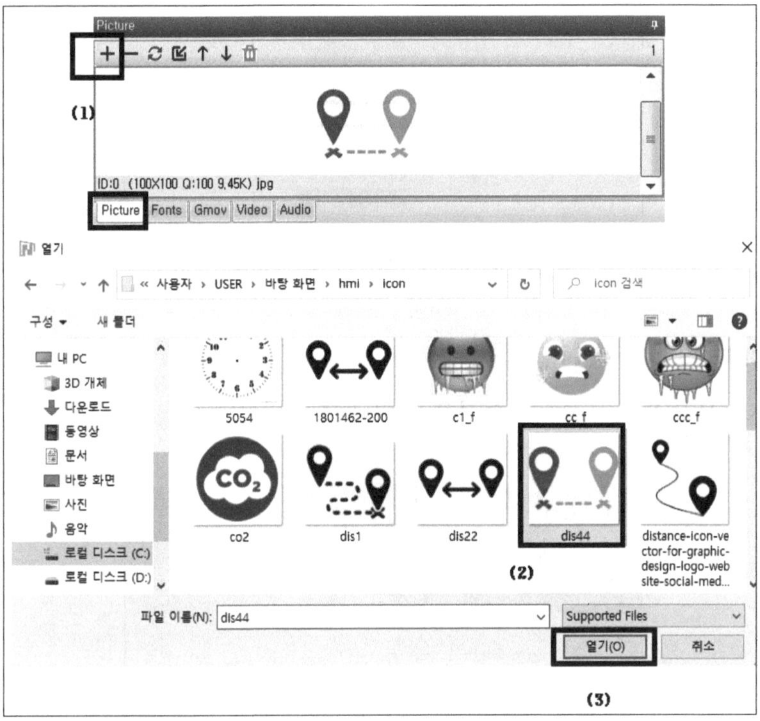

[그림 9.11] Picture 등록 방법

그다음 에디터 창에 나타내려면 Tool Box의 Picture를 클릭하면 에디터 창에 px 객체가 나타난다. px의 속성체에 등록한 그림의 ID를 입력하면 된다.

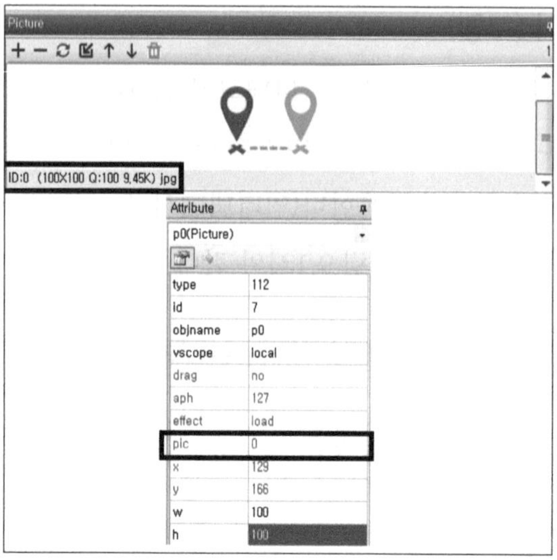

[그림 9.12] Picture 등록 방법

5) Progress Bar 속성

[그림 9.13]은 Progress Bar 속성을 나타내고 있다.

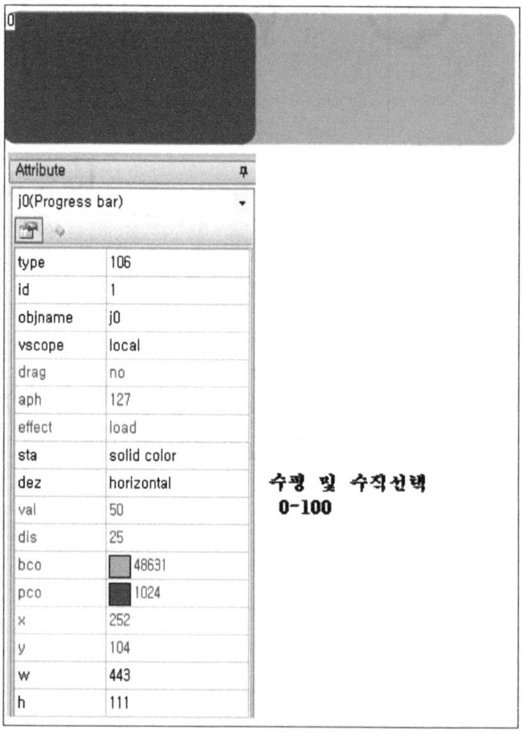

[그림 9.13] Progress Bar 속성 설정

6) 타이머 프로그램하기

동작은 MCU에서 HMI로 Data(초음파 거리 정보)를 보내면 t1.txt로 받는다. 이 값을 정수로 변환해서 Progress Bar 및 t3.txt에 보낸다. 데이터가 일정한 속도로 들어오기 때문에 타이머에 프로그램을 작성하면 주기적으로 갱신된다. 감지 거리가 50cm 이하일 때는 적색으로 표시하도록 하였다. [그림 9.14]는 프로그램 관련 그림이다.

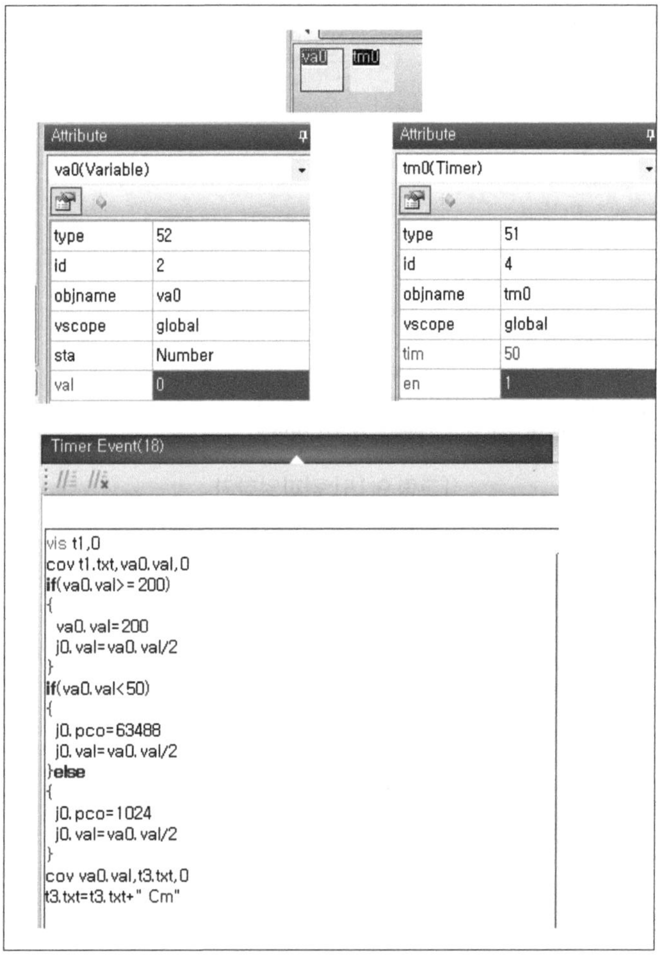

[그림 9.14] 타이머0 프로그램하기

3. HMI 컴파일 및 Debug 하기

화면 구성이 완료되면 Save를 클릭한 다음 컴파일과 Debug를 하면 된다. 만약 컴파일에서 에러가 발생하면 수정한 다음 저장하고 다시 Debug를 한다([그림 9.15], [그림 9.16]). 실제 Debug 된 내용이 HMI에 적용된다.

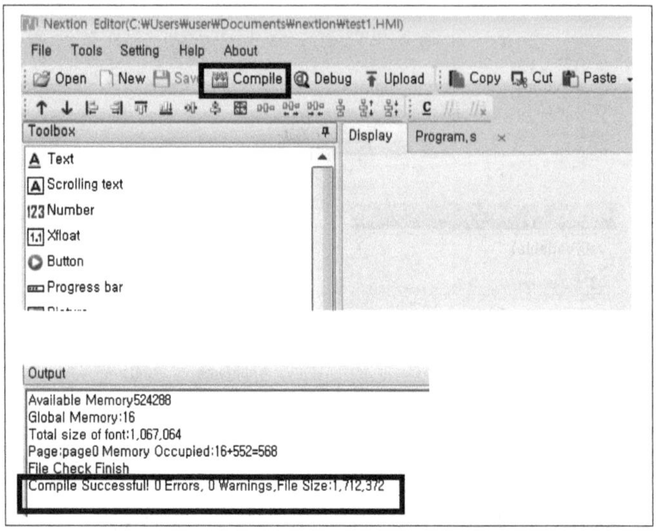

[그림 9.15] 컴파일하기

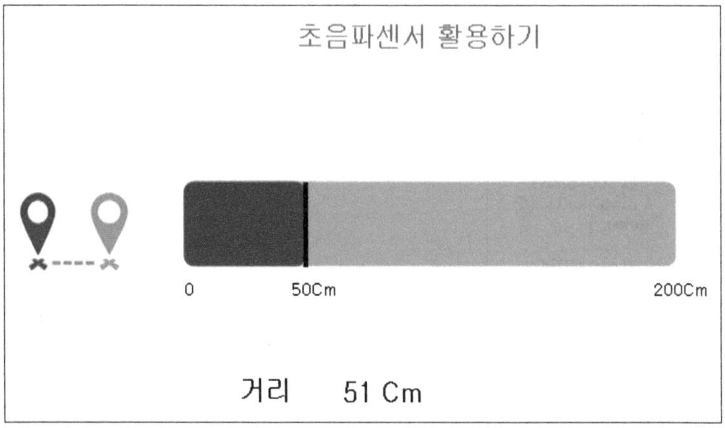

[그림 9.16] Debug

4. HMI에 다운로드 하기 (SD 메모리 이용)

Micro SD 메모리(8~32GB)를 준비하여 PC에 연결하고 아래 [그림 9.17]과 같이 SD 메모리에 파일을 저장한다.

1) SD 메모리에 파일 저장하기

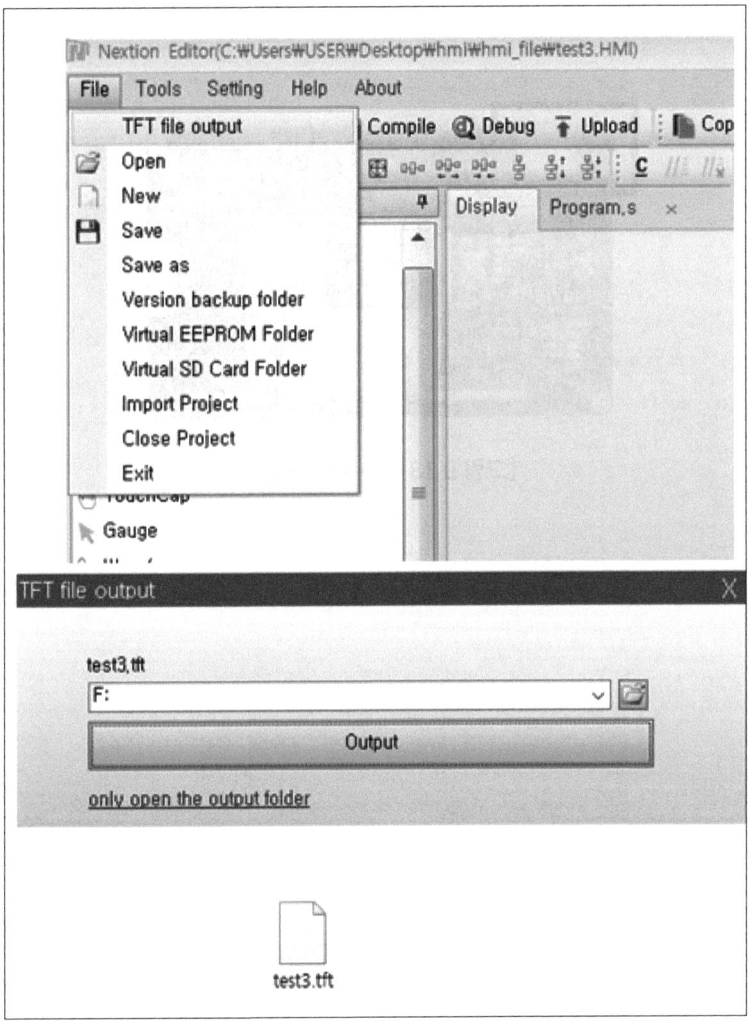

[그림 9.17] SD 메모리에 파일 저장

2) HMI에 SD 메모리 연결 및 다운로드하기

HMI에 SD Card Slot 메모리를 삽입하고 전원을 off → On 하여 프로그램을 다운로드하고 완료되면 SD 메모리를 제거한 다음 다시 전원을 off → on 하면 된다. 한 번 다운로드가 완료되면 임의로 수정 및 지우지 않는 한 내용은 프레시 메모리에 저장된다.

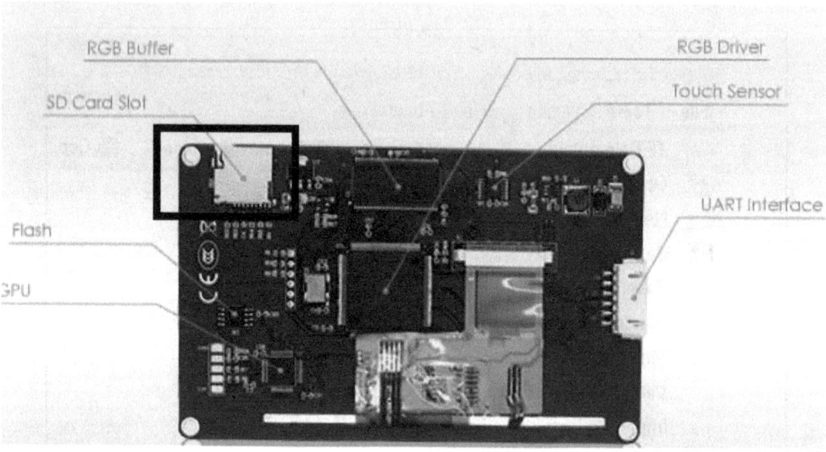

[그림 9.18] SD 메모리 삽입

5. Arduino 프로그램 작성하기

HMI의 기본적인 보레이트는 9600이며, 이는 변경할 수 있는데, 필요에 따라서 시스템이나 해당 페이지 수행 전에 설정하는 것이 좋다. 아두이노 우노에는 하드웨어 시리얼 포트가 하나밖에 없어 소프트웨어 포트를 선언해서 사용하면 되고, 우노 이상급에서는 하드웨어 포트 기본 포트 이외 것을 사용하면 된다.

1) HMI 보레이트 설정 확인 및 Hardware 확인

HMI Rx ↔ Arduino Tx(3) 단자 연결

HMI Tx ↔ Arduino Rx(2) 단자 연결

bauds=2400,　bauds=19200,　bauds=115200;

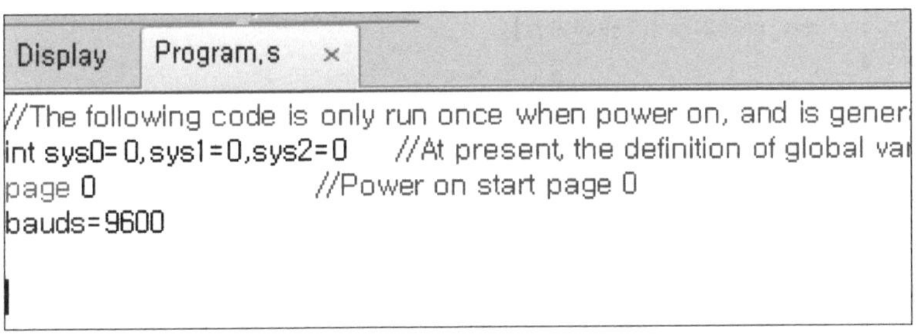

[그림 9.19] HMI baud 설정

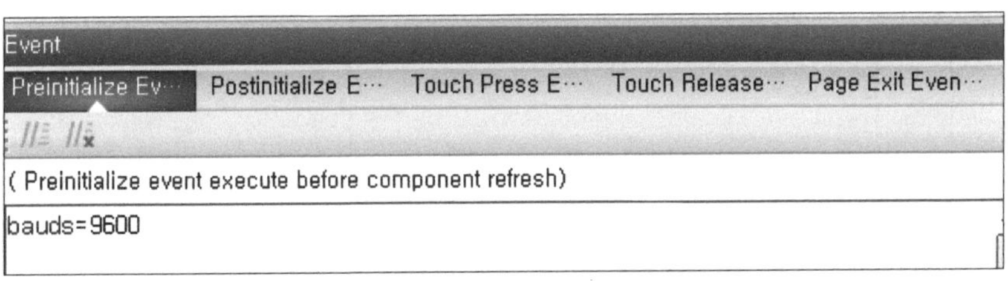

[그림 9.20] HMI baud 설정

2) Arduino 프로그램 작성

MCU에서 보낸 데이터를 받아 HMI 및 시리얼 포트로 출력하는 프로그램 [그림 7.28]을 작성해 본다.

arduino_test12 §

```
#include <Ultrasonic.h>
#include <SoftwareSerial.h>
SoftwareSerial hmi_rs232(2,3);//(Rx,Tx)
char buf[10],buf1[20];
char i=0;
int val;
char str;

Ultrasonic ultrasonic(12, 13);//tri,sig
int distance;

void setup () {
    Serial.begin(9600);
    hmi_rs232.begin(9600);
}

void loop () {

   distance = ultrasonic.read();
   Serial.println(distance);

   sprintf(buf1,"t1.txt=\"%d\"%c%c%c",distance,0xff,0xff,0xff);
   hmi_rs232.print(buf1);
   delay(100);
```

COM7

```
136
138
138
138
138
136
138
```

[그림 9.21] Arduino 프로그램

6. STM32 프로그램 작성하기

HMI의 기본적인 보레이트는 9600이며, 이는 변경할 수 있는데, 필요에 따라서 시스템이나 해당 페이지 수행 전에 설정하는 것이 좋다. 여기서는 STM32L432kc 보드를 사용하도록 하고 어느 것을 사용하여도 상관없다. 데이터를 HMI로부터 수신하여 STM32 MCU 시리얼 포트 2로 전송하여 확인한다.

1) HMI 보레이트 설정 확인 및 Hardware 확인

HMI Rx ↔ STM32L432kc Tx(3) 단자 연결

HMI Tx ↔ STM32L432kc Rx(2) 단자 연결

bauds=9600;

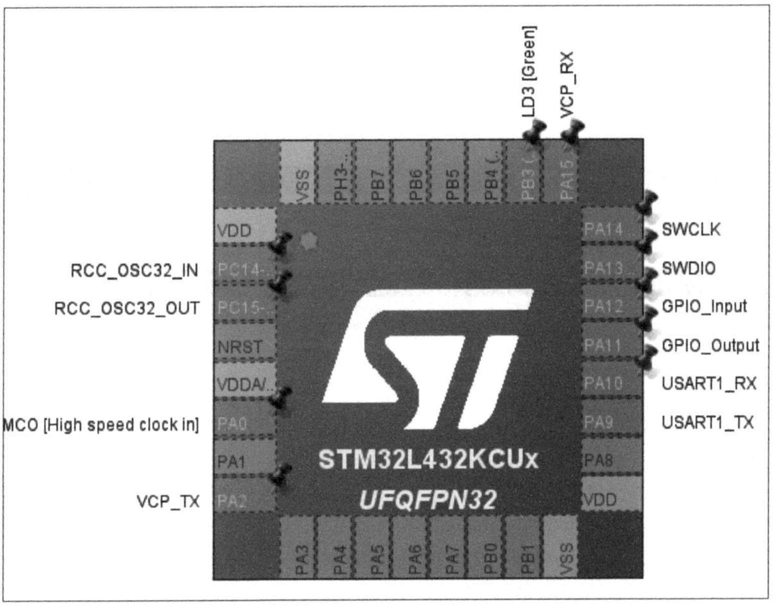

[그림 9.22] USART1, 2), Trig(PA12), Echo(PA11) 설정

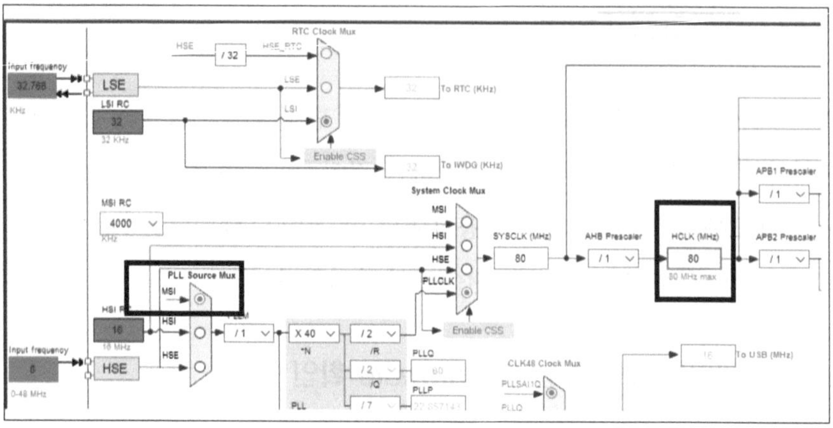

[그림 9.23] 클럭 설정

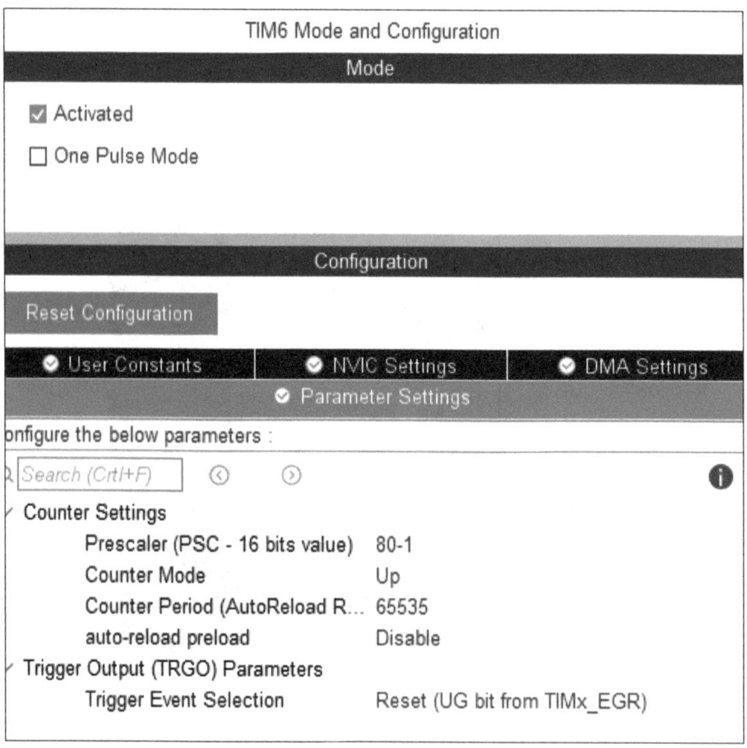

[그림 9.24] 타이머 설정

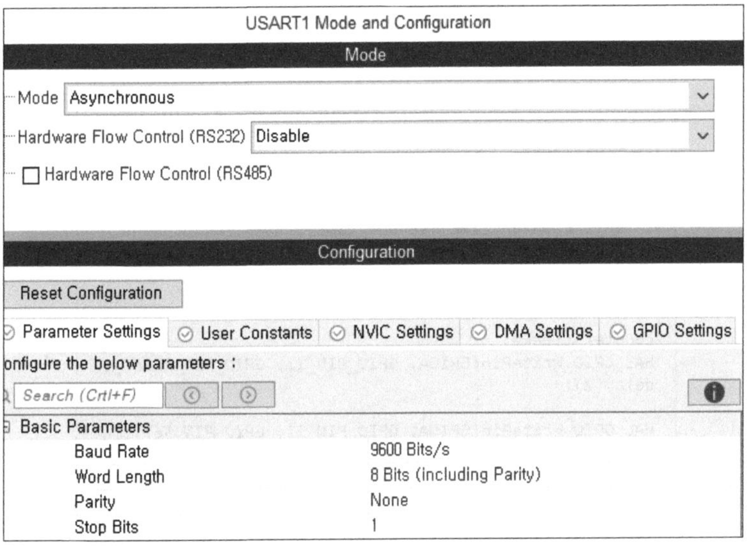

[그림 9.25] 보레이트 설정

2) STM32 프로그램

Data를 전송하기 위한 함수 및 프로그램이 그림에 나타나 있다.

```
  *
  ******************************************************************************
  */
/* USER CODE END Header */
/* Includes ------------------------------------------------------------------*/
#include "main.h"

/* Private includes ----------------------------------------------------------*/
/* USER CODE BEGIN Includes */
#include "stdio.h"
#include "stdlib.h"
/* USER CODE END Includes */
```

[그림 9.26] 헤더 부분

```
uint8_t Cmd_End[3]={0xFF,0xFF,0xFF};
char buf[10];

void delay (uint16_t time)
{
    __HAL_TIM_SET_COUNTER(&htim6, 0);
    while (__HAL_TIM_GET_COUNTER (&htim6) < time);
}

uint16_t counter_time, sensor_time;
uint16_t distance;

uint32_t hcsr04_read (void)
{
 counter_time=0;
 HAL_GPIO_WritePin(GPIOA, GPIO_PIN_11, GPIO_PIN_RESET);
 delay(2);

 HAL_GPIO_WritePin(GPIOA, GPIO_PIN_11, GPIO_PIN_SET);
 delay(10);
 HAL_GPIO_WritePin(GPIOA, GPIO_PIN_11, GPIO_PIN_RESET);

 while (!(HAL_GPIO_ReadPin(GPIOA, GPIO_PIN_12)));
 while (HAL_GPIO_ReadPin(GPIOA, GPIO_PIN_12))
  {
     counter_time++;
     delay (1);
  }
 return counter_time;
}
```

[그림 9.27] 초음파 센싱 함수

```
oid NEXTION_SendString(char *ID,char *string){
   char buffer[50];
   int len=sprintf(buffer,"%s.txt=\"%s\"",ID,string);
   HAL_UART_Transmit(&huart1,(uint8_t *) buffer, len,500);
   HAL_UART_Transmit(&huart1, Cmd_End,3,100);


nt __io_putchar(int ch)

AL_UART_Transmit(&huart2, (uint8_t *)&ch, 1, 0xFFFF);
eturn ch;
```

[그림 9.28] Data 전송 함수

```
  /* USER CODE BEGIN 2 */
  HAL_TIM_Base_Start(&htim6);
  /* USER CODE END 2 */

  /* Infinite loop */
  /* USER CODE BEGIN WHILE */
  while (1)
  {
      sensor_time = hcsr04_read();
      distance  = (uint16_t)sensor_time *0.017;

      sprintf(buf,"%u",distance);
      NEXTION_SendString("t1",(char *)buf);
      HAL_GPIO_TogglePin(LD3_GPIO_Port, LD3_Pin);
      printf("distance=%u\r\n",distance);
      HAL_Delay(100);
    /* USER CODE END WHILE */

    /* USER CODE BEGIN 3 */
  }
  /* USER CODE END 3 */
}
```

[그림 9.29] 메인 프로그램

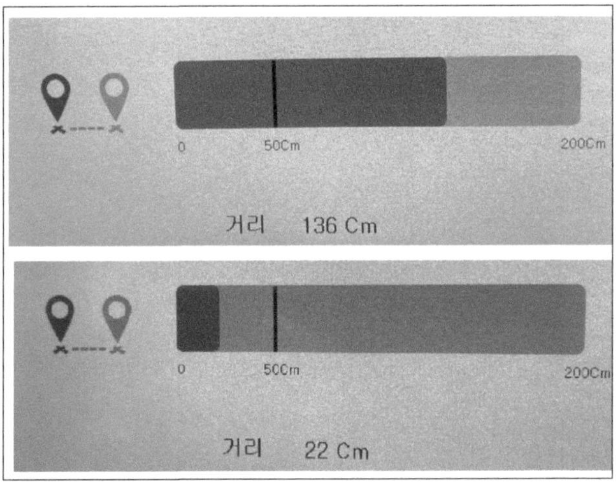

[그림 9.30] 디스플레이 사진

MCU 기반 HMI GUI 프로젝트

CHAPTER 10

Load cell 센서 활용하기

1. HMI File 만들기
2. HMI 화면 구성하기
3. HMI 컴파일 및 Debug하기
4. HMI에 다운로드하기 (SD 메모리 이용)
5. Load cell 측정 방법
6. Arduino 프로그램 작성하기
7. STM32 프로그램 작성하기

CHAPTER 10

MCU 기반 HMI GUI 프로젝트

Load cell 센서 활용하기

1. HMI File 만들기

[그림 10.1]~[그림 10.4]와 같이 설정한다(5″ 인텔리전트 타입).

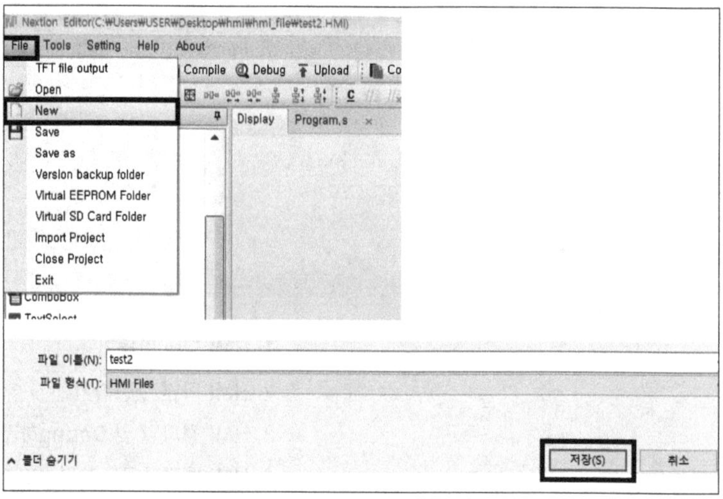

[그림 10.1] HMI File 만들기

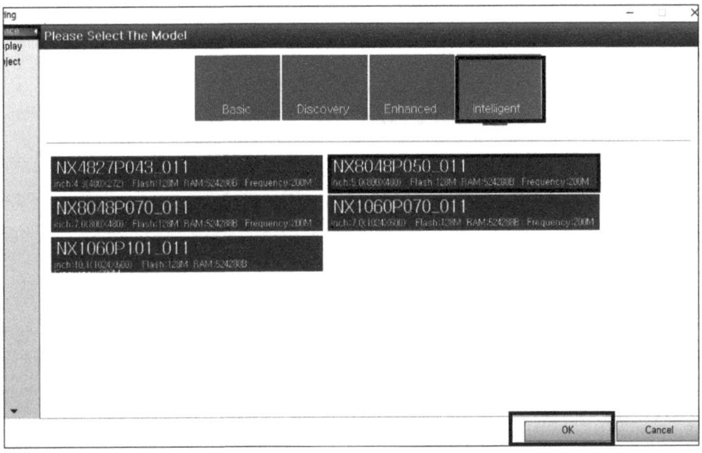

[그림 10.2] 디바이스 모델 선정

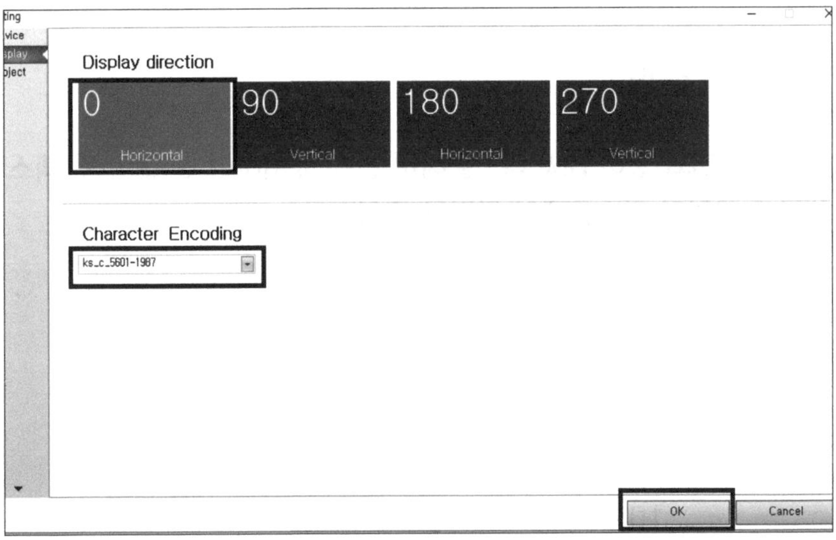

[그림 10.3] 디스플레이 방향과 엔코딩 선정

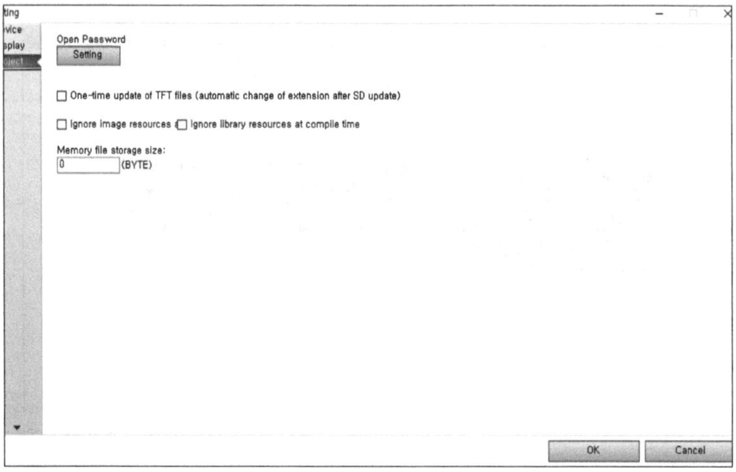

[그림 10.4] Project 선정

2. HMI 화면 구성하기

1) [그림 10.5]와 같이 HMI 디스플레이 창에 배치하여 Gauge 및 텍스트 객체를 이용하여 디스플레이 화면을 구성한다.

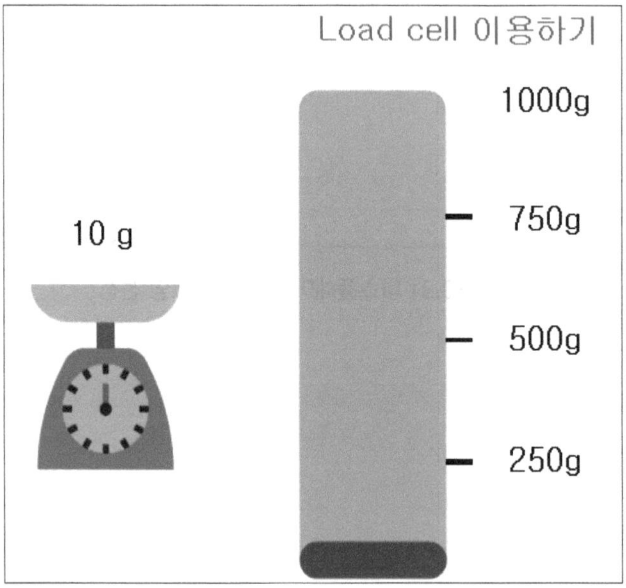

[그림 10.5] 컨트롤 배치

2) Font 생성하기 (4개 생성, [그림 10.6]~[그림 10.8])

이전에 생성되어 있다면 생성하지 않고 바로 사용할 수 있다.

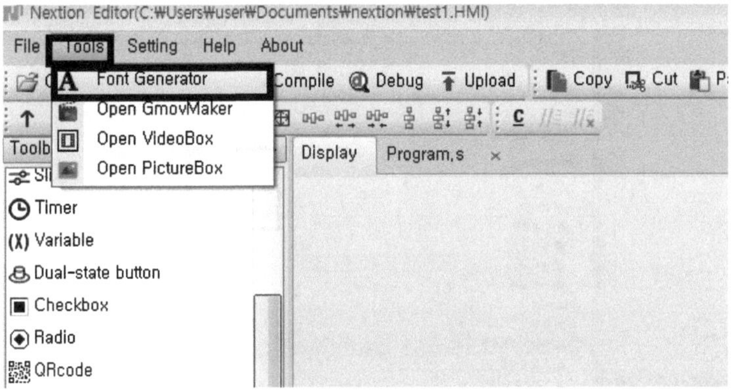

[그림 10.6] 폰트 설정

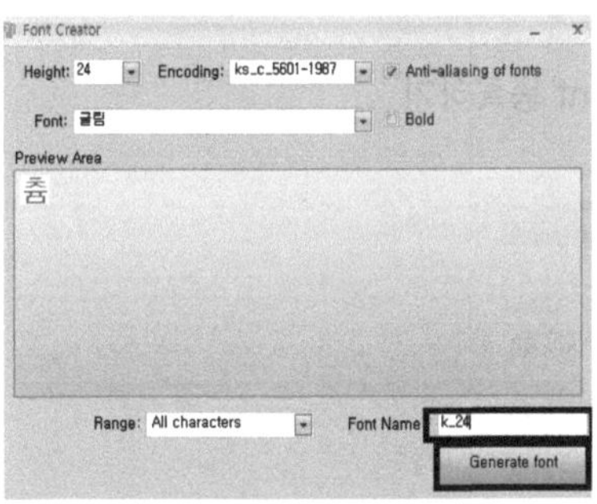

[그림 10.7] 폰트 생성

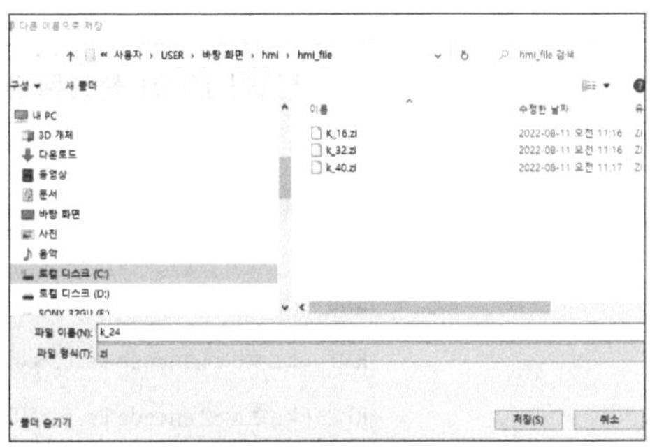

[그림 10.8] 폰트 생성

3) Font 등록하기 [그림 10.9]~[그림 10.10] 순서: (1), (2), (3)

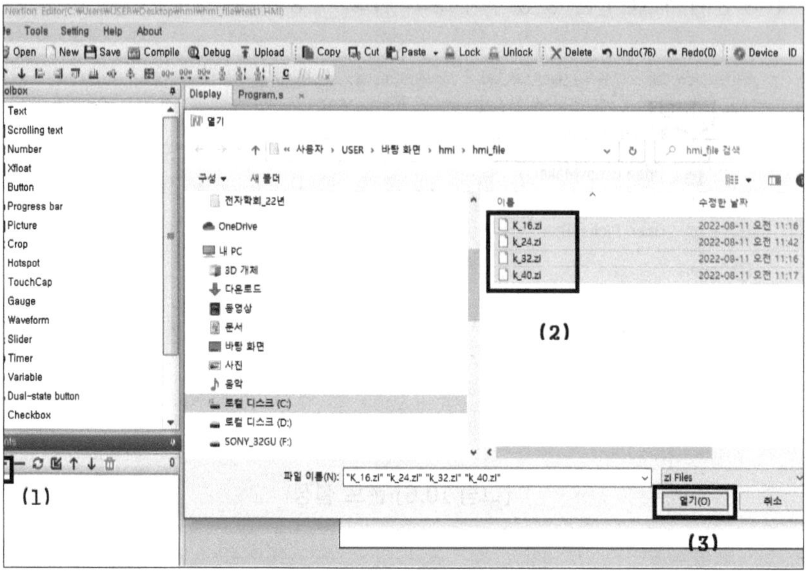

[그림 10.9] 생성된 Font 등록하기

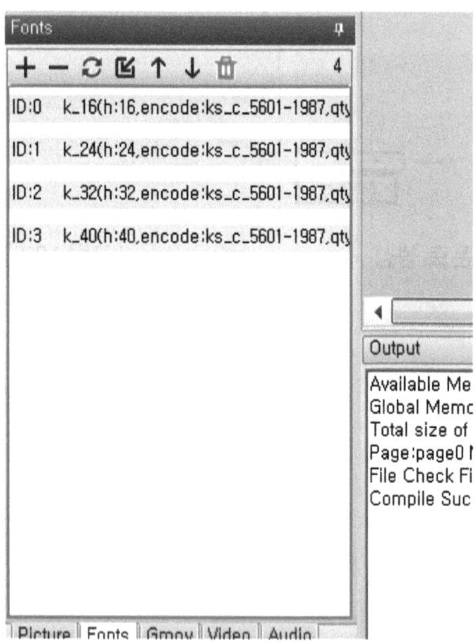

[그림 10.10] 등록된 Font

4) 객체 등록하기 (그림)

그림이나 이미지 같은 것을 화면에 나타내고자 할 때 Tools Box에서 Picture를 이용하면 된다. 먼저 나타내고자 하는 이미지를 png 형태(크기, 용량 등)로 변환하여 저장해 두고 이를 에디터 창에 등록한다(인터넷에서 weight icon 검색). 등록 방법은 [그림 10.11]((1)~(3)) 순서와 [그림 10.12]와 같다.

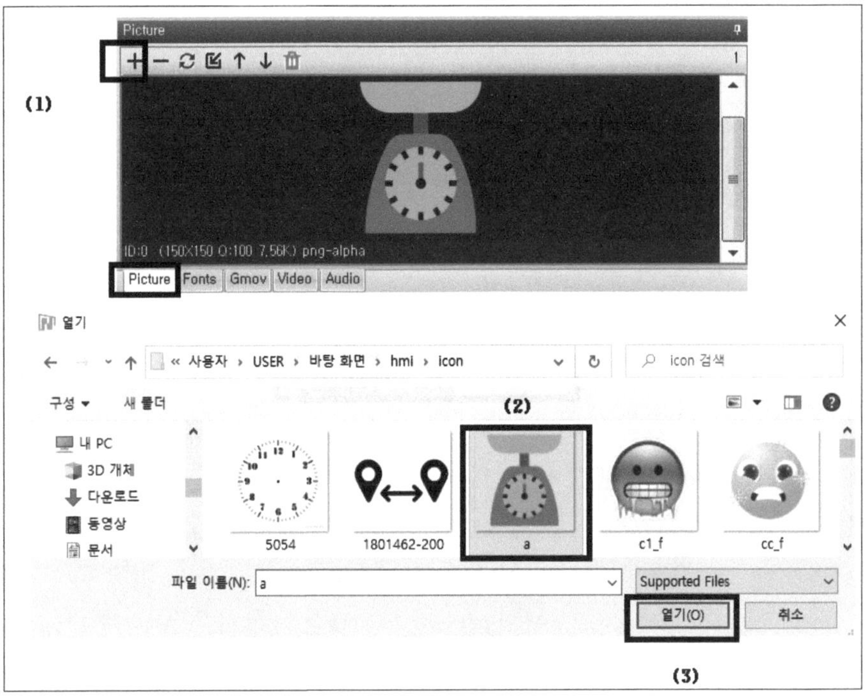

[그림 10.11] Picture 등록 방법

그다음 에디터 창에 나타내려면 Tool Box의 Picture를 클릭하면 에디터 창에 px 객체가 나타난다. px의 속성체에 등록한 그림의 ID를 입력하면 된다.

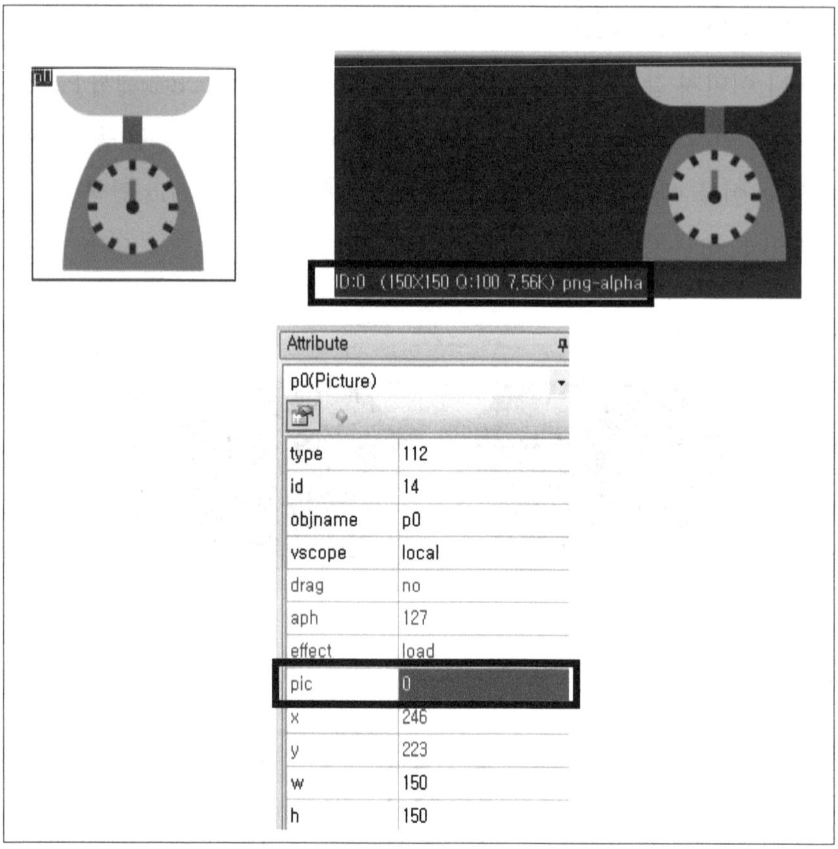

[그림 10.12] Picture 등록 방법

5) Progress Bar 속성

[그림 10.13]은 Progress Bar 속성을 나타내고 있다.

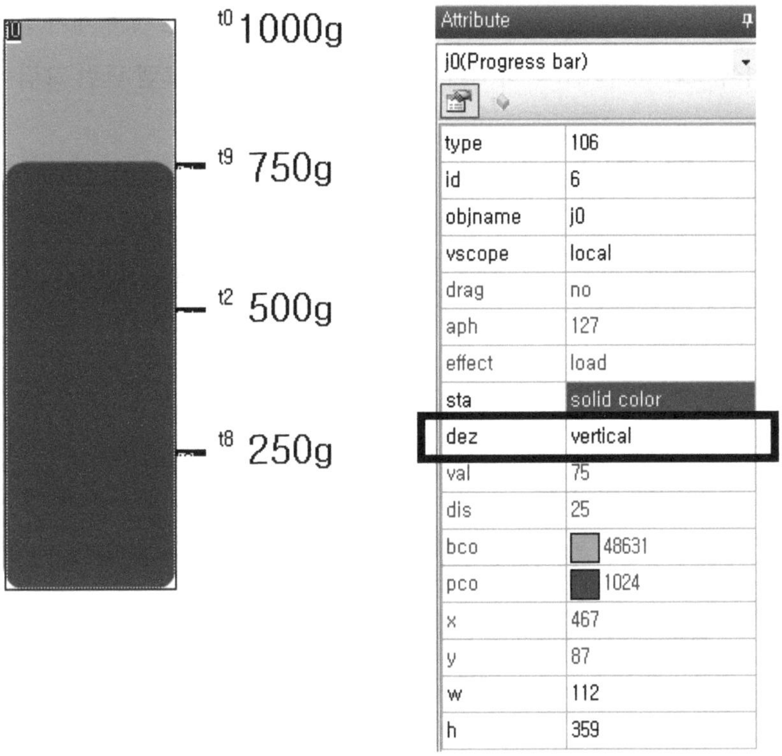

[그림 10.13] Progress Bar 속성 설정

6) 타이머 프로그램하기

동작은 MCU에서 HMI로 Data(무게 정보)를 보내면 t1.txt로 받는다. 이 값을 정수로 변환해서 Progress Bar 및 t3.txt에 보낸다. 데이터가 일정한 속도로 들어오기 때문에 타이머에 프로그램을 작성하면 주기적으로 갱신된다. 감지 무게가 1000g 이상일 때는 적색으로 표시하도록 하였다. [그림 10.14]는 프로그램 관련 그림이다.

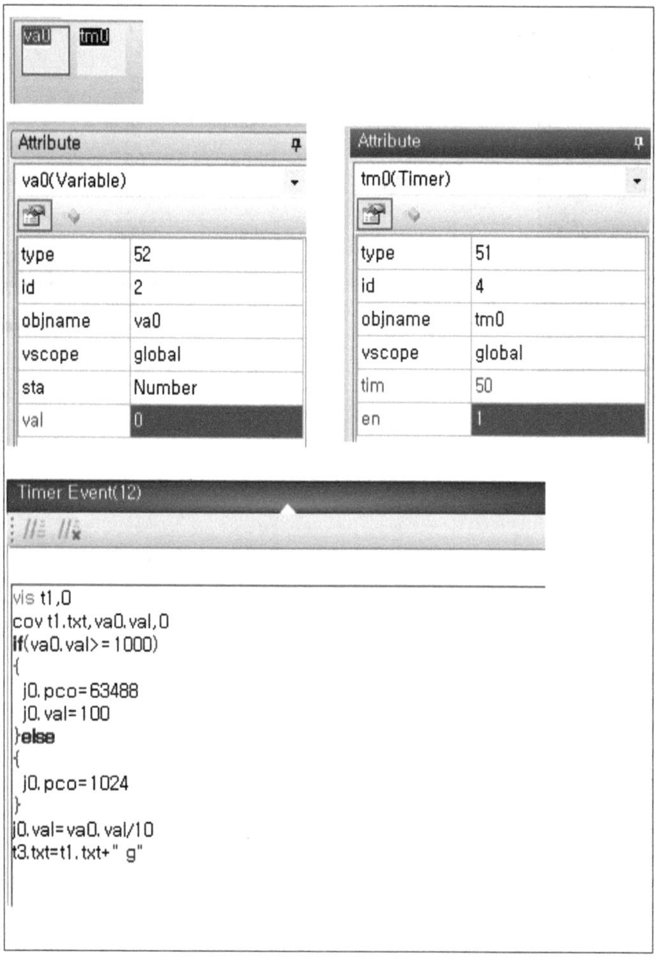

[그림 10.14] 타이머0 프로그램하기

3. HMI 컴파일 및 Debug 하기

화면 구성이 완료되면 Save를 클릭한 다음 컴파일과 Debug를 하면 된다. 만약 컴파일에서 에러가 발생하면 수정한 다음 저장하고 다시 Debug를 한다([그림 10.15], [그림 10.16]). 실제 Debug 된 내용이 HMI에 적용된다.

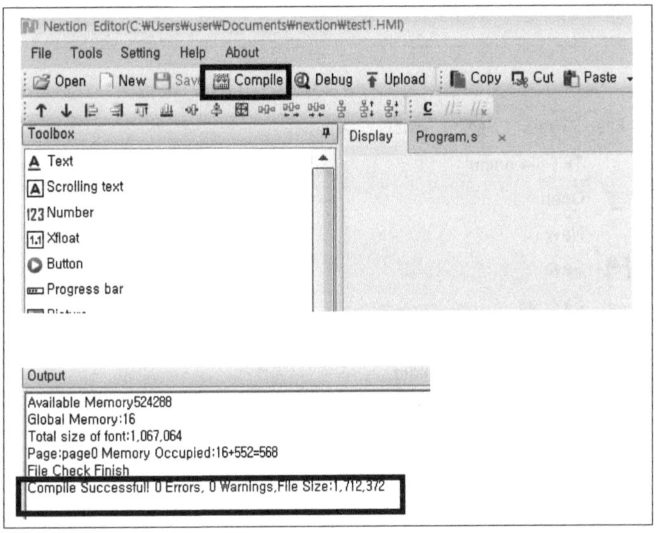

[그림 10.15] 컴파일하기

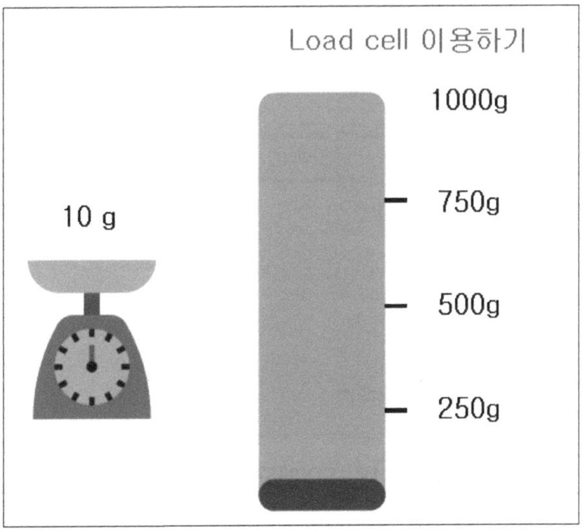

[그림 10.16] Debug

4. HMI에 다운로드하기 (SD 메모리 이용)

Micro SD 메모리(8~32GB)를 준비하여 PC에 연결하고 아래 [그림 10.17]과 같이 SD 메모리에 파일을 저장한다.

1) SD 메모리에 파일 저장하기

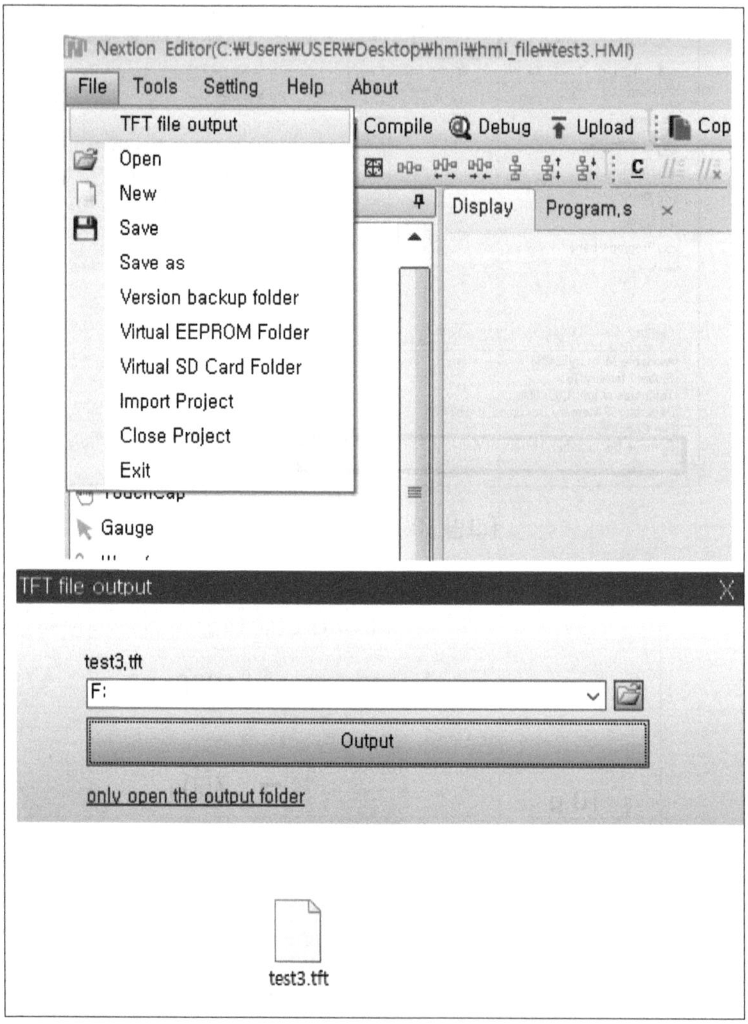

[그림 10.17] SD 메모리에 파일 저장

2) HMI에 SD 메모리 연결 및 다운로드하기

HMI에 SD Card Slot 메모리를 삽입하고 전원을 off → On 하여 프로그램을 다운로드하고 완료되면 SD 메모리를 제거한 다음, 다시 전원을 off → on 하면 된다. 한 번 다운로드가 완료되면 임의로 수정 및 지우지 않는 한 내용은 프레시 메모리에 저장된다.

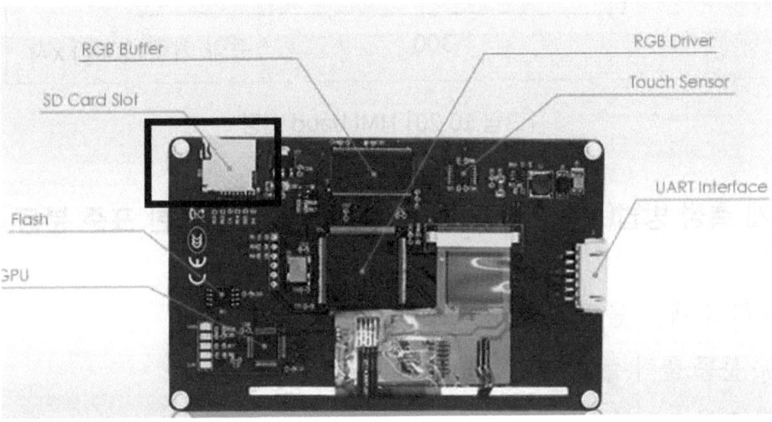

[그림 10.18] SD 메모리 삽입

5. Load cell 측정 방법

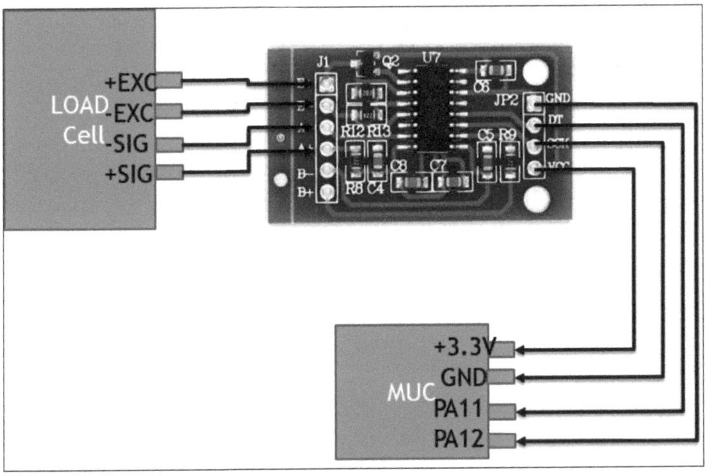

[그림 10.19] Load cell, MCU, AMP 결선

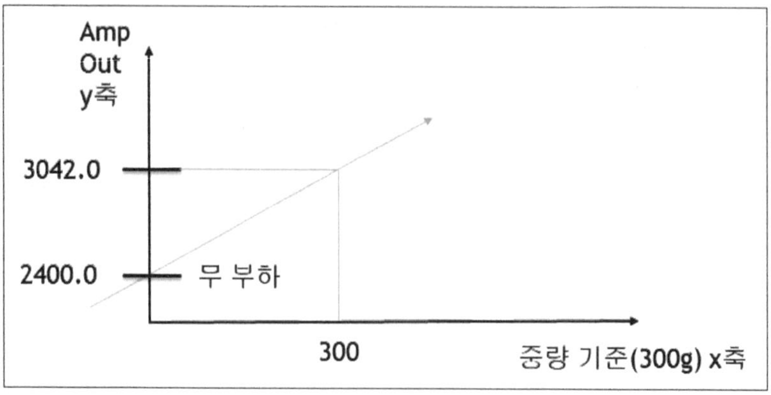

[그림 10.20] HMI baud 설정

〉〉 무게 측정 방법(표준 분동이 없이 300g 적용, 가능한 표준 분동 사용 권함)

1. 무부하일 때의 출력 측정: no_load _eight=2400.0

2. 300g 분동 출력 측정: load_300_weight=3042.0

3. 관련 수식:

y=(load_weight−no_load _weight)*x/300 +no_load _eight

x=(y−no_load _eight)*300/(load_300_weight−no_load _eight)

6. Arduino 프로그램 작성하기

HMI의 기본적인 보레이트는 9600이며, 이는 변경할 수 있는데, 필요에 따라서 시스템이나 해당 페이지 수행 전에 설정하는 것이 좋다. 아두이노 우노에는 하드웨어 시리얼 포트가 하나밖에 없어 소프트웨어 포트를 선언해서 사용하면 되고 우노 이상급에서는 하드웨어 포트 기본 포트 이외 것을 사용하면 된다.

1) HMI 보레이트 설정 확인 및 Hardware 확인

HMI Rx ↔ Arduino Tx(3) 단자 연결

HMI Tx ↔ Arduino Rx(2) 단자 연결

bauds=2400,　bauds=19200,　bauds=115200;

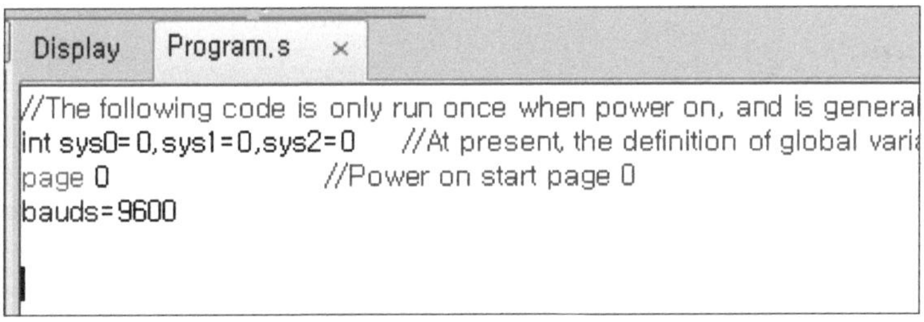

[그림 10.21] HMI baud 설정

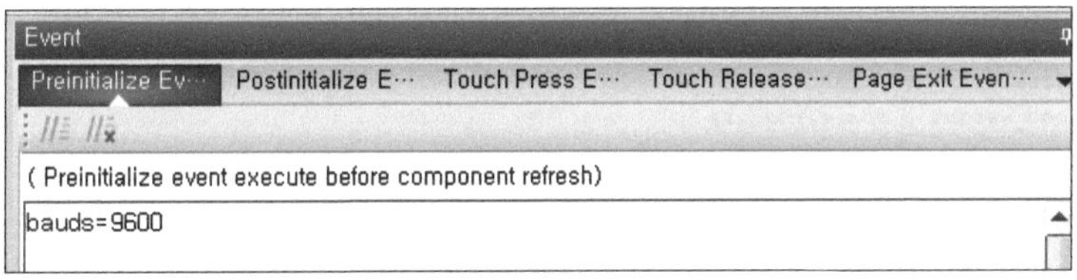

[그림 10.22] HMI baud 설정

2) Arduino 프로그램 작성

MCU에서 보낸 데이터를 받아 HMI 및 시리얼 포트로 출력하는 프로그램 [그림 10.23]을 작성해 본다. (라이브러리 사이트 https://github.com/bogde/HX711)

1. 무부하일 때의 출력 측정 (아두이노): no_load _weight=119000
2. 300g 분동 출력 측정 (아두이노): load_300_weight=346000
3. 관련 수식:

y=(load_weight−no_load _weight)*x/300 +no_load _weight

x=(y(측정값)−no_load_weight)*300/(load_300_weight−no_load _weight)

```
arduino_test13
#include "HX711.h"

const int LOADCELL_DOUT_PIN = 8;
const int LOADCELL_SCK_PIN = 9;

HX711 scale;
#include <SoftwareSerial.h>
SoftwareSerial hmi_rs232(2,3);//(Rx,Tx)
char buf[10];
long load_weight,new_load_weight;
long no_load_weight=119000,load_300_weight=346000;


void setup () {
    Serial.begin(9600);
    hmi_rs232.begin(9600);
    scale.begin(LOADCELL_DOUT_PIN, LOADCELL_SCK_PIN);
}

void loop () {
   if (scale.is_ready()) {
     load_weight = scale.read();

     new_load_weight=(load_weight-no_load_weight)*300/(load_300_weight-no_load_weight);
     Serial.println(new_load_weight);
     sprintf(buf,"t1.txt=\"%ld\"%c%c%c",new_load_weight,0xff,0xff,0xff);
     hmi_rs232.print(buf);
   }
   delay(300);
}
```

[그림 10.23] Arduino 프로그램

7. STM32 프로그램 작성하기

HMI의 기본적인 보레이트는 9600이며, 이는 변경할 수 있는데, 필요에 따라서 시스템이나 해당 페이지 수행 전에 설정하는 것이 좋다. 여기서는 STM32L432kc 보드를 사용하도록 하고 어느 것을 사용하여도 상관없다. 데이터를 HMI로부터 수신하여 STM32 MCU 시리얼 포트 2로 전송하여 확인한다.

1) HMI 보레이트 설정 확인 및 Hardware 확인

HMI Rx ↔ STM32L432kc Tx(3) 단자 연결

HMI Tx ↔ STM32L432kc Rx(2) 단자 연결

bauds=9600;

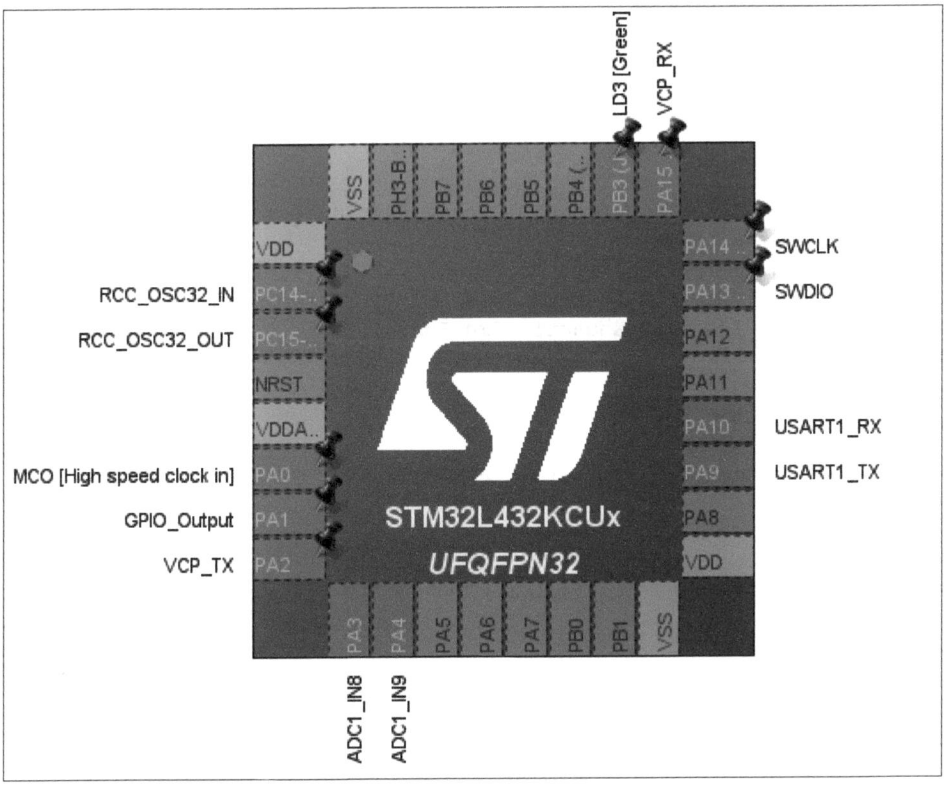

[그림 10.24] USART1, 2 설정

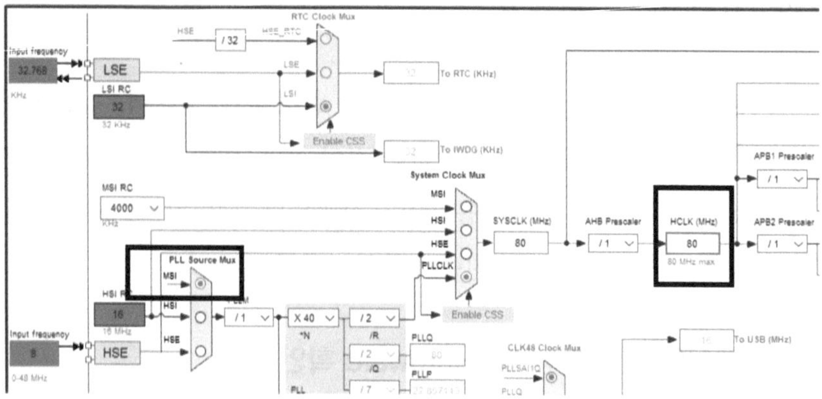

[그림 10.25] 클럭 설정

```
/* Private user code -----------------------------------------------
/* USER CODE BEGIN 0 */
uint8_t Cmd_End[3]={0xFF,0xFF,0xFF};
uint8_t rx_data,rx_data1[10],rx_ct=0;
char buf1[20],buf2[4];
int int_rx_data;
float float_rx_data;


void NEXTION_SendString(char *ID,char *string){
    char buffer[50];
    int len=sprintf(buffer,"%s.txt=\"%s\"",ID,string);
    HAL_UART_Transmit(&huart1,(uint8_t *) buffer, len,500);
    HAL_UART_Transmit(&huart1, Cmd_End,3,100);
}

int __io_putchar(int ch)
{
HAL_UART_Transmit(&huart2, (uint8_t *)&ch, 1, 0xFFFF);
return ch;
}
```

[그림 10.26] 보레이트 설정

2) STM32 프로그램

Data를 전송하기 위한 함수 및 프로그램이 그림에 나타나 있다. 헤더 파일 (hx711.h)은 다음 사이트를 참조한다(https://github.com/nimaltd/HX711).

```
/* Private user code ---------------------------------------------
/* USER CODE BEGIN 0 */
uint8_t Cmd_End[3]={0xFF,0xFF,0xFF};
uint8_t rx_data,rx_data1[10],rx_ct=0;
char buf1[20],buf2[4];
int int_rx_data;
float float_rx_data;


void NEXTION_SendString(char *ID,char *string){
    char buffer[50];
    int len=sprintf(buffer,"%s.txt=\"%s\"",ID,string);
    HAL_UART_Transmit(&huart1,(uint8_t *) buffer, len,500);
    HAL_UART_Transmit(&huart1, Cmd_End,3,100);
}

int __io_putchar(int ch)
{
HAL_UART_Transmit(&huart2, (uint8_t *)&ch, 1, 0xFFFF);
return ch;
}

void HAL_UART_RxCpltCallback(UART_HandleTypeDef *huart)
{

    if(huart->Instance==USART1){

        if(rx_data==0x24)rx_ct=0;
         rx_data1[rx_ct++]=rx_data;

        if(rx_data==0x26){
          rx_data1[0]=0x20;
          rx_data1[1]=0x20;
          rx_data1[rx_ct-1]=0x20;
          int_rx_data=atoi((char*)rx_data1);
          printf("data=%d\r\n",int_rx_data);
          sprintf(buf2,"%d",int_rx_data);
          NEXTION_SendString("t4",buf2);
          rx_ct=0;
        }
        if(rx_ct>10)rx_ct=0;
    }
    HAL_UART_Receive_IT(&huart1,&rx_data,1);
}
```

[그림 10.27] 함수 및 변수

```
/* USER CODE END Header */
/* Includes ------------------------------------------------------------------*/
#include "main.h"

/* Private includes ----------------------------------------------------------*/
/* USER CODE BEGIN Includes */
#include "stdio.h"
#include "stdlib.h"
#include "math.h"
#include "hx711.h"

hx711_t loadcell;
float weight,no_load_weight,load_300_weight,new_load_weight;
/* USER CODE END Includes */
```

[그림 10.28] 헤더 부분

```
  hx711_init(&loadcell, GPIOA, GPIO_PIN_11, GPIOA, GPIO_PIN_12);
  hx711_coef_set(&loadcell, 354.5); // read afer calibration
  hx711_tare(&loadcell, 10);
  /* USER CODE END 2 */
  no_load_weight=2400.0;
  load_300_weight=3042.0;
  /* Infinite loop */
  /* USER CODE BEGIN WHILE */
  while (1)
  {
     weight = hx711_weight(&loadcell, 10);
     new_load_weight=(weight-no_load_weight)*300/(load_300_weight-no_load_weight);

     printf("weight=%f\r\n",new_load_weight);

     sprintf(buf1,"%3.2f",new_load_weight);
     NEXTION_SendString("t1",(char *)buf1);

     HAL_GPIO_TogglePin(LD3_GPIO_Port, LD3_Pin);
     HAL_Delay(100);
    /* USER CODE END WHILE */

    /* USER CODE BEGIN 3 */
  }
  /* USER CODE END 3 */
}
```

[그림 10.29] 메인 프로그램

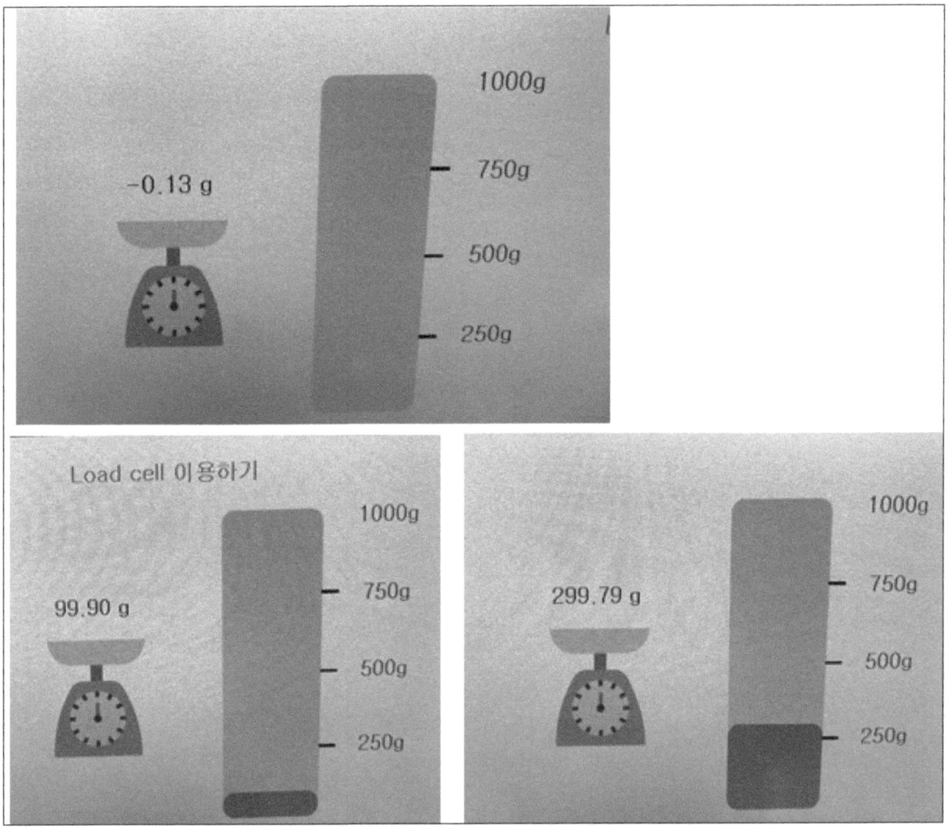

[그림 10.30] 무부하, 100g, 300g 무게 측정 사진

MCU 기반 HMI GUI 프로젝트

A1
USART 활용하기(F411)

1. STM32 USART 구성
2. USART 하드웨어 설정
3. Polling 방식 (printf())
4. STM32IDE console 활용 Debug 사용하기
5. Interrupt 방식
6. DMA 방식

CHAPTER A1

MCU 기반 HMI GUI 프로젝트

USART 활용하기(F411)

직렬 통신의 개념보다는 쉽게 활용할 수 있는 내용 위주로 구성을 하였으며 폴링 방식, 인터럽트 방식 및 DMA 방식에 대하여 기술한다.

1. STM32 USART 구성

[그림 A1.1]을 보면 3개의 특징을 나타내고 있고 USART 방식은 3개(1,2,6)를 지원하고 있다. 실습에는 보드의 디폴트로 설정되어 있는 USART2를 이용한다.

USART feature comparison

USART name	Standard features	Modem (RTS/CTS)	LIN	SPI master	irDA	Smartcard (ISO 7816)	Max. baud rate in Mbit/s (oversampling by 16)	Max. baud rate in Mbit/s (oversampling by 8)	APB mapping
USART1	X	X	X	X	X	X	6.25	12.5	APB2 (max. 100 MHz)
USART2	X	X	X	X	X	X	3.12	6.25	APB1 (max. 50 MHz)
USART6	X	N.A	X	X	X	X	6.25	12.5	APB2 (max. 100 MHz)

[그림 A1.1] USART 특징 비교

2. USART 하드웨어 설정

USART2은 ST-LINK 및 통신 포트로 활용할 수 있으므로 본 실습에는 기본 통신 포트로 활용하고 별도의 하드웨어가 없어도 된다.

Pin name	Function
PA2	TX
PA3	RX

[그림 A1.2] USART2 핀 설정

3. Polling 방식 (printf())

1) USART 설정

System Core에서 RCC 및 SYS는 이전과 같이 설정한다. USART2의 TX RX 단자는 [PA2, PA3]를 사용할 수 있도록 [그림 A1.3]과 같이 파라미터를 설정한다. [그림 A1.4]와 [그림 A1.5]는 핀 설정 및 폴링 방식으로 설정하였음을 알 수 있다.

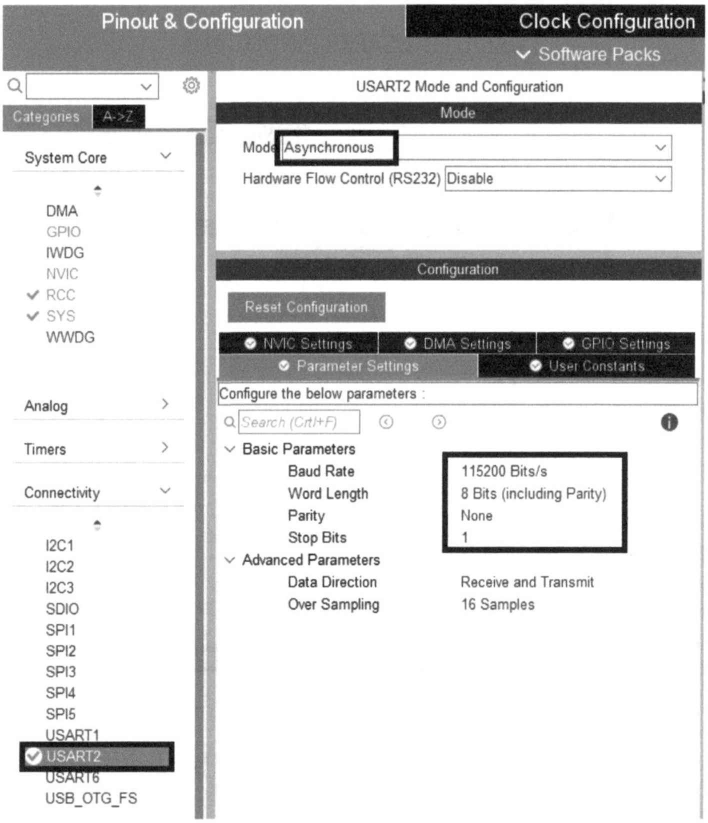

[그림 A1.3] USART2 설정

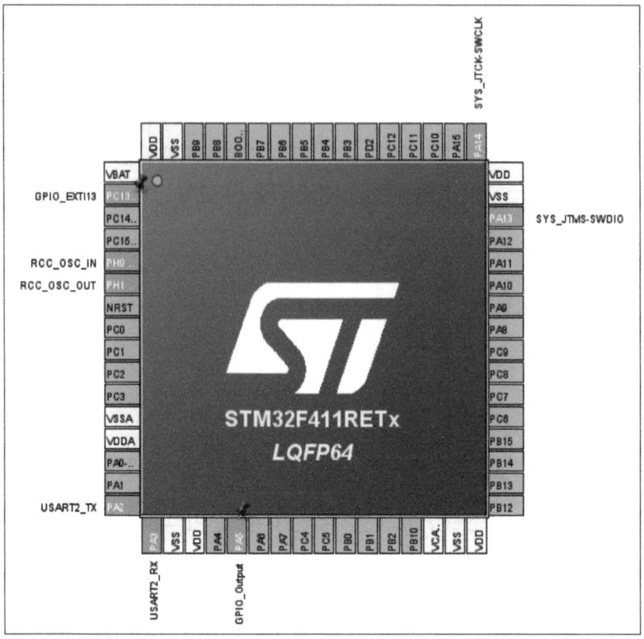

[그림 A1.4] USART2 PINOUT 설정

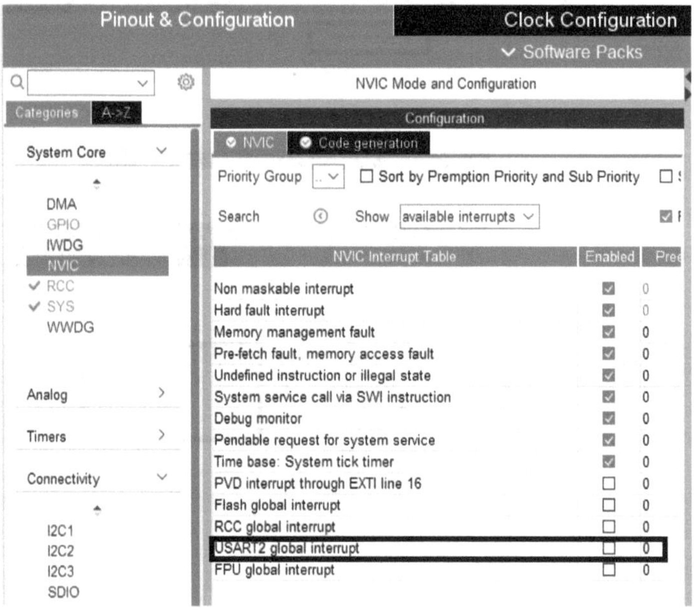

[그림 A1.5] 인터럽트 미설정 (폴링 방식)

2) Generate Code 생성

[그림 A1.6]과 [그림 A1.7]은 코드를 생성하기 위한 화면이다. 순차적으로 클릭한다.

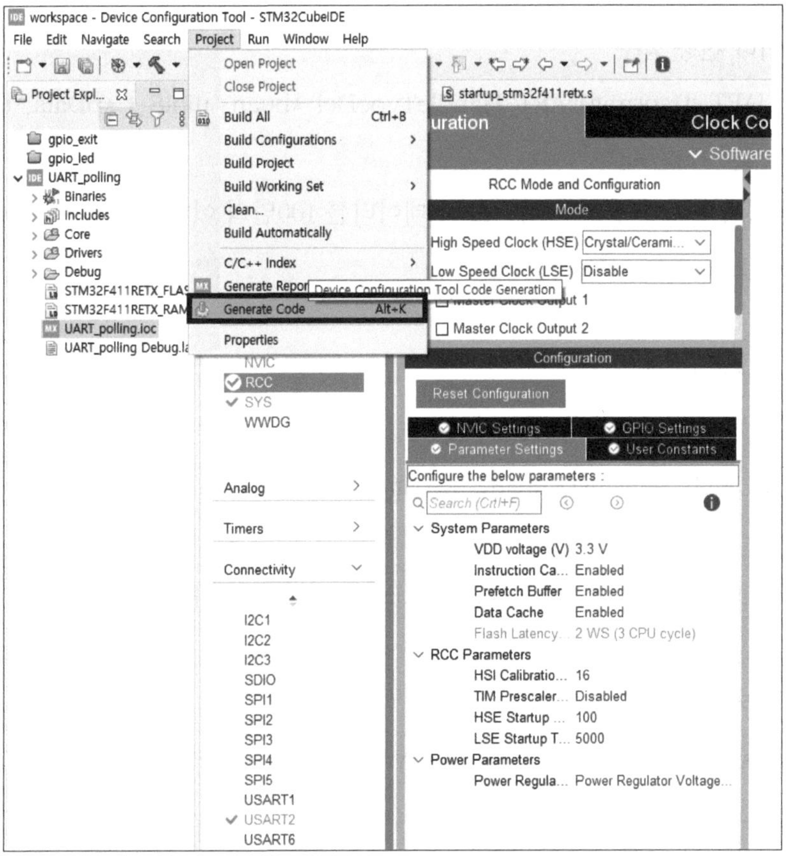

[그림 A1.6] 프로그램 코드 생성

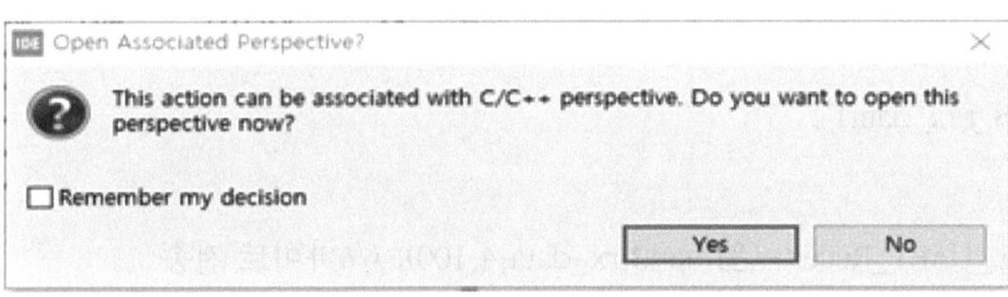

[그림 A1.7] 프로젝트 코드 생성

3) Source Code 작성하기

Polling 방식을 사용하기 위해서는 전송과 수신을 위한 관련 함수를 이용하면 된다. 관련 함수는 HAL_UART_Transmit, HAL_UART_Receive 가 있다.

▶ 데이터 전송 함수

HAL_UART_Transmit(UART_HandleTypeDef *huart, uint8_t *pData, uint16_t Size, uint32_t Timeout)

〉사용 방법: uart2에 특정 바이트의 데이터를 100밀리 이내 보내고자 할 때

```
UART_HandleTypeDef huart2 ;
uint8_t tx_data[4]={1234};
uint8_t tx_data1='1';

HAL_UART_Transmit(&huart2,tx_data,4,100); //4바이트 전송

HAL_UART_Transmit(&huart2,&tx_data1,1,100); //1바이트 전송
```

▶ 데이터 수신 함수

HAL_UART_Receive(UART_HandleTypeDef *huart, uint8_t *pData, uint16_t Size, uint32_t Timeout)

〉사용 방법: uart2를 통해서 특정 바이트의 데이터를 100밀리 이내 받고자 할 때

```
UART_HandleTypeDef huart2 ;
uint8_t rx_data[4];
uint8_t rx_data1';

HAL_UART_Receive(&huart2,rx_data,4,100); //4바이트 전송

HAL_UART_Transmit(&huart2,&rx_data1,1,100); //1바이트 전송
```

▶ HAL_UART_Transmit 대신 printf를 사용하는 경우 아래 함수 메인에 추가할 것

```
#include "stdio.h"
int __io_putchar(int ch)
{
HAL_UART_Transmit(&UartHandle, (uint8_t *)&ch, 1, 0xFFFF);
return ch;
```

▶ 다음과 같은 프로토콜로 LED 2개를 on/off 해 보자.

〉LED 연결: PC2, PC3

〉통신 방식(Polling), 통신 채널: USART2

stx	LED	On/off	etx
0x02	1	0	0x03
0x02	2	1	0x03

LED:1,2
On/Off: 1:on, 0:off

[그림 A1.8] LED 제어 프로토콜

만약 "2113"을 전송하면 1번 LED "On"의미이고, "2103"을 전송하면 1번 LED "Off"를 의미한다.

```
  uint8_t rx_data[4];
  while (1)
  {
      if(HAL_UART_Receive(&huart2, rx_data, 4, 100)==HAL_OK){
          if(rx_data[0]=='2' && rx_data[1]=='1' && rx_data[3]=='3'){
              if(rx_data[2]=='1') HAL_GPIO_WritePin(GPIOC, GPIO_PIN_2, 1);
              else HAL_GPIO_WritePin(GPIOC, GPIO_PIN_2, 0);
          }
          else if(rx_data[0]=='2' && rx_data[1]=='0' && rx_data[3]=='3'){
              if(rx_data[2]=='1') HAL_GPIO_WritePin(GPIOC, GPIO_PIN_3, 1);
              else HAL_GPIO_WritePin(GPIOC, GPIO_PIN_3, 0);
          }
          HAL_UART_Transmit(&huart2, rx_data, sizeof(rx_data), 100);
      }
    /* USER CODE END WHILE */

    /* USER CODE BEGIN 3 */
  }
  /* USER CODE END 3 */
}
```

[그림 A1.9] 메인 프로그램 내용

4) 디버그 및 다운로드하기

메인 함수에 프로그램이 작성되었다면 다음으로 디버그는 [그림 A1.10]의 를 클릭하거나 단축키 F11을 누르면 디버깅과 프로그램 다운로드가 완료된다.

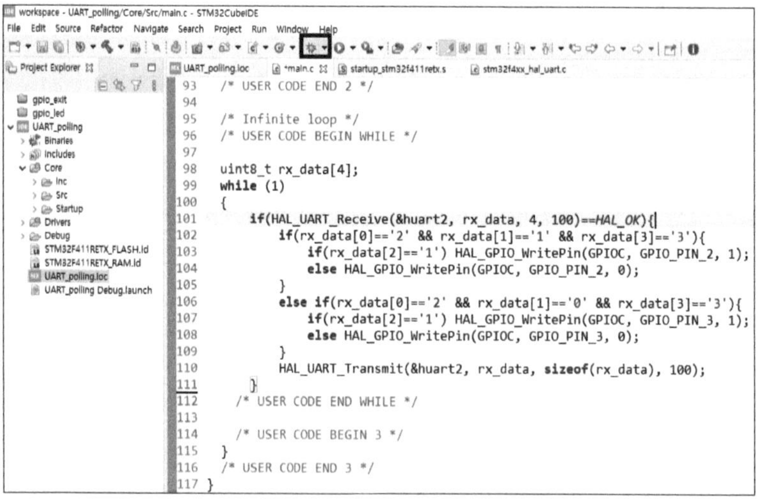

[그림 A1.10] 프로그램 디버그

5) 보드 프로그램 실행하기

[그림 A1.11] 상단 중앙에 아이콘 ■ 클릭하면 디버그 모드가 종료되어 보드의 프로그램이 실행된다.

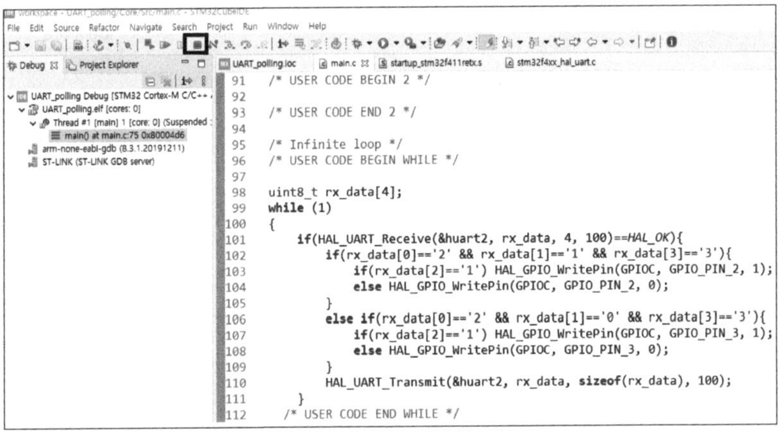

[그림 A1.11] 디버그 모드 프로그램 실행

6) 프로그램 실행 확인

시리얼 통신 프로그램을 확인하기 쉬운 방법은 Tera term이나 Hercules, docklight 통신 터미널 [그림 A1.12]을 이용하면 된다. 인터넷에서 hercules terminal 검색하면 다운로드할 수 있다.

관련 사이트: https://www.hw-group.com/software/hercules-setup-utility
https://tera-term.softonic.kr/
https://docklight.de/downloads/

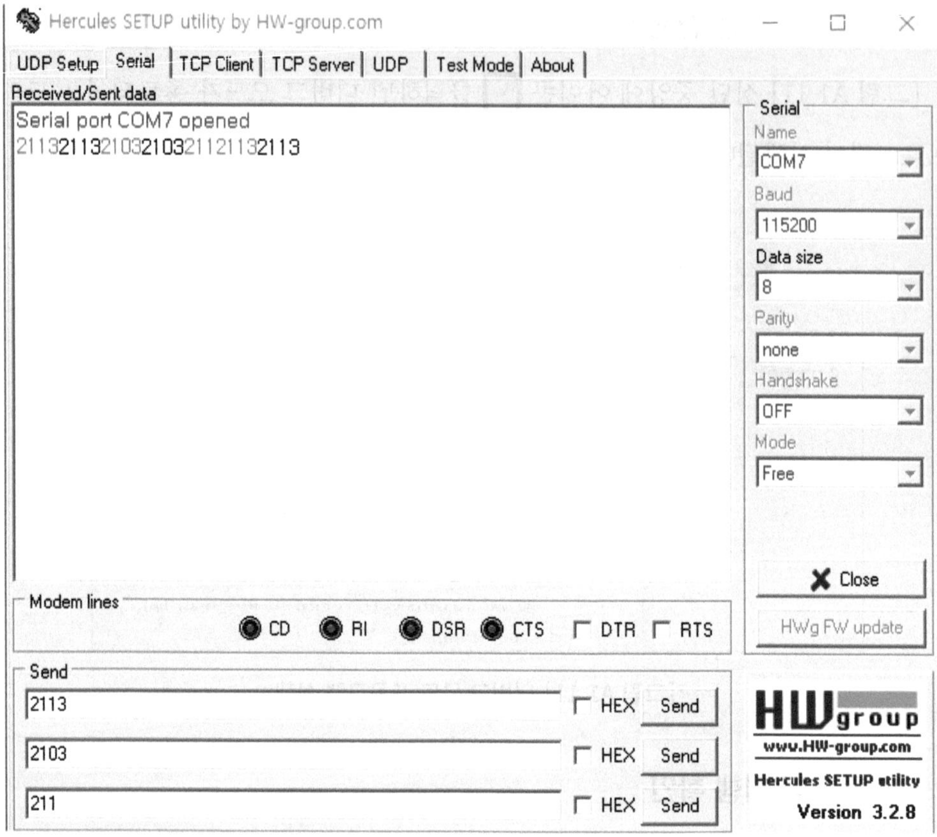

[그림 A1.12] 시리얼 통신 터미널 실행

7) printf() 함수 사용하기

printf() 함수를 사용하기 위해서는 [그림 A1.13]과 관련 함수와 헤더 파일을 추가하면 된다.

```
/* USER CODE BEGIN Includes */
#include "stdio.h"
/* USER CODE END Includes */

/* USER CODE BEGIN 0 */
int __io_putchar(int ch)
{
HAL_UART_Transmit(&huart2, (uint8_t *)&ch, 1, 0xFFFF);
 return ch;
}
/* USER CODE END 0 */
 uint8_t count=0;
 while (1)
 {
    printf("count=%d\r\n",count++);
    if(count>256)count=0;
    HAL_Delay(100);
   /* USER CODE END WHILE */

   /* USER CODE BEGIN 3 */
 }
 /* USER CODE END 3 */
}
```

[그림 A1.13] printf() 함수 사용 방법

〉 printf() 함수에 부동소수점 사용하기:

이를 위해서는 Project → Properties → C/C++ Build → Settings → MCU Settings에서 [그림 A1.14]와 같이 체크하면 된다.

[그림 A1.14] printf() float 사용 방법

[그림 A1.15]와 같이 코딩 및 디버그한 다음 출력을 확인한다 [그림 A1.16].

```
  uint8_t count=0;
  float div;
  while (1)
  {
     div=(float)count/10;
     printf("count=%d, div=%f\r\n",count++,div);
     if(count>256)count=0;
     HAL_Delay(100);
    /* USER CODE END WHILE */

    /* USER CODE BEGIN 3 */
  }
  /* USER CODE END 3 */
}
```

[그림 A1.15] float형 코딩

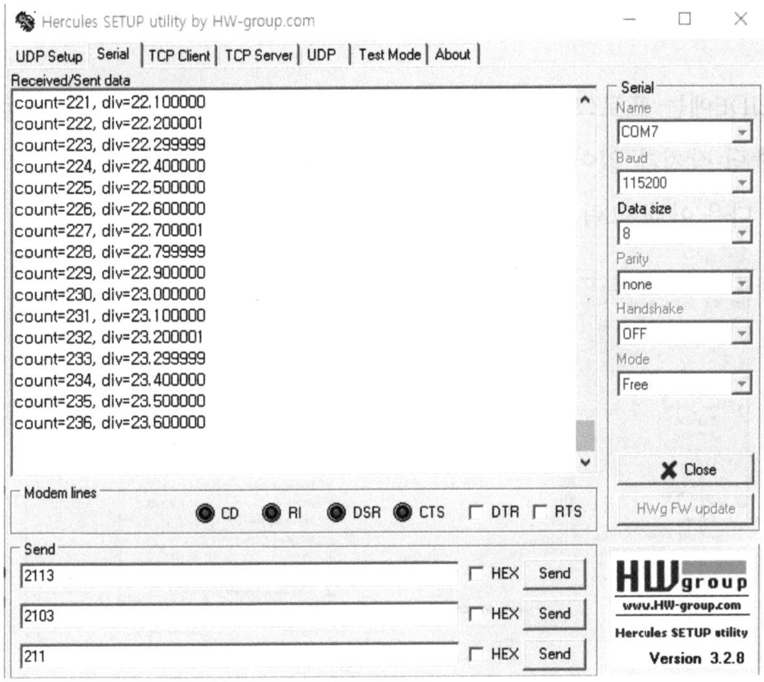

[그림 A1.16] float형 출력 화면

4. STM32IDE console 활용 Debug 사용하기

STM32IDE에는 프로그램 디버그 용도로 사용하는 콘솔이 있다. 이를 이용하면 별도의 출력 장치가 없어도 출력을 확인할 수 있다. 설정은 프로그램을 작성하고 디버그한 다음 아래 그림 순서대로 따라한다 [그림A1.17]~[그림 A1.18].

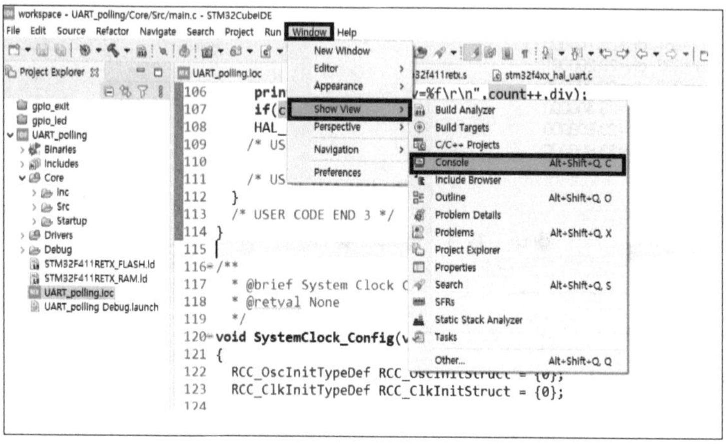

[그림 A1.17] STM32IDE console 설정

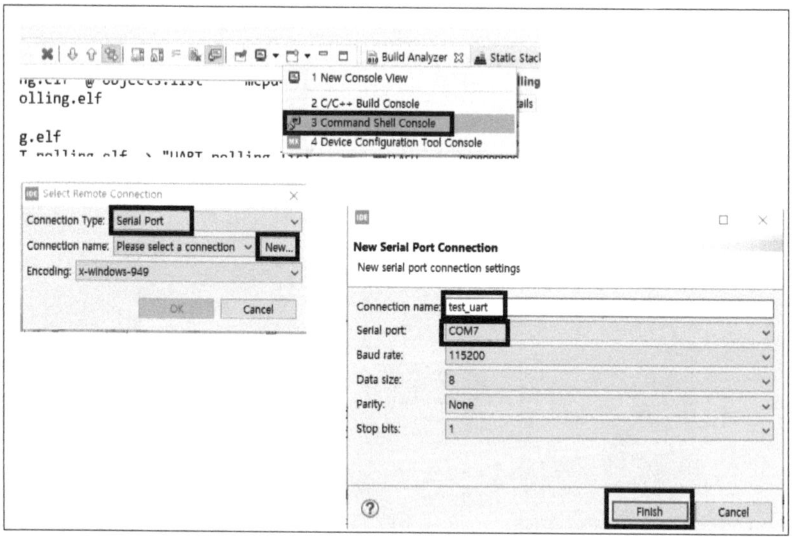

[그림 A1.18] STM32IDE console 설정

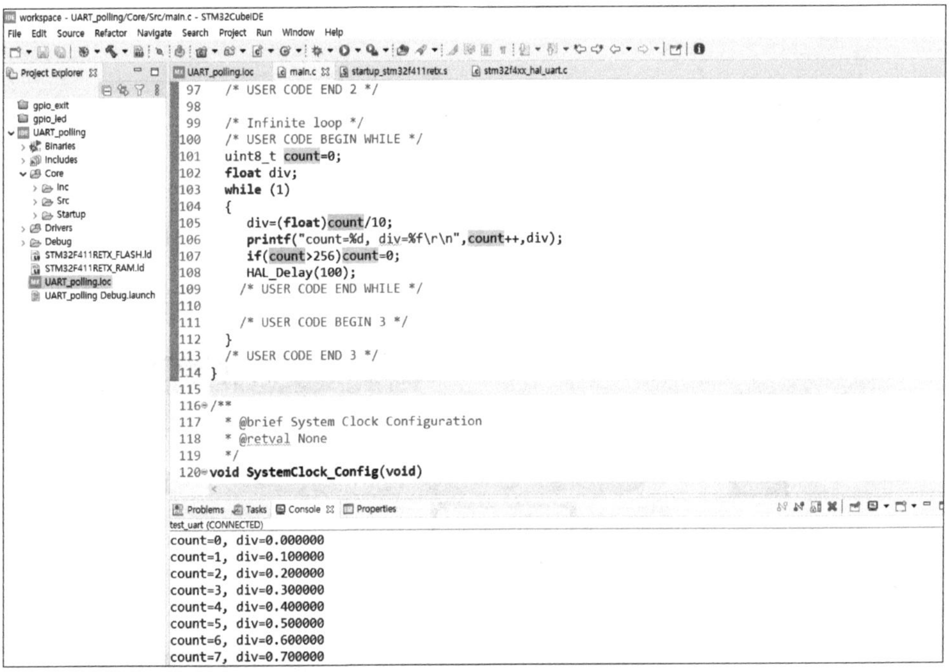

[그림 A1.19] STM32IDE console 활용

5. Interrupt 방식

1) USART 설정

System Core에서 RCC 및 SYS는 이전과 같이 설정한다. USART2의 TX RX 단자는 [PA2, PA3]을 사용할 수 있도록 [그림 A1.20]과 같이 파라미터를 설정한다. [그림 A1.21]와 [그림 A1.22]은 핀 설정 및 Interrupt 방식으로 설정하였음을 알 수 있다.

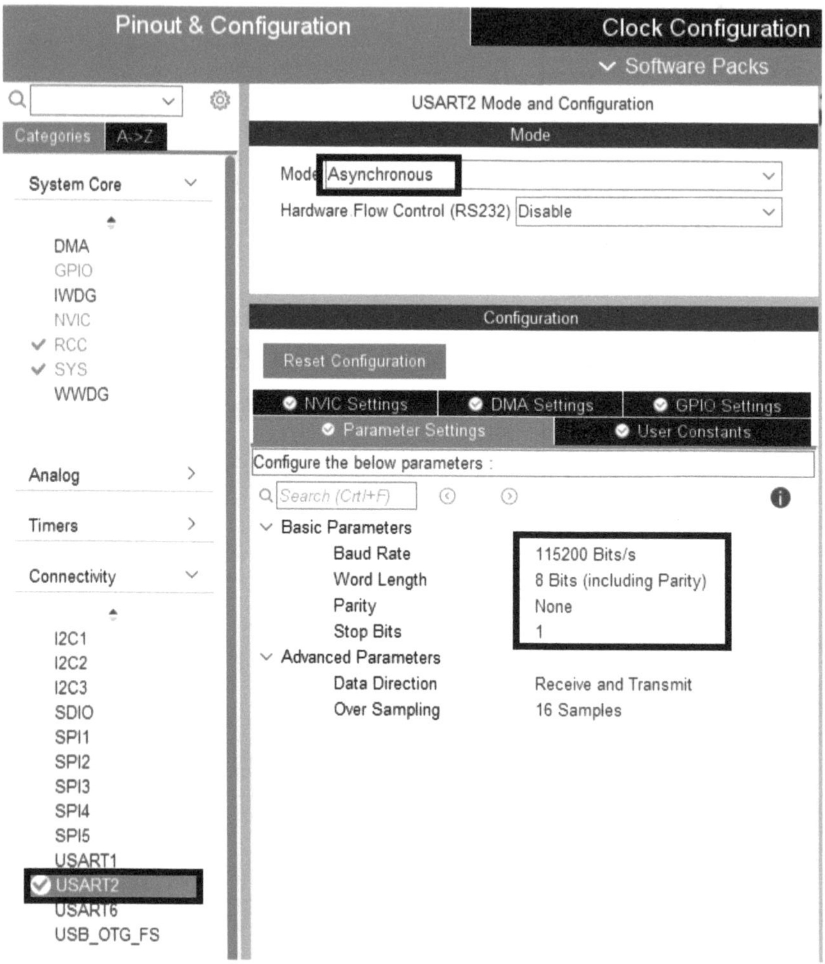

[그림 A1.20] USART2 설정

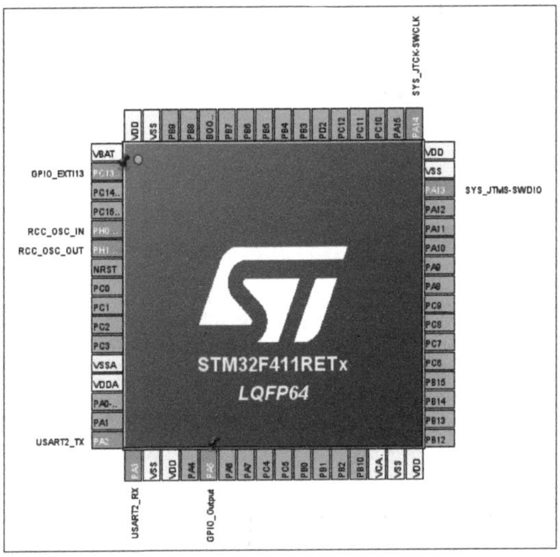

[그림 A1.21] USART2 PINOUT 설정

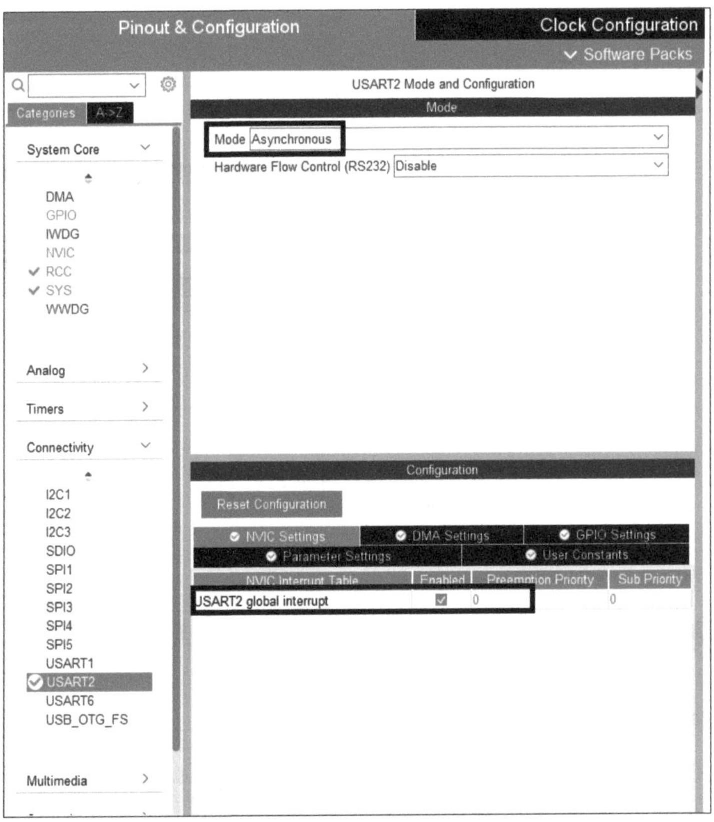

[그림 A1.22] 인터럽트 설정

2) Generate Code 생성

[그림 A1.23]와 [그림 A1.24]는 코드를 생성하기 위한 화면이다. 순차적으로 클릭한다.

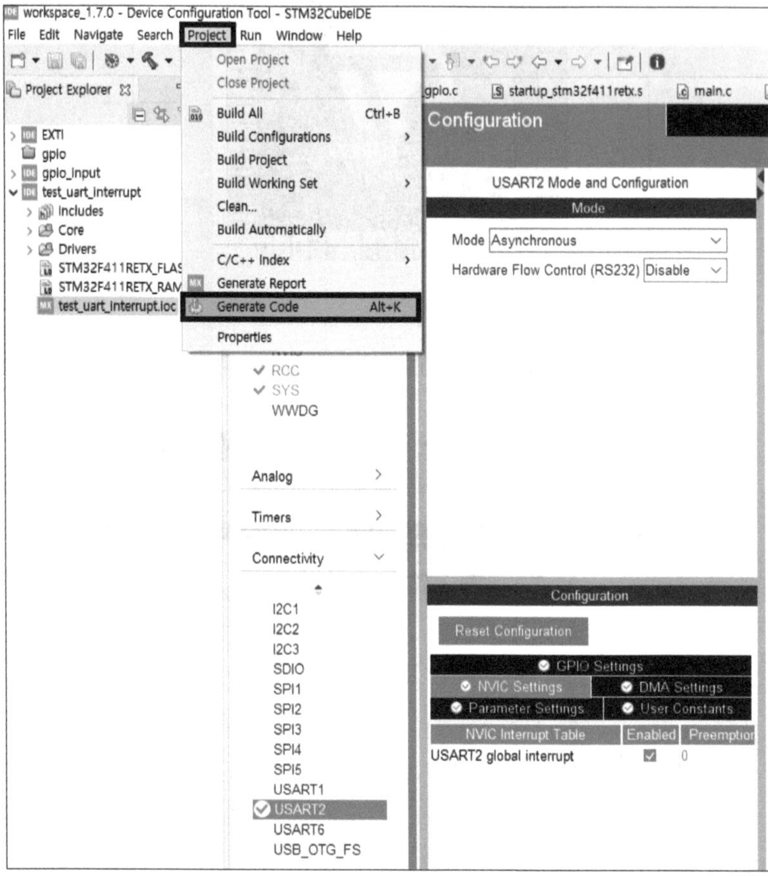

[그림 A1.23] 프로그램 코드 생성

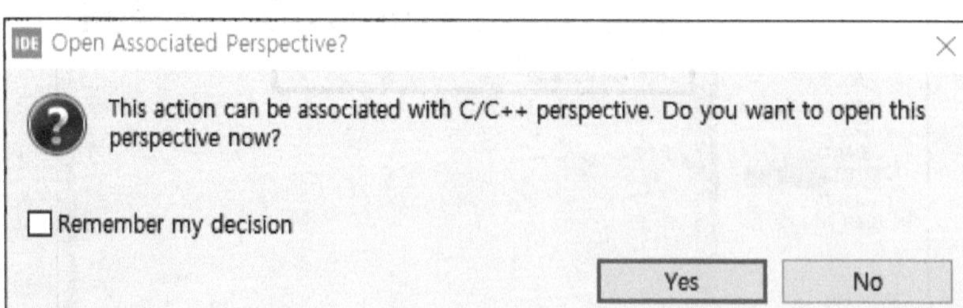

[그림 A1.24] 프로젝트 코드 생성

3) Source Code 작성하기

Interrupt 방식을 사용하기 위해서는 전송과 수신 및 인터럽트 Callback 함수를 이용하면 된다.

▶ 데이터 전송 함수

HAL_UART_Transmit_IT(UART_HandleTypeDef *huart, uint8_t *pData, uint16_t Size)

〉사용 방법: uart2에 특정 바이트의 데이터를 보내고자 할 때

```
UART_HandleTypeDef huart2 ;
uint8_t tx_data[4]={1234};
uint8_t tx_data1='1';
 HAL_UART_Transmit_IT(&huart2,tx_data,4); //4바이트 전송
 HAL_UART_Transmit_IT(&huart2,&tx_data1,1); //1바이트 전송
```

▶ 데이터 수신 함수

HAL_UART_Receive_IT(UART_HandleTypeDef *huart, uint8_t *pData, uint16_t Size)

사용 방법: uart2를 통해서 특정 바이트의 데이터를 받고자 할 때

```
UART_HandleTypeDef huart2 ;
uint8_t rx_data[4];
uint8_t rx_data1';
 HAL_UART_Receive_IT(&huart2,rx_data,4); //4바이트 전송
 HAL_UART_Transmit(&huart2,&rx_data1,1); //1바이트 전송
```

▶ 인터럽트 콜백 함수

```
void HAL_UART_RxCpltCallback(UART_HandleTypeDef *huart)
{
    수신 프로그램
```

```
}
void HAL_UART_TxCpltCallback(UART_HandleTypeDef *huart)
{
   송신 프로그램
}
```

▶ 다음과 같은 프로토콜로 LED 2개를 on/off 해 보자.

〉LED 연결: PC2 , PC3

〉통신 방식(Interrupt), 통신 채널: USART2

stx	LED	On/off	etx
0x02	1	0	0x03
0x02	2	1	0x03

LED:1,2
On/Off: 1:on, 0:off

[그림 A1.25] LED 제어 프로토콜

만약 “2113”을 전송하면 1번 LED “On” 의미이고, “2103”을 전송하면 1번 LED “Off”를 의미한다.

```
/* USER CODE BEGIN 0 */
uint8_t rx_data[4];
void HAL_UART_RxCpltCallback(UART_HandleTypeDef *huart)
{
    if(huart->Instance==USART2){
        if(rx_data[0]=='2' && rx_data[3]=='3' && rx_data[1]=='1'){
                if(rx_data[2]=='1') HAL_GPIO_WritePin(GPIOC, GPIO_PIN_2, 1);
                else if(rx_data[2]=='0')HAL_GPIO_WritePin(GPIOC, GPIO_PIN_2, 0);
            }
        else if(rx_data[0]=='2' && rx_data[3]=='3' && rx_data[1]=='2'){
                if(rx_data[2]=='1') HAL_GPIO_WritePin(GPIOC, GPIO_PIN_3, 1);
                else if(rx_data[2]=='0')HAL_GPIO_WritePin(GPIOC, GPIO_PIN_3, 0);
            }
        else if(rx_data[0]=='2' && rx_data[3]=='3' && rx_data[1]=='0'){
              HAL_GPIO_WritePin(GPIOC, GPIO_PIN_2, 0);
              HAL_GPIO_WritePin(GPIOC, GPIO_PIN_3, 0);
            }
    HAL_UART_Transmit_IT(&huart2, rx_data, 4); //Echo mode
    HAL_UART_Receive_IT(&huart2, rx_data, 4);  //재 인터럽트요청
    }
}
/* USER CODE END 0 */


  /* USER CODE BEGIN 2 */
  HAL_UART_Receive_IT(&huart2, rx_data, 4);
  /* USER CODE END 2 */

  /* Infinite loop */
  /* USER CODE BEGIN WHILE */
  while (1)
  {

    /* USER CODE END WHILE */

    /* USER CODE BEGIN 3 */
  }
  /* USER CODE END 3 */
}
```

[그림 A1.26] 메인 프로그램 내용

4) 디버그 및 다운로드하기

메인 함수에 프로그램이 작성되었다면 다음으로 디버그는 [그림 A1.27]의 를 클릭하거나 단축키 F11을 누르면 디버깅과 프로그램 다운로드가 완료된다.

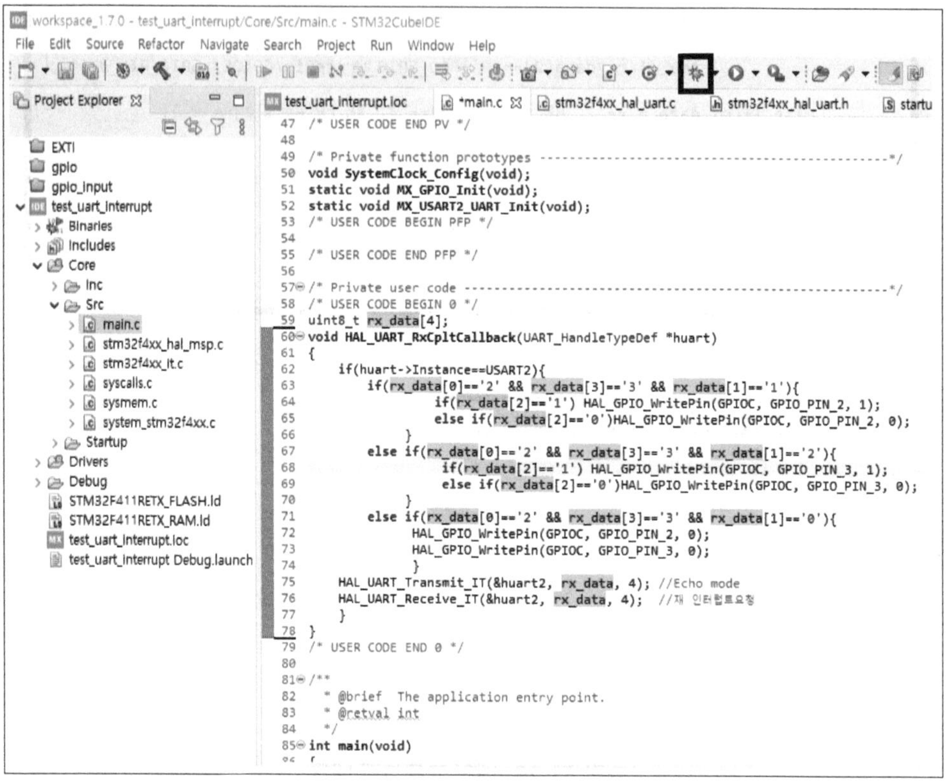

[그림 A1.27] 프로그램 디버그

5) 보드 프로그램 실행하기

[그림 A1.28] 상단 중앙에 아이콘 ■ 클릭하면 디버그 모드가 종료되어 보드의 프로그램이 실행된다.

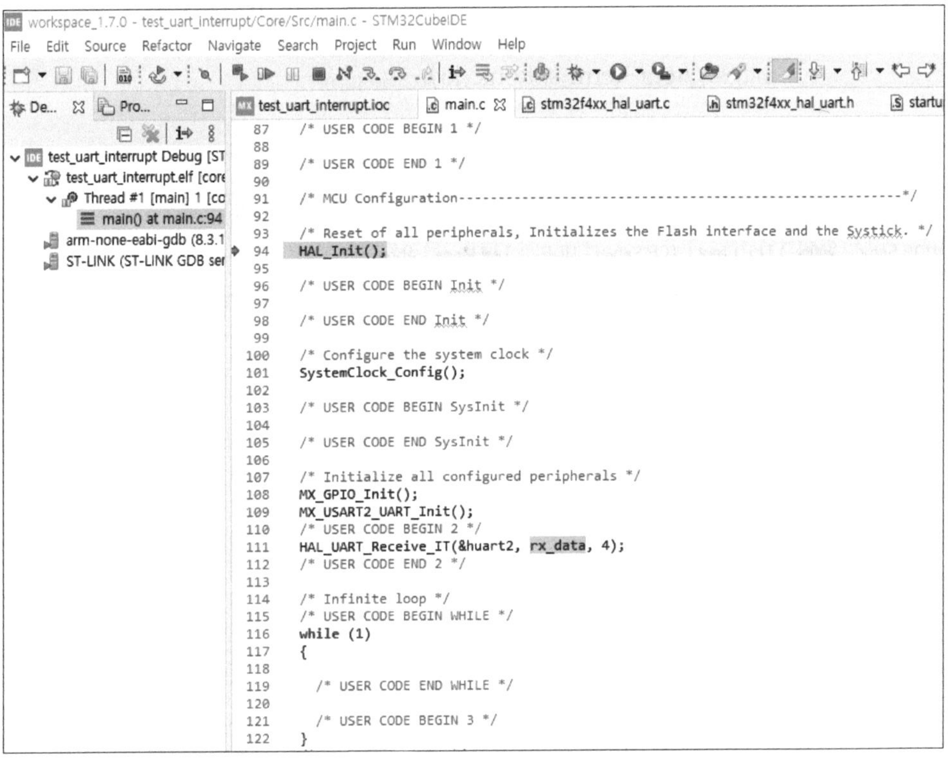

[그림 A1.28] 디버그 모드 프로그램 실행

6) 프로그램 실행 확인

시리얼 통신 프로그램을 확인하기 쉬운 방법은 Tera term이나 Hercules, docklight 통신 터미널 [그림 A1.29]을 이용하면 된다. 인터넷에서 hercules terminal 검색하면 다운로드할 수 있다.

관련 사이트: https://www.hw-group.com/software/hercules-setup-utility
https://tera-term.softonic.kr/
https://docklight.de/downloads/

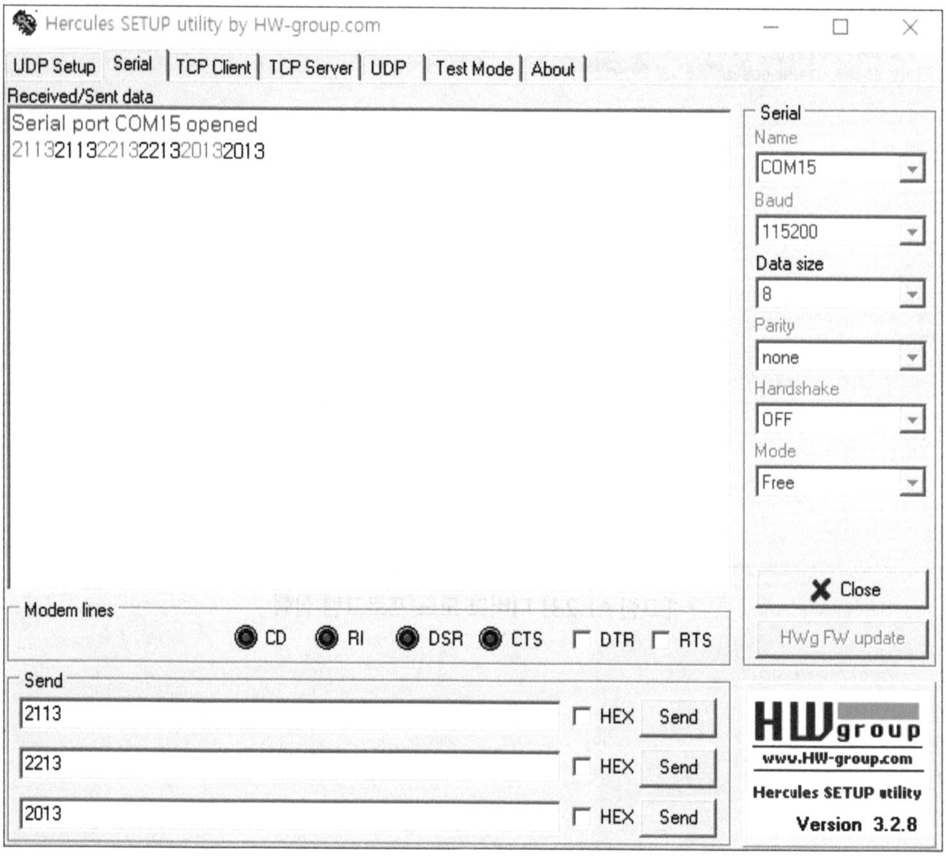

[그림 A1.29] 시리얼 통신 터미널 실행

6. DMA 방식

1) USART 설정

System Core에서 RCC 및 SYS는 이전과 같이 설정한다. USART2의 TX RX 단자는 [PA2, PA3]을 사용할 수 있도록 [그림 A1.30]과 같이 파라미터를 설정한다. [그림 A1.31]와 [그림 A1.32]는 핀 설정 및 DMA 방식으로 설정하였음을 알 수 있다.

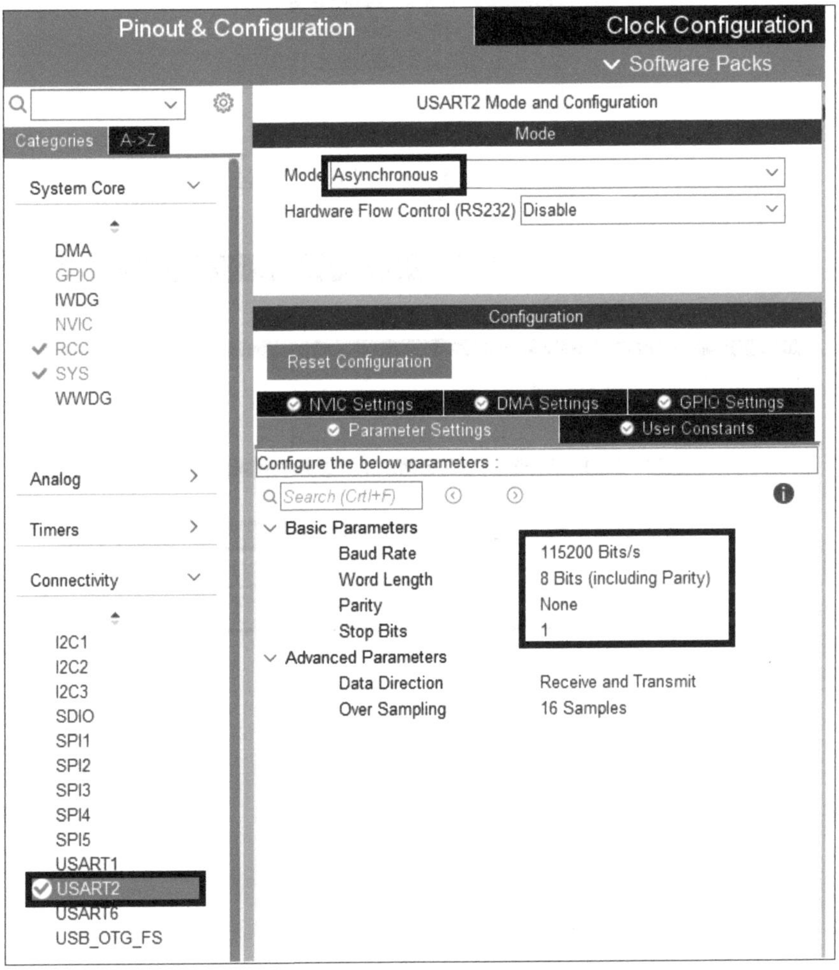

[그림 A1.30] USART2 설정

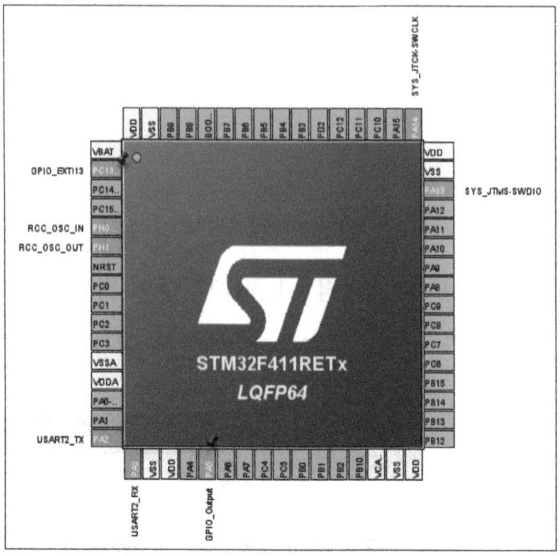

[그림 A1.31] USART2 PINOUT 설정

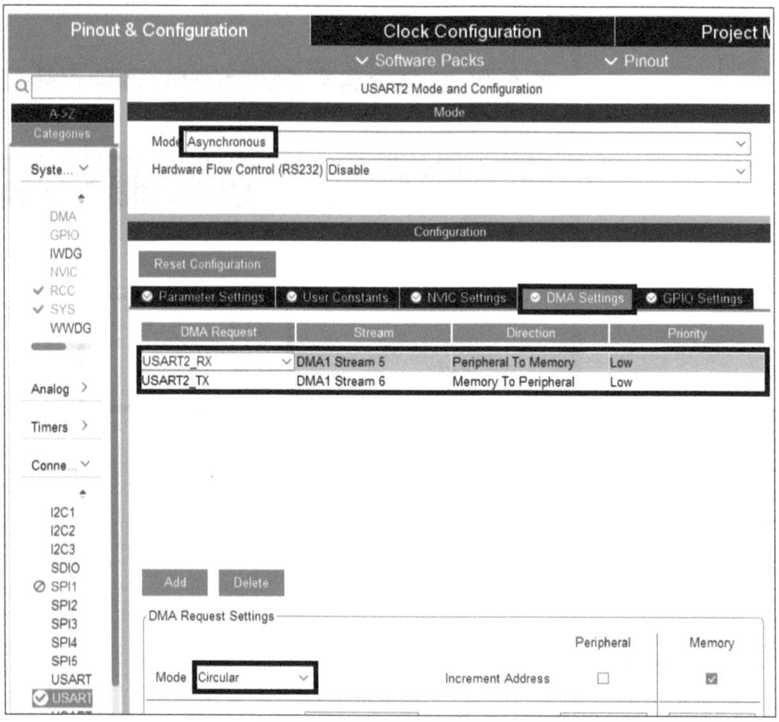

[그림 A1.32] DMA 설정

2) Generate Code 생성

[그림 A1.33]과 [그림 A1.34] 코드를 생성하기 위한 화면이다. 순차적으로 클릭한다.

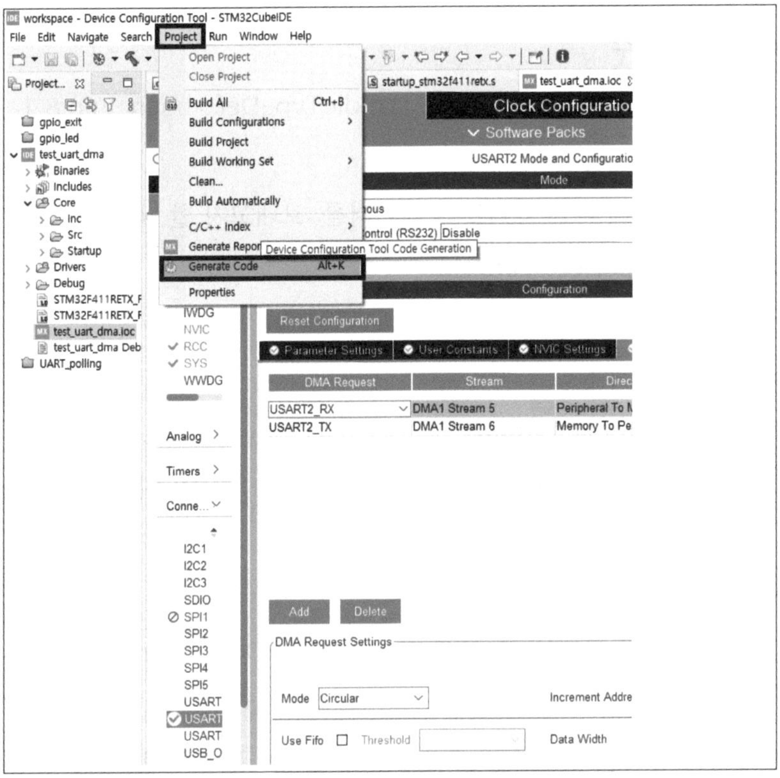

[그림 A1.33] 프로그램 코드 생성

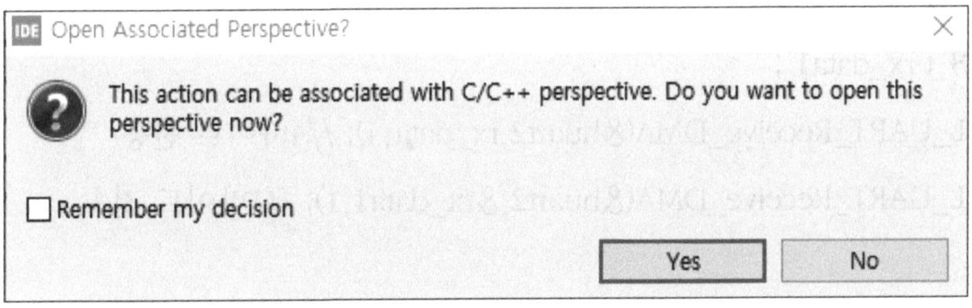

[그림 A1.34] 프로젝트 코드 생성

3) Source Code 작성하기

Interrupt 방식을 사용하기 위해서는 전송과 수신 및 DMA Callback 함수를 이용하면 된다.

▶ 데이터 전송 함수

HAL_UART_Transmit_DMA(UART_HandleTypeDef *huart, uint8_t *pData, uint16_t Size)

〉 사용 방법: uart2에 특정 바이트의 데이터를 보내고자 할 때

```
UART_HandleTypeDef huart2 ;
uint8_t tx_data[4]={1234};
uint8_t tx_data1='1';
 HAL_UART_Transmit_DMA(&huart2,tx_data,4); //4바이트 전송
 HAL_UART_Transmit_DMA(&huart2,&tx_data1,1); //1바이트 전송
```

▶ 데이터 수신 함수

HAL_UART_Receive_DMA(UART_HandleTypeDef *huart, uint8_t *pData, uint16_t Size)

사용 방법: uart2를 통해서 특정 바이트의 데이터를 받고자 할 때

```
UART_HandleTypeDef huart2 ;
uint8_t rx_data[4];
uint8_t rx_data1';
 HAL_UART_Receive_DMA(&huart2,rx_data,4); //4바이트 전송
 HAL_UART_Receive_DMA(&huart2,&rx_data1,1); //1바이트 전송
```

▶ 인터럽트 콜백 함수

```
void HAL_UART_RxCpltCallback(UART_HandleTypeDef *huart)
{
```

```
    수신이 완료되면 동작
}
void HAL_UART_TxCpltCallback(UART_HandleTypeDef *huart)
{
    송신이 완료되면 동작
}
HAL_UART_RxHalfCpltCallback(UART_HandleTypeDef *huart)
{
   설정된 데이터의 절반이 도착하면 동작
}
```

▶ 다음과 같은 프로토콜로 LED 2개를 on/off 해보자.

〉 LED 연결: PC2, PC3

〉 통신 방식(DMA), 통신 채널: USART2

stx	LED	On/off	etx
0x02	1	0	0x03
0x02	2	1	0x03

LED:1,2
On/Off: 1:on, 0:off

[그림 A1.35] LED제어 프로토콜

만약 "2113"을 전송하면 1번 LED "On" 의미이고, "2103"을 전송하면 1번 LED "Off"를 의미한다.

```
uint8_t rx_data[4];
uint8_t data_arrived=0;
void HAL_UART_RxCpltCallback(UART_HandleTypeDef *huart)
{
    data_arrived=1;

    HAL_UART_Transmit(&huart2, (uint8_t *)rx_data, 4,100);
    HAL_UART_Receive_DMA(&huart2, (uint8_t *)rx_data, 4);
}
void HAL_UART_RxHalfCpltCallback(UART_HandleTypeDef *huart){

    HAL_GPIO_TogglePin(GPIOA, GPIO_PIN_5);

}
```

```
HAL_UART_Receive_DMA(&huart2, (uint8_t *)rx_data, 4);
while(!data_arrived);
/* USER CODE END 2 */

/* Infinite loop */
/* USER CODE BEGIN WHILE */
while (1)
{
  if(data_arrived==1){
      if(rx_data[0]=='2' && rx_data[3]=='3' && rx_data[1]=='1'){
          if(rx_data[2]=='1') HAL_GPIO_WritePin(GPIOC,GPIO_PIN_2, 1);
          else HAL_GPIO_WritePin(GPIOC,GPIO_PIN_2, 0);
      }
      else if(rx_data[0]=='2' && rx_data[3]=='3' && rx_data[1]=='2'){
          if(rx_data[2]=='1') HAL_GPIO_WritePin(GPIOC,GPIO_PIN_3, 1);
          else HAL_GPIO_WritePin(GPIOC,GPIO_PIN_3, 0);
      }
  data_arrived=0;
  }
  HAL_Delay(100);
```

[그림 A1.36] 메인 프로그램 내용

4) 디버그 및 다운로드하기

메인 함수에 프로그램이 작성되었다면 다음으로 디버그는 [그림 A1.37]의 를 클릭하거나 단축키 F11을 누르면 디버깅과 프로그램 다운로드가 완료된다.

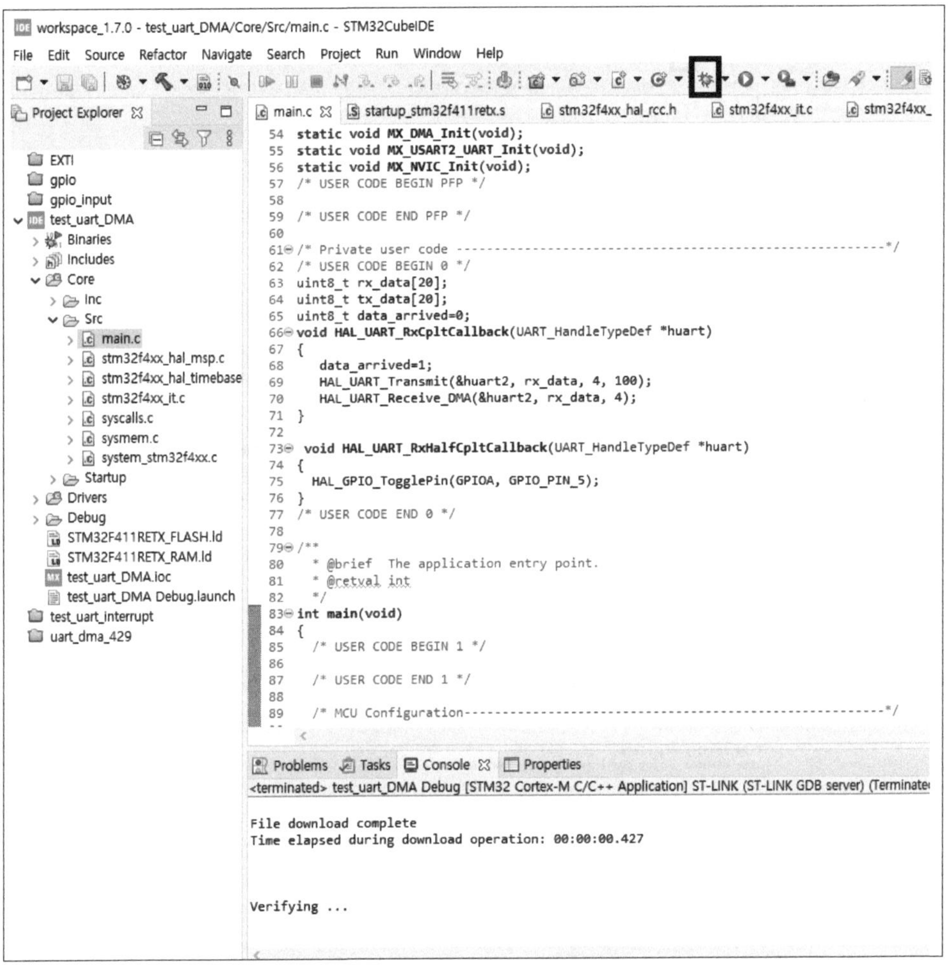

[그림 A1.37] 프로그램 디버그

5) 보드 프로그램 실행하기

[그림 A1.38] 상단 중앙의 아이콘 ■ 클릭하면 디버그 모드가 종료되어 보드의 프로그램이 실행된다.

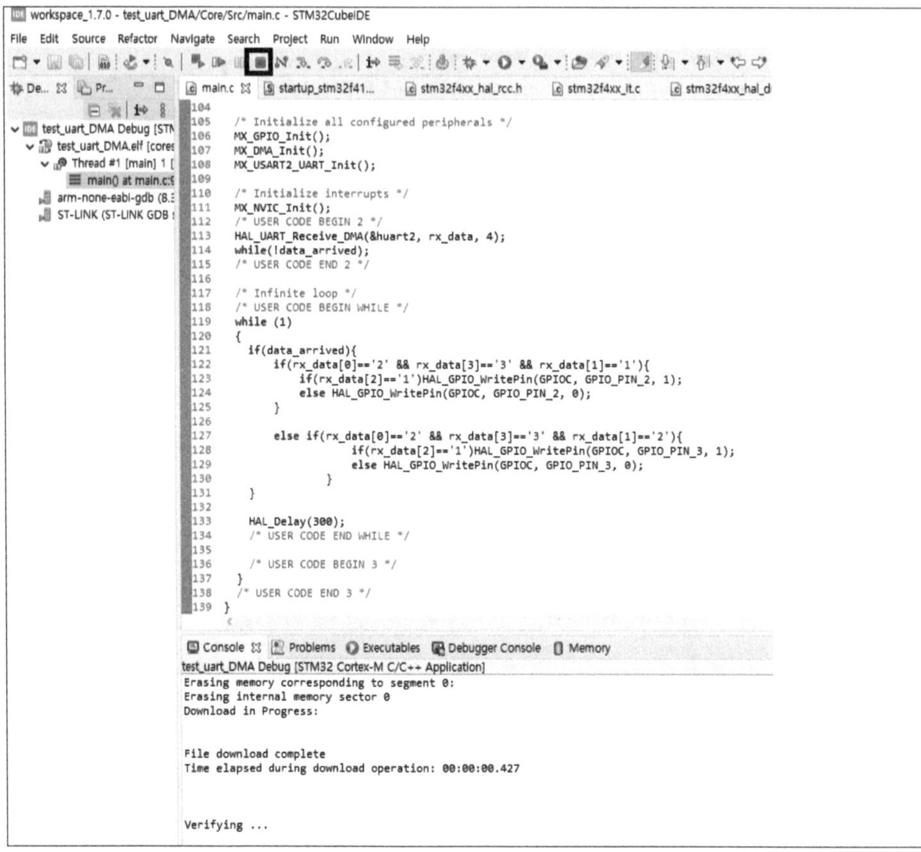

[그림 A1.38] 디버그 모드 프로그램 실행

6) 프로그램 실행 확인

시리얼 통신 프로그램을 확인하기 쉬운 방법은 Tera term이나 Hercules, docklight 통신 터미널 [그림 A1.39]을 이용하면 된다. 인터넷에서 hercules terminal 검색하면 다운로드할 수 있다.

관련 사이트: https://www.hw-group.com/software/hercules-setup-utility

https://tera-term.softonic.kr/

https://docklight.de/downloads/

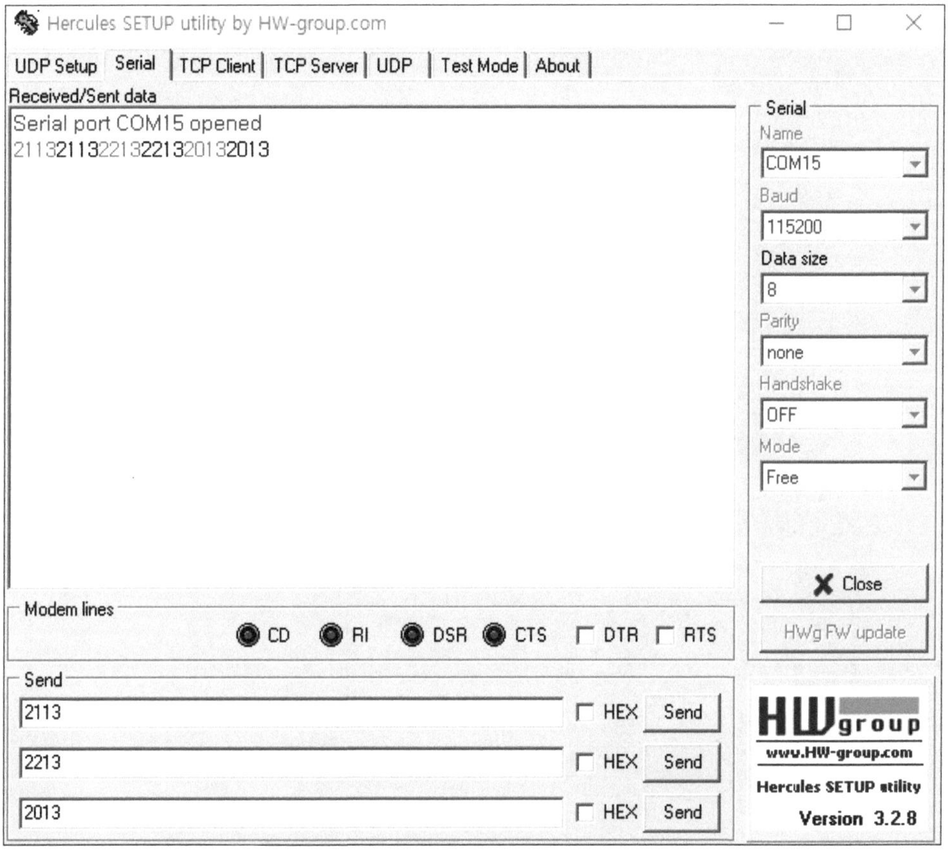

[그림 A1.39] 시리얼 통신 터미널 실행

A2
참고자료

1. General Rules and Practices
2. Assignment Statements
3. Operational Commands
4. GUI Designing Commands
5. Color Code Constants
6. System Variables
7. Format of Nextion Return Data

The Nextion Instruction Set

T: Basic F: Discovery K: Enhanced P: Intelligent : All
: Basic, Discovery or Enhanced : Basic or Enhanced : Enhanced or Intelligent

1. General Rules and Practices

No.	General Rule or Practice
1	All instructions over serial: are terminated with three bytes of 0xFF 0xFF 0xFF ie: decimal: 255 or hex: 0xFF or ansichar: ÿ or binary: 11111111 ie byte ndt[3] = {255,255,255}; write(ndt,3); or print("\xFF\xFF\xFF"); or print("ÿÿÿ")
2	All instructions and parameters are in ASCII
3	All instructions are in lowercase letters
4	Blocks of code and enclosed within braces { } can not be sent over serial this means if, for, and while commands can not be used over serial
5	A space char 0x20 is used to separate command from parameters.
6	There are no spaces in parameters unless specifically stated
7	Nextion uses integer math and does not have real or floating support.
8	Assignment are non-complex evaluating fully when reaching value after operator.
9	Comparison evaluation is non-complex, but can be joined (see && and ||).
10	Instructions over serial are processed on receiving termination (see 1.1)
11	Character escaping is performed using two text chars: \r creates 2 bytes 0x0D 0x0A, \" 0x22 and \\ for 0x5C
12	Nextion does not support order of operations. sys0=3+(8*4) is invalid.
13	16-bit 565 Colors are in decimal from 0 to 65535 (see 5.Note)
14	Text values must be encapsulated with double quotes: ie "Hello"
15	K Items which are specific to Enhanced Models are noted with K

16	Transparent Data Mode (used by addt and wept commands) MCU sending to Nextion MCU sends command. ie: wept 30,20ÿÿÿ or addt 1,0,320ÿÿÿ Nextion requires ~5ms to prepare for transparent mode data transfer Nextion sends "Ready" 0xFE 0xFF 0xFF 0xFF Return Data (see 7.32) MCU can now send specified quantity (20) of raw bytes to Nextion Nextion receives raw bytes from MCU until specified quantity (20) is received Nextion sends "Finished" 0xFD 0xFF 0xFF 0xFF Return Data (see 7.31) MCU and Nextion can proceed to next command Note: Nextion will remain waiting at step 5 until every byte of specified quantity is received. - During this time Nextion can not execute any other commands, and may indeed hang if the MCU fails to deliver the number of bytes as specified by the command parameter. - data quantity limited by serial buffer (all commands+terminations + data < 1024)
17	Only component attributes in green and non readonly system variables can be assigned new values at runtime. All others are readonly at runtime with the exception of .objname
18	Numeric values can now be entered with byte-aligned hex. ie: n0.val=0x01FF
19	Advanced. Address mode is an advanced technique prepending the serial instruction with two bytes for the address. Two byte address is to be sent in little endian order, ie: 2556 is sent 0xFC 0x09. By default, the Nextion address is 0 and does not require two byte prefixing. When the two byte addressing is used, Nextion will only respond to the command if its address matches the two byte prefix, or the transmitted address is 65535 broadcast. See the addr system variable.
20	Advanced. Protocol Reparse mode is an advanced technique that allows users to define their own incoming protocol and incoming serial data handling. When in active Protocol Reparse mode, incoming serial data will not be processed natively by the Nextion firmware but will wait in the serial buffer for processing. To exit active Protocol Reparse mode, recmod must be set back to passive (ie: in Nextion logic as recmod=0), which can not be achieved via serial. Send DRAKJHSUYDGBNCJHGJKSHBDNÿÿÿ via serial to exit active mode serially. Most HMI applications will not require Protocol Reparse mode and should be skipped if not fully understood.
21	Commenting user code inside Events uses the double-slash (two characters of forward slash /) technique. See 2.30 for proper usage.

2. Assignment Statements

No.	Data Type	Operator	Description/Example (see 1.8 and 1.17)
1	Text	=	Assignment. Right side will be evaluated with result placed in left side. Component .txt-maxl needs to be large enough to hold result. t0.txt="Hello"
2	Text	+=	Text Addition. Will concatenate left side with right side with result placed left side. ie t0.txt+="Hello" is equivalent to t0.txt=t0.txt+"Hello". t0.txt="-"+t0.txt becomes t0.txt=t0.txt+"-". Use temp variable to prepend. va0.txt=t0.txt t0.txt="-"+va0.txt t0.txt+=" World" // append " World" to t0.txt //When contents of t0.txt is "Hello" becomes "Hello World"
3	Text	-=	Text Subtraction. Will remove right side (a specified numeric amount of characters to remove) from end of left side and result placed in left side. t0.txt-=4 or t0.txt=t0.txt-4 // remove last 4 chars from t0.txt
4	Text	\	Escape Character. (see 1.11) Supported is \r hex 0x0D 0x0A, \" hex 0x22, \\ hex 0x5C, t0.txt="\r"
5	Text	==	Boolean Equality. Evaluate left side to right side. If both left and right sides are the same creates a true condition if(t0.txt==va0.txt)
6	Text	!=	Boolean Inequality. Evaluate left side to right side. If both left and right sides are different creates a true condition if(t0.txt!=va0.txt)
7	Numeric	=	Assignment. Right side of equation will be evaluated and result placed in left side. If more than one operator on right side, full evaluation and assignment will occur at each operator. n0.val=bauds // places bauds value in n0.val component
8	Numeric	+=	Numeric Addition. Adds value of left side and right side with result placed in left side. n0.val+=4 is equivalent to n0.val=n0.val+4 n0.val+=va0.val
9	Numeric	-=	Numeric Subtraction. Subtracts right side from left side with result placed in left side. n0.val-=4 is equivalent to n0.val=n0.val-4 n0.val-=60 // decreases value of n0.val by 60

10	Numeric	*=	Numeric Multiplication. Multiplies left side with right side with product result placed in left side. n0.val*=2 is equivalent of n0.val=n0.val*2 n0.val*=2
11	Numeric	/=	Numeric Division. Equates division of numerator (left side) and divisor (right side) and places integer quotient in left side. 60000/20001=2 n0.val/=60
12	Numeric	%=	Numeric Modulo. Equates division of numerator (left side) and divisor (right side) and places integer remainder in left side. Divisor MUST be a constant. 60000/20001=19998 n0.val%=60
13	Numeric	<<	Arithmetic Bit Shift Left. Moves all bits specified number to the left. Using the 16-bit example that follows, (32-bit uses similar rules) All bits shifted above 15 are lost and undefined bits become 0 n0.val=n0.val<<4 0 0 0 0.0 0 1 1.1 1 0 0.0 0 0 1 0 0 1 1.1 1 0 0.0 0 0 1. 0 0 1 1.1 1 0 0.0 0 0 1.0 0 0 0
14	Numeric	>>	Arithmetic Bit Shift Right. Moves all bits specified number to the right. Using the 16-bit example that follows, (32-bit uses similar rules) All bits shifted below 0 are lost and undefined bits become the signed bit. When signed bit is 1 (value is negative) then left filled is with 1's When signed bit is 0 (value is positive) then left filled is with 0's n0.val=n0.val>>4 0 0 0 0.0 0 1 1.1 1 0 0.0 0 0 1 0 0 0 0.0 0 1 1.1 1 0 0 0 0 0 0.0 0 0 0.0 0 1 1.1 1 0 0
15	Numeric	&	Logical Bitwise AND. Compares all bits left side to all bits right side(mask) Using the 16-bit example that follows, (32-bit uses similar rules) Result is a bit of 1 where both left and right bits were 1 n0.val=n0.val&35381 0 1 0 1.1 0 1 1.0 0 1 0.0 1 0 1 n0.val of 23333 1 0 0 0.1 0 1 0.0 0 1 1.0 1 0 1 mask of 35381 0 0 0 0.1 0 1 0.0 0 1 0.0 1 0 1 result is 2597

<table>
<tr><td>16</td><td>Numeric</td><td>|</td><td>Logical Bitwise OR. Compares all bits left side to all bits right side
Using the 16-bit example that follows, (32-bit uses similar rules)
Result is a bit of 1 where either left or right bits were 1

n0.val=n0.val|35381
0 1 0 1.1 0 1 1.0 0 1 0.0 1 0 1 n0.val of 23333
1 0 0 0.1 0 1 0.0 0 1 1.0 1 0 1 constant 35381
1 1 0 1.1 0 1 1.0 0 1 1.0 1 0 1 result is 56117</td></tr>
<tr><td>17</td><td>Numeric</td><td>^</td><td>Logical Bitwise XOR. Applies bit inversion to all bits in the bitmask
Using the 16-bit example that follows, (32-bit uses similar rules)
Result is a bit inverted where maskbit was 1, unchanged where maskbit was 0

n0.val=n0.val^35381
0 1 0 1.1 0 1 1.0 0 1 0.0 1 0 1 n0.val of 23333
1 0 0 0.1 0 1 0.0 0 1 1.0 1 0 1 bitmask of 35381
1 1 0 1.0 0 0 1.0 0 0 1.0 0 0 0 result is 53520</td></tr>
<tr><td>18</td><td>Numeric</td><td>==</td><td>Boolean Equality. Evaluate left side to right side.
If both left and right sides are the same creates a true condition

if(n0.val==va0.val)</td></tr>
<tr><td>19</td><td>Numeric</td><td>!=</td><td>Boolean Inequality. Evaluate left side to right side.
If both left and right sides are different creates a true condition

if(n0.val!=va0.val)</td></tr>
<tr><td>20</td><td>Numeric</td><td><</td><td>Boolean Less than. Evaluate left side to right side.
If left side is less than right side creates a true condition

while(n0.val<va0.val)</td></tr>
<tr><td>21</td><td>Numeric</td><td><=</td><td>Boolean Less than or Equal. Evaluate left side to right side.
If left side is less than or equal to right side creates a true condition

while(n0.val<=va0.val)</td></tr>
<tr><td>22</td><td>Numeric</td><td>></td><td>Boolean Greater than. Evaluate left side to right side.
If left side is greater than right side creates a true condition

while(n0.val>va0.val)</td></tr>
<tr><td>23</td><td>Numeric</td><td>>=</td><td>Boolean Greater than or Equal. Evaluate left side to right side.
If left side is greater than or equal to right side creates a true condition

while(n0.val>=va0.val)</td></tr>
<tr><td>24</td><td>Code</td><td>{}</td><td>Code Block begins with open brace { on line by itself
Code Block ends with closing brace } beginning a new line

see if (see 3.25) while (see 3.26) and for (see 3.27)</td></tr>
</table>

25	Code	&&	Condition Joiner AND Conditions may be joined with no spaces between conditions, left to right evaluation see if (see 3.25) while (see 3.26) and for (see 3.27)
26	Code	||	Condition Joiner OR Conditions may be joined with no spaces between conditions, left to right evaluation see if (see 3.25) while (see 3.26) and for (see 3.27)
27	Code	( )	Conditions enclosure begins with open parenthesis (and ends with closing parenthesis) at end of line. Parenthesis are not allowed to create complex statements. see if (see 3.25) while (see 3.26) and for (see 3.27)
28	Code	.	Period Separator. Separates Page, Component and Attributes Also used with page index and component array. (see 2.29) page1.va0.val or p0.pic
29	Code	[ ]	Array[index]. There are 3 arrays. Keyboard source showcases 2 arrays. The b[.id] component array which takes component .id as index The p[index] page array which takes page index as index These (p[].b[]) need to be used with caution and mindful purpose. Reference to a component without specified Attribute can create for long and potentially frustrating debug sessions. The third array is the Serial Buffer Data u[index] array. This is valid when in active Protocol Reparse mode. Protocol Reparse is an advanced technique that should be skipped if not fully understood. p[pageindex].b[component.id].attribute // global scope b[component.id].attribute // local scope on current page

30	Comment	//	Double-Slash Commenting to add user comments to code. Everything to the right of, and including, the double-slash is a comment that will not be executed by the Nextion interpreter. Comments should: 1) occur on a line by themselves with the double-slash at the beginning of the line (no leading spaces), 2) immediately following code on a line without a space separating code and the double slash. Commenting of code blocks should occur: 1) before the condition/iteration 2) inside the opening and closing braces 3) after the code block. Notes: It is important to note that comments can not interrupt code blocks without causing an "Error: Index was outside the bounds of the array". Comments are counted towards the overall "code + attributes" hard limit of 65534.
			// these are valid comments
			sys0=0// reset sys0 to zero
			The following showcases valid/invalid use
			//valid comment before condition/iteration
			for(sys0=0;sys0<=sys1;sys0++)
			// invalid comment between condition/iteration and block
			{
			  doevents//valid comment after code on same line
			  // valid comment inside block
			}
			// valid comment outside block

3. Operational Commands

No.	Name	Param Count	Description and Usage/Parameters/Examples
1	page	1	Change page to page specified. Unloads old page to load specified page. Nextion loads page 0 by default on power on. usage: page <pid> <pid> is either the page index number, or pagename page 0 // Change page to indexed page 0 page main // Change page to the page named main
2	ref	1	Refresh component (auto-refresh when attribute changes since v0.38) - if component is obstructed (stacking), ref brings component to top. usage: ref <cid> <cid> is component's .id or .objname attribute of component to refresh - when <cid> is 0 (page component) refreshes all on the current page. ref t0 // Refreshes the component with .objname of t0 ref 3 // Refreshes the component with .id of 3 ref 0 // Refreshes all components on the current page (same as ref 255)
3	click	2	Trigger the specified components Touch Press/Release Event As event code is always local, object can not be page prefixed usage: click <cid>,<event> <cid> is component's .id or .objname attribute of component to refresh <event> is 1 to trigger Press Event, 0 to trigger Release Events click b0,1 // Trigger Touch Press Event of component with .objname b0 click 4,0 // Trigger Touch Release Event of component with .id 4
4	ref_stop	0	Stops default waveform refreshing (will not refresh when data point added) - waveform refreshing will resume with ref_star (see 3.5) usage: ref_stop ref_stop // stop refreshing the waveform on each data point added
5	ref_star	0	Resume default waveform refreshing (refresh on data point add) - used to resume waveform refreshing stopped by ref_stop (see 3.4) usage: ref_start ref_star // resume default refreshing, refresh on each data point added

6	get	1	Send attribute/constant over serial (0x70/0x71 Return Data) usage: get <attribute> <attribute> is either numeric value, .txt contents, or constant get t0.txt // sends text contents of t0.txt in 0x70 Return Data format get "123" // sends text constant "123" in 0x70 Return Data format get n0.val // sends numeric value of n0.val in 0x71 Return Data format get 123 // sends numeric constant 123 in 0x71 Return Data format
7	sendme	0	Sends number of currently loaded page over serial (0x66 Return Data) - number of currently loaded page is stored in system variable dp - used in a page's initialize event will auto-send as page loads usage: sendme sendme // sends the value of dp in 0x66 Return Data Format
8	covx	4	Convert variable from numeric type to text, or text to numeric type - text must be text ASCII representation of an integer value. - source and destination types must not be of the same type - when numeric source and hex format chosen, length must be even for bytewise hex digits (0, 2, 4, 6 or 8) ie: (len 4) positive significant (byte 0 to 3), 123 = 0000007B = 007B ie: (len 4) negative significant (byte 3 to 0), -123 = FFFFFF85 = FFFF - value is more than allowed space **results in a truncation** - it is recommended to ensure handling source length in user code before covx - in v0.53, covx is deemed undefined if source is larger than length or dest txt_maxl is smaller than requested length. (some of these undefines, can be exploited) ie: src numeric value of 123 with length 0, result is dest text "123" - when length is fixed and value is less, leading zeros will be added ie: src numeric value of 123 with length 4, result is dest text "0123" - when value is larger than length, .txt truncated to least significant digits ie: src numeric value of 23425 with length 4 result is dest text "2342" usage: covx <src>,<dest>,<length>,<format> <src> is text attribute (or numeric attribute when <dest> is text) <dest> is numeric attribute (or text attribute when <src> is numeric) <length> will determine if leading zeros added to conversion to text <format> 0: integer, 1: Comma separated 1,000s, 2: Hex covx h0.val,t0.txt,0,0 // convert value of h0 into t0.txt without leading zeros covx t0.txt,h0.val,0,0 // convert t0.txt into integer in h0.val <length> ignored. covx h0.val,t0.txt,4,0 // convert value of h0 into t0.txt with exactly 4 digits covx h0.val,t0.txt,4,1 // convert value of h0 into t0.txt with commas covx h0.val,t0.txt,4,2 // convert value of h0 into t0.txt in 4 hex digits (2 Bytes) Invalid: covx h0.val,va0.val,0,0 or covx t0.txt,va0.txt,0,0 // src & dest same type.

8a	cov	3	**Depreciated**. Convert from numeric type to text, or text to numeric type - text must be text ASCII representation of an integer value. - source and destination types must not be of the same type - when length is fixed and value is less, leading zeros will be added ie: src numeric value of 123 with length 4, result is dest text "0123" - dest txt_maxl and length needs be large enough to accommodate conversion. ie: src numeric value of 123 with length 0, result is dest text "123" - when value is larger than length, .txt **results in a truncation** - it is recommended to handle source length in user code before cov **Note:**v0.53 changed behaviour from previous pre/post v0.53 behaviours. cov is deemed undefined if source is larger than length or the dest txt_maxl is smaller than the requested length. Some undefines are exploitable. usage: cov <src>,<dest>,<length>
			<src> is text attribute (or numeric attribute when <dest> is text) <dest> is numeric attribute (or text attribute when <src> is numeric) <length> will determine if leading zeros added to conversion to text
			cov h0.val,t0.txt,0 // convert value of h0 into t0.txt without leading zeros cov t0.txt,h0.val,0 // convert integer into t0.txt from h0.val <length> ignored. cov h0.val,t0.txt,4 // convert value of h0 into t0.txt with exactly 4 digits Invalid: cov h0.val,va0.val,0 or cov t0.txt,va0.txt,0 // src & dest same type.
9	touch_j	0	Recalibrate the Resistive Nextion device's touch sensor - presents 4 points on screen for user to touch, saves, and then reboots. - typically not required as device is calibrated at factory - sensor can be effected by changes of conditions in environment - Capacitive Nextion devices can not be user calibrated. usage: touch_j
			touch_j // trigger the recalibration of touch sensor
10	substr	4	Extract character or characters from contents of a Text attribute usage: substr <src>,<dest>,<start>,<count>
			<src> is text attribute where text will be extracted from <dest> is text attribute to where extracted text will be placed <start> is start position for extraction (0 is first char, 1 second) <count> is the number of characters to extract
			substr va0.txt,t0.txt,0,5 // extract first 5 chars from va0.txt, put into t0.txt

11	vis	2	Hide or Show component on current page - show will refresh component and bring it to the forefront layer - hide will remove component visually, touch events will be disabled - use layering with mindful purpose, can cause ripping and flickering. - use with caution and mindful purpose, may lead to difficult debug session usage: vis <comp><state> <comp> is either .objname or .id of component on current page, - valid .id is 0 - page, 1 to 250 if component exists, and 255 for all <state> is either 0 to hide, or 1 to show. vis b0,0 // hide component with .objname b0 vis b0,1 // show component with .objname b0, refresh on front layer vis 1,0 // hide component with .id 1 vis 1,1 // show component with .id 1, refresh on front layer vis 255,0 // hides all components on the current page
12	tsw	2	Enable or disable touch events for component on current page - by default, all components are enabled unless disabled by tsw - use with caution and mindful purpose, may lead to difficult debug session usage: tsw <comp><state> <comp> is either .objname or .id of component on current page, - valid .id is 0 - page, 1 to 250 if component exists, and 255 for all <state> is either 0 to disable, or 1 to enable. tsw b0,0 // disable Touch Press/Release events for component b0 tsw b0,1 // enable Touch Press/Release events for component b0 tsw 1,0 // disable Touch Press/Release events for component with id 1 tsw 1,1 // enable Touch Press/Release events for component with id 1 tsw 255,0 // disable all Touch Press/Release events on current page
13	com_stop	0	Stop execution of instructions received from Serial - Serial will continue to receive and store in buffer. - execution of instructions from Serial will resume with com_star (see 3.14) - using com_stop and com_star may cause a buffer overflow condition. - Refer to device datasheet for buffer size and command queue size usage: com_stop com_stop // stops execution of instructions from Serial

14	com_star	0	Resume execution of instructions received from Serial - used to resume an execution stop caused by com_stop (see 3.13) - when com_star received, all instructions in buffer will be executed - using com_stop and com_star may cause a buffer overflow condition. - Refer to device datasheet for buffer size and command queue size usage: com_star com_star // resume execution of instruction from Serial
15	randset	2	Set the Random Generator Range for use with rand (see 6.14) - range will persist until changed or Nextion rebooted - set range to desired range before using rand - power on default range is -2147483648 to 2147483647, runtime range is user definable. usage: randset <min>,<max> <min> is value is -2147483648 to 2147483647 <max> is value greater than min and less than 2147483647 randset 1,100 //set current random generator range from 1 to 100 randset 0,65535 //set current random generator range from 0 to 65535
16	code_c	0	Clear the commands/data queued in command buffer without execution usage: code_c code_c // Clears the command buffer without execution
17	prints	2	Send raw formatted data over Serial to MCU - prints does not use Nextion Return Data, user must handle MCU side - qty of data may be limited by serial buffer (all data < 1024) - numeric value sent in 4 byte 32-bit little endian order value = byte1+byte2*256+byte3*65536+byte4*16777216 - text content sent is sent 1 ASCII byte per character, without null byte. usage: prints <attr>,<length> <attr> is either component attribute, variable or Constant <length> is either 0 (all) or number to limit the bytes to send. prints t0.txt,0 // return 1 byte per char of t0.txt without null byte ending. prints t0.txt,4 // returns first 4 bytes, 1 byte per char of t0.txt without null byte ending. prints j0.val,0 // return 4 bytes for j0.val in little endian order prints j0.val,1 // returns 1 byte of j0.val in little endian order prints “123”,2 // return 2 bytes for text “12” 0x31 0x32 prints 123,2 // returns 2 bytes for value 123 0x7B 0x00

17a	print	1	**Depreciated**. Send raw formatted data over Serial to MCU - print/printh does not use Nextion Return Data, user must handle MCU side - qty of data may be limited by serial buffer (all data < 1024) - numeric value sent in 4 byte 32-bit little endian order value = byte1+byte2*256+byte3*65536+byte4*16777216 - text content sent is sent 1 ASCII byte per character, without null byte. usage: print <attr> <attr> is either component attribute, variable or Constant print t0.txt // return 1 byte per char of t0.txt without null byte ending. print j0.val // return 4 bytes for j0.val in little endian order print "123" // return 3 bytes for text "123" 0x31 0x32 0x33 print 123 // return 4 bytes for value 123 0x7B 0x00 0x00 0x00
18	printh	1 to many	Send raw byte or multiple raw bytes over Serial to MCU - printh is one of the few commands that parameter uses space char 0x20 - when more than one byte is being sent a space separates each byte - byte is represented by 2 of (ASCII char of hexadecimal value per nibble) - qty may be limited by serial buffer (all data < 1024) - print/printh does not use Nextion Return Data, user must handle MCU side usage: printh <hexhex>[<space><hexhex>][…<space><hexhex>] <hexhex> is hexadecimal value of each nibble. 0x34 as 34 <space> is a space char 0x20, used to separate each <hexhex> pair printh 0d // send single byte: value 13 hex: 0x0d printh 0d 0a // send two bytes: value 13,10 hex: 0x0d0x0a
19	add	3	Add single value to Waveform Channel - waveform channel data range is min 0, max 255 - 1 pixel column is used per data value added - y placement is if value < s0.h then s0.y+s0.h-value, otherwise s0.y usage: add <waveform>,<channel>,<value> <waveform> is the .id of the waveform component <channel> is the channel the data will be added to <value> is ASCII text of data value, or numeric value - valid: va0.val or sys0 or j0.val or 10 add 1,0,30 // add value 30 to Channel 0 of Waveform with .id 1 add 2,1,h0.val // add h0.val to Channel 1 of Waveform with .id 2

20	addt	3	Add specified number of bytes to Waveform Channel over Serial from MCU - waveform channel data range is min 0, max 255 - 1 pixel column is used per data value added. - addt uses Transparent Data Mode (see 1.16) - waveform will not refresh until Transparent Data Mode completes. - qty limited by serial buffer (all commands+terminations + data < 1024) - also refer to add command (see 3.19) usage: add <waveform>,<channel>,<qty> <waveform> is the .id of the waveform component <channel> is the channel the data will be added to <qty> is the number of byte values to add to <channel> addt 2,0,20 // adds 20 bytes to Channel 0 Waveform with .id 2 from serial // byte of data is not ASCII text of byte value, but raw byte of data.
21	cle	3	Clear waveform channel data usage: cle <waveform>,<channel> <waveform> is the .id of the waveform component <channel> is the channel to clear <channel> must be a valid channel: < waveform.ch or 255 0 if .ch 1, 1 if .ch 2, 2 if .ch 3, 3 if .ch=4 and 255 (all channels) cle 1,0 // clear channel 0 data from waveform with .id 1 cle 2,255 // clear all channels from waveform with .id 2
22	rest	0	Resets the Nextion Device usage: rest rest // immediate reset of Nextion device - reboot.
23	doevents	0	Force immediate screen refresh and receive serial bytes to buffer - useful inside exclusive code block for visual refresh (see 3.26 and 3.27) usage: doevents doevents // allows refresh and serial to receive during code block
24	strlen	2	Computes the length of string in <txt> and puts value in <len> usage: strlen <txt>,<len> <txt> must be a string attribute ie: t0.txt, va0.txt <len> must be numeric ie: n0.val, sys0, va0.val strlen t0.txt,n0.val // assigns n0.val with length of t0.txt content
24a	btlen	2	Computes number of bytes string in <txt> uses and puts value in <len> usage: btlen <txt>,<len> <txt> must be a string attribute ie: t0.txt, va0.txt <len> must be numeric ie: n0.val, sys0, va0.val btlen t0.txt,n0.val // assigns n0.val with number of bytes t0.txt occupies

<table>
<tr>
<td>25</td>
<td>if</td>
<td>Block</td>
<td>Conditionally execute code block if boolean condition is met
- execute commands within block { } if (conditions) is met.
- nested conditions using () is not allowed. invalid: ((h0.val+3)>0)
- block opening brace { must be on line by itself
- no space between block close brace } and else. valid: }else invalid: } else
- Text comparison supports ==, !=
- Numerical comparison supports >, <, ==, !=, >=, <=
- conditions can be joined with && or || with no spaces used
- nested “if” and “else if” supported.
usage: if condition block [else if condition block] [else block]

- (conditions) is a simple non-complex boolean comparison evaluating left to right
valid: (j0.val>75) invalid: (j0.val+1>75) invalid: (j0.val<now.val+60)
if(t0.txt=="123456")
{
 page 1
}
if(t0.txt=="123456"||sys0==14&&n0.val==12)
{
 page 1
}
if(t0.txt=="123456"&&sys0!=14)
{
 page 1
}
if(n0.val==123)
{
 b0.txt="stop"
}else
{
 b0.txt="start"
}
if(rtc==1)
{
 t0.txt="Jan"
}else if(rtc1==2)
{
 t0.txt="Feb"
}else if(rtc1==3)
{
 t0.txt="Mar"
}else
{
 t0.txt="etc"
}</td>
</tr>
</table>

<table>
<tr><td>26</td><td>while</td><td>Block</td><td>Continually executes code block until boolean condition is no longer met
- tests boolean condition and execute commands within block { } if conditions was met and continues to re-execute block until condition is not met.
- nested conditions using () is not allowed. invalid: ((h0.val+3)>0)
- block opening brace { must be on line by itself
- Text comparison supports ==, !=
- Numerical comparison supports >, <, ==, !=, >=, <=
- conditions can be joined with && or || with no spaces used
- block runs exclusively until completion unless doevents used (see 3.23)
usage: while condition block

- (conditions) is a simple non-complex boolean comparison evaluating left to right
valid: (j0.val>75) invalid: (j0.val+1>75)

// increment n0.val as lon as n0.val < 100. result: b0.val=100
// will not visually see n0.val increment, refresh when while-loop completes
while(n0.val<100)
{
 n0.val++
}

//increment n0.val as long as n0.val < 100. result: n0.val=100
// will visually see n0.val increment, refresh each evaluation of while-loop
while(n0.val<100)
{
 n0.val++
 doevents
}</td></tr>
</table>

<table>
<tr>
<td>27</td>
<td>for</td>
<td>Block</td>
<td>Iterate execution of code block as long as boolean condition is met
- executes init_assignment, then tests boolean condition and executes commands within block { } if boolean condition is met, when iteration of block execution completes step_assignment is executed. Continues to iterate block and step_assignment until boolean condition is not met.
- nested conditions using () is not allowed. invalid: ((h0.val+3)>0)
- block opening brace { must be on line by itself
- Text comparison supports ==, !=
- Numerical comparison supports >, <, ==, !=, >=, <=
- conditions can be joined with && or || with no spaces used
- block runs exclusively until completion unless doevents used (see 3.23)
usage: for(init_assignment;condition;step_assignment) block

- init_assignment and step_assignment are simple non-complex statement
valid: n0.val=4, sys2++, n0.val=sys2*4+3 invalid: n0.val=3+(sys2*4)-1
- (conditions) is a simple non-complex boolean comparison evaluating left to right
valid: (j0.val>75) invalid: (j0.val+1>75)

// iterate n0.val by 1's as long as n0.val<100. result: n0.val=100
// will not visually see n0val increment until for-loop completes
for(n0.val=0;n0.val<100;n0.val++)
{
}

////iterate n0.val by 2's as long as n0.val<100. result: n0.val=100
// will visually see n0.val increment when doevents processed
for(n0.val=0;n0.val<100;n0.val+=2)
{
  doevents
}</td>
</tr>
</table>

28	wepo	2	Store value/string to EEPROM - EEPROM valid address range is from 0 to 1023 (1K EEPROM) - numeric value length: is 4 bytes, -2147483648 to 2147483647 - numeric data type signed long integer, stored in little endian order. val[addr+3]*16777216+val[addr+2]*65536+val[addr+1]*256+val[addr] - string content length: .txt content is .txt-maxl +1, or constant length +1 usage: wepo <attr>,<addr> <attr> is variable or constant <addr> is storage starting address in EEPROM wepo t0.txt,10 // writes t0.txt contents in addresses 10 to 10+t0.txt-maxl wepo "abcd",10 // write constant "abcd" in addresses 10 to 14 wepo 11,10 // write constant 11 in addresses 10 to 13 wepo n0.val,10 // write value n0.val in addresses 10 to 13
29	repo	2	Read value from EEPROM - EEPROM valid address range is from 0 to 1023 (1K EEPROM) - numeric value length: is 4 bytes, -2147483648 to 2147483647 - numeric data type signed long integer, stored in little endian order. val[addr+3]*16777216+val[addr+2]*65536+val[addr+1]*256+val[addr] - string content length: .txt content is lesser of .txt-maxl or until null reached. usage: repo <attr>,<addr> <attr> is variable or constant <addr> is storage starting address in EEPROM repo t0.txt,10 // reads qty .txt-maxl chars (or until null) from 10 into t0.txt repo n0.val,10 // reads 4 bytes from address 10 to 13 into n0.val
30	wept	2	Store specified number of bytes to EEPROM over Serial from MCU - EEPROM valid address range is from 0 to 1023 (1K EEPROM) - wept uses Transparent Data Mode (see 1.16) - qty limited by serial buffer (all commands+terminations + data < 1024) usage: wept <addr>,<qty> <addr> is storage starting address in EEPROM <qty> is the number of bytes to store wept 30,20 // writes 20 bytes into EEPROM addresses 30 to 49 from serial // byte of data is not ASCII text of byte value, but raw byte of data.

31	rept	2	Read specified number of bytes from EEPROM over Serial to MCU - EEPROM valid address range is from 0 to 1023 (1K EEPROM) usage: rept <addr>,<qty> <addr> is storage starting address in EEPROM <qty> is the number of bytes to read rept 30,20 // sends 20 bytes from EEPROM addresses 30 to 49 to serial // byte of data is not ASCII text of byte value, but raw byte of data.

32	cfgpio	3	Configure Nextion GPIO
			usage: cfgpio <io><mode><comp>
			<io> is the number of the extended I/O pin.
			- Valid values in PWM output mode: 4 to 7, all other modes 0 to 7.
			<mode> is the working mode of pin selected by <io>.
			- Valid values: 0-pull up input, 1-input binding, 2-push pull output,
			3-PWM output, 4-open drain output.
			<comp> component .objname or .id when <mode> is 1 (otherwise use 0)
			- in binding mode, cfgpio needs to be declared after every refresh of page to reconnect to Touch event, best to put cfgpio in page pre-initialization event
			cfgpio 0,0,0 // configures io0 as a pull-up input. Read as n0.val=pio0.
			cfgpio 1,2,0 // configures io1 as a push-pull output, write as pio1=1
			cfgpio 2,1, b0 // configures io2 as binding input with current page b0.
			// binding triggers b0 Press on falling edge and b0 Release on rising edge
			For PWM mode, set duty cycle before cfgpio: ie: pwm4=20 for 20% duty.
			cfgpio 4,3,0 // configures io4 as PWM output. pwmf=933 to change Hz.
			// changing pwmf changes frequency of all configured PWM io4 to io7

33	ucopy	4	**Advanced**. Read Only. Valid in active Protocol Reparse mode. Copies data from the serial buffer. When Nextion is in active Protocol Reparse mode, ucopy copies data from the serial buffer. Most HMI applications will not require Protocol Reparse and should be skipped if not fully understood. usage: ucopy <attr>,<srcstart>,<len>,<deststart> <attr> must be a writeable attribute ie: t0.txt, va0.val <srcstart> must be numeric value ie: 0 <len> must be a numeric value ie: 4 <deststart> must be numeric value ie: 0 ucopy n0.val,0,2,0 // copy buffer bytes 0,1 to lower 2 bytes of n0.val ucopy n0.val,0,2,2 // copy buffer bytes 0,1 to upper 2 bytes of n0.val ucopy n0.val,0,4,0 // copy buffer bytes 0,1,2,3 to n0.val ucopy t0.txt,0,10,0 // copy buffer bytes 0 to 9 into t0.txt

34	move	7	Move component. usage: move <comp>,<x1>,<y1>,<x2>,<y2>,<priority>,<time> <comp> is the component name or component id <x1> is the starting X coordinate <y1> is the starting Y coordinate <x2> is the destination X coordinate <y2> is the destination Y coordinate <priority> is a value 0 to 100, 100 being highest priority <time> is time in ms. move t0,-30,-30,100,150,95,120 // 120ms to move t0 into position 100,150 move t1,-30,-30,200,150,90,180 // 180ms to move t1 into position 200,150 move t2,-30,-30,300,150,100,150 // 150ms to move t2 into position 300,150 // given the example priorities, t2 moves first, then t0 and lastly t1
35	play	3	Play audio resource on selected Channel usage: play <ch>,<resource>,<loop> <ch> is the component name or component id <resource> is the Audio Resource ID <loop> is 0 for no looping, 1 to loopthe starting Y coordinate Notes: The play instruction is used to configure and start audio playback. audio0 and audio1 are used to control the channel. Audio playback is global and playback continues after leaving and changing pages, if you want the audio to stop on leaving the page, you should do so in the page leave event play 1,3,0// play resource 3 on channel 1 with no looping play 0,2,1// play resource 2 on channel 0 with looping
36	twfile	2	**Advanced**. Transfer file over Serial usage: twfile <filepath>,<filesize> <filepath> is destination path and filename quote encapsulated text <filesize> is the size of the file in bytes. twfile "ram/0.jpg",1120// transfer jpg over serial to ram/0.jpg size 1120 bytes twfile "sd0/0.jpg",1120// transfer jpg over serial to sd0/0.jpg size 1120 bytes
37	delfile	1	**Advanced**. Delete external file. usage: delfile <filepath> <filepath> is target path and filename as quote encapsulated text delfile "ram/0.jpg"// remove transferred file ram/0.jpg delfile "sd0/0.jpg"// remove transferred file sd0/0.jpg

38	refile	2	**Advanced**. Rename external file. usage: refile <oldname>,<newname> <oldname> is source path and filename as quote encapsulated text <newname> is target path and filename as quote encapsulated text refile "ram/0.jpg","ram/1.jpg"// rename file ram/0.jpg to ram/1.jpg refile "sd0/0.jpg","sd0/1.jpg"// rename file sd0/0.jpg to sd0/1.jpg
39	findfile	2	**Advanced**. Find File reports if named external file exists usage: findfile <pathfile>,<result> <pathfile> is source path and filename as quote encapsulated text <result> is a numeric attribute for the result to be stored Returns 0 result if find fails, returns 1 if find is successful. findfile "ram/0.jpg",n0.val// check if file exists, store result in n0.val findfile "sd0/0.jpg",sys0//check if file exists, store result in sys0
40	rdfile	4	**Advanced**. Read File contents and outputs contents over serial usage: rdfile <pathfile>,<offset>,<count>,<crc> <pathfile> is source path and filename as quote encapsulated text <offset> is the starting offset of the file <count> is number of bytes to return (see note if 0) <crc> is an option (0: no crc, 1: Modbus crc16, 10: crc32) If count is 0, then 4 byte file size is returned in little endian order. rdfile "ram/0.jpg",0,10,0// send first 10 bytes of file, no CRC, 10 bytes. rdfile "sd0/0.jpg",0,10,1// send first 10 bytes of file, MODBUS CRC, 12 bytes. rdfile "sd0/0.jpg",0,10,10// send first 10 bytes of file, CRC32, 14 bytes.
41	setlayer	2	Set Component Layer usage: setlayer <comp1>,<comp2> <comp1> is component ID or objname of component needing to change layers <comp2> is the component ID or object name comp1 is placed above Note: using comp2 value of 255 places comp1 on topmost layer. setlayer t0,n0//places to above n0's layer setlayer t0,255//place t0 on the topmost layer setlayer n0,3//place n0 on the 3rd layer
42	newdir	1	**Advanced.** Create a new directory usage: newdir <dir> <dir> is directory to be created Note: directory name to end with forward slash / newdir "sd0/data/"//create directory called data newdir "sd0/202003/"//create directory called 202003

43	deldir	1	**Advanced.** Remove a directory usage: deldir <dir> <dir> is directory to be deleted Note: directory name to end with forward slash / deldir "sd0/data/"//remove directory called data deldir "sd0/202003/"//remove directory called 202003
44	redir	2	**Advanced.** Rename a directory usage: redir <srcdir>,<destdir> <srcdir> is directory to be renamed <destdir> new name of directory being renamed Note: directory names to end with forward slash / redir "sd0/data/","sd0/data2/"//rename data to data2 redir "sd0/202003/","sd0/2004/"//rename 202003 to 2004
45	finddir	2	**Advanced.** Test if directory exists usage: finddir <dir>,<attr> <dir> is directory to test if exists <attr> number variable where result will be stored Note: directory names to end with forward slash / Returns 1 if directory exists, returns 0 if not found finddir "sd0/data/",va0.val//find directory data, result in va0.val finddir "sd0/2003/",sys0//find directory 2004, result in sys0
46	udelete	1	**Advanced.** Remove bytes from Serial Buffer usage: udelete <qty> <qty> is number of bytes to remove from beginning of Serial Buffer Note: Protocol Reparse Mode (recmod) must be active to be used. Most HMI applications will not require Protocol Reparse and should be skipped if not fully understood. udelete 24//delete first 24 bytes of Buffer udelete 10//delete first 10 bytes of Buffer
47	crcrest	2	**Advanced.** Reset CRC and Initialize usage: crcrest <crctype>,<initval> <crctype> must be 1 (type Modbus CRC16) <initval> is crc initial value (usually 0xFFFF) crcrest 1,0xFFFF//reset and initialize crc

48	crcputs	2	**Advanced.** Accumulate CRC for Variable or constant usage: crcputs <attr>,<length> <attr> is attribute or constant <length> is 0 (for Automatic) or specified length crcputs va0.val,0//accumulate crc for va0.val (length auto) crcputs va1.txt,3//accumulate crc for first 3 bytes of va1.txt
49	crcputh	1	**Advanced.** Accumulate CRC for hex string usage: crcputh <hex> <hex> is string of hex chars Note: each byte in the hex string has 2 hexdigits, bytes separated by a space. crcputh 0A//accumulate crc for byte 0x0A crcputh 0A 0D//accumulate crc for bytes 0x0A 0x0D
50	crcputu	2	**Advanced.** Accumulate CRC on Serial Buffer usage: crcputu <start>,<qty> <start> is start byte of Serial Buffer to accumulate <qty> is number of bytes to accumulate including start byte Note: Protocol Reparse Mode (recmod) must be active to be used. Most HMI applications will not require Protocol Reparse and should be skipped if not fully understood. crcputu 0,10//accumulate crc for first 10 bytes of Serial Buffer crcputu 10,10//accumulate crc for second 10 bytes 0x0A 0x0D
51	spstr	4	Split String usage: spstr <src>,<dest>,<key>,<index> <src> is src .txt attribute or string data constant <dest> is .txt attribute where result is stored <key> is the text delimiter encapsulated in double quotes <index> is zero-indexed iteration result to return spstr "ab3cd3ef3ghi",va1.txt,"3",0//return string ab before first delimiter occurs spstr "ab3cd3ef3ghi",va1.txt,"3",2//return string ef after second delimiter occurs

4. GUI Designing Commands

No.	Name	Param Count	Description and Usage/Parameters/Examples
1	cls	1	Clear the screen and fill the entire screen with specified color usage: cls <color> <color> is either decimal 565 Color Value or Color Constant cls BLUE // Clear the screen and fill with color BLUE cls 1024 // Clear the screen and fill with color 1024
2	pic	3	Display a Resource Picture at specified coordinate usage: pic <x>,<y>,<picid> <x> is the x coordinate of upper left corner where picture should be drawn <y> is the y coordinate of upper left corner where picture should be drawn <picid> is the number of the Resource Picture in the HMI design pic 10,20,0 // Display Resource Picture #0 with upper left corner at (10,20) pic 40,50,1 // Display Resource Picture #1 with upper left corner at (40,50)
3	picq	5	Crop Picture area from Resource Picture using defined area - replaces defined area with content from the same area of Resource Picture - Resource Picture should be full screen-size or area might be undefined usage: picq <x>,<y>,<w>,<h>,<picid> <x> is the x coordinate of upper left corner of defined crop area <y> is the y coordinate of upper left corner of defined crop area <w> is the width of the defined crop area <h> is the height of the defined crop area <picid> is the number of the Resource Picture in the HMI design picq 20,50,30,20,0 // crops area 30×20, from (20,50) to (49,69), from Resource Picture 0
4	xpic	7	Advanced Crop Picture crop area from source Resource Picture render at destination coordinate usage: xpic <destx>,<desty>,<w>,<h>,<srcx>,<srcy>,<picid> <destx> is the x coordinate of destination upper left corner <desty> is the y coordinate of destination upper left corner <w> is the width of the defined crop area <h> is the height of the defined crop area <srcx> is the x coordinate of upper left corner of defined crop area <srcy> is the y coordinate of upper left corner of defined crop area <picid> is the number of the Resource Picture in the HMI design xpic 20,50,30,20,15,15,0 // crops area 30×20, from (15,15) to (44,34), // from Resource Picture 0 and renders it with upper left corner at (20,50)

<table>
<tr><td>5</td><td>xstr</td><td>11</td><td>Prints text on the Nextion device using defined area for text rendering
usage: xstr <x>,<y>,<w>,<h>,<font>,<pco>,<bco>,<xcen>,<ycen>,<sta>,<text>

<x> is the x coordinate of upper left corner of defined text area
<y> is the y coordinate of upper left corner of defined text area
<w> is the width of the defined text area
<h> is the height of the defined text area
<font> is the number of the Resource Font
<pco> is the foreground color of text (Color Constant or 565 color value)
<bco> is a) background color of text, or b) picid if <sta> is set to 0 or 2
<xcen> is the Horizontal Alignment (0 - left, 1 - centered, 2 - right)
<ycen> is the Vertical Alignment (0 - top/upper, 1 - center, 3 - bottom/ lower)
<sta> is background Fill (0 - crop image, 1 - solid color, 2 - image, 3 - none)
<text> is the string content (constant or .txt attribute), ie "China", or va0.txt

xstr 10,10,100,30,1,WHITE,GREEN,1,1,1,va0.txt
// use are 100×30 from (10,10) to (109,39) to print contents of va0.txt using
// Font Resource 1 rendering Green letters on White background with both
// horizontal and vertical centering and sta set as solid-color.</td></tr>
<tr><td>6</td><td>fill</td><td>5</td><td>Fill a defined area with specified color
usage: fill <x>,<y>,<w>,<h>,<color>

<x> is the x coordinate of upper left corner of defined fill area
<y> is the y coordinate of upper left corner of defined fill area
<w> is the width of the defined fill area
<h> is the height of the defined fill area
<color> is fill color, either decimal 565 Color Value or Color Constant

fill 20,20,150,50,1024
// fills area 150×50 from (20,20) to (169,69) with 565 Color 1024.</td></tr>
<tr><td>7</td><td>line</td><td>5</td><td>Draw a line from point to point with specified color
usage: line <x1>,<y1>,<x2>,<y2>,<color>

<x1> is the x coordinate of the starting point of the line to be drawn
<y1> is the y coordinate of the starting point of the line to be drawn
<x2> is the x coordinate of the ending point of the line to be drawn
<y2> is the y coordinate of the ending point of the line to be drawn
<color> is line color, either decimal 565 Color Value or Color Constant

line 20,30,170,200,BLUE // draws line in BLUE from (20,30) to (170,200)</td></tr>
</table>

8	draw	5	Draw a hollow rectangle around specified area with specified color usage: draw <x1>,<y1>,<x2>,<y2>,<color>
			<x1> is the x coordinate of the upper left corner of rectangle area <y1> is the y coordinate of the upper left corner of rectangle area <x2> is the x coordinate of the lower right corner of rectangle area <y2> is the y coordinate of the lower right corner of rectangle area <color> is line color, either decimal 565 Color Value or Color Constant
			draw 10,10,70,70,GREEN // draw a Green rectangle around (10,10) to (79,79) // effectively four lines from (x1,y1) to (x2,y1) to (x2,y2) to (x1,y2) to (x1,y1)
9	cir	4	Draw a hollow circle with specified radius and specified color usage: cir <x>,<y>,<radius>,<color>
			<x> is the x coordinate of the center point for the circle <y> is the y coordinate of the center point for the circle <radius> is the radius in pixels <color> is line color, either decimal 565 Color Value or Color Constant
			cir 100,100,30,RED // renders a hollow Red circle with circle center at (100,100), // a 30 pixel radius, a 61 pixel diameter, within boundary (70,70) to (130,130).
10	cirs	4	Draw a filled circle with specified radius and specified color usage: cirs <x>,<y>,<radius>,<color>
			<x> is the x coordinate of the center point for the circle <y> is the y coordinate of the center point for the circle <radius> is the radius in pixels <color> is fill color, either decimal 565 Color Value or Color Constant
			cir 100,100,30,RED // renders a filled Red circle with center at (100,100), // a 30 pixel radius, a 61 pixel diameter, within boundary (70,70) to (130,130).

5. Color Code Constants

No.	Constant	565 Color Value	Indicator Color	
1	BLACK	0	Black	
2	BLUE	31	Blue	
3	BROWN	48192	Brown	
4	GREEN	2016	Green	
5	YELLOW	65504	Yellow	
6	RED	63488	Red	
7	GRAY	33840	Gray	
8	WHITE	65535	White	
Note:	16-bit 565 Colors are in decimal values from 0 to 65535 24-bit RGB 11011000 11011000 11011000 16-bit 565 11011 110110 11011			

6. System Variables

No.	Name	Meaning	Example/Description
1	dp	Current Page ID	dp=1, n0.val=dp read: Contains the current page displayed as per the HMI design write: change page to value specified (same effect as page command) min 0, max # of highest existing page in the user's HMI design.
2	dim dims	Nextion Backlight	dim=32, dims=100 Sets the backlight level in percent min 0, max 100, default 100 or user defined Note: dim=32 will set the current backlight level to 32%. using dims=32 will set the current backlight level to 32% and save this to be new power on default backlight level, persisting until changed.
3	baud bauds	Nextion Baud Rate	baud=9600, bauds=9600 Sets the Nextion Baud rate in bits-per-second min 2400, max 921600, default 9600 or user defined Valid values are: 2400, 4800, 9600, 19200, 31250, 38400, 57600, and 115200, 230400, 250000, 256000, 512000, and 921600 Note: baud=38400 will set the current baud rate to 38400 using bauds=38400 will set the current baud rate to 38400 and save this to be new power on default baud rate, persisting until changed. Note: on rare occasions bauds has become lost. With the addition of the Editor Program.s feature, it is now recommended to specify your desired baud rate baud=9600 between declarations and before the page0 instruction and no longer recommending inserting bauds=9600 in the first page's Preinitialization Event of the HMI.
4	spax spay	Font Spacing	spax=2, spay=2 Sets the default rendering space for xstr: horizontally between font characters with spax additional pixels and vertically between rows (if multi-lined) with spay additional pixels. min 0, max 65535, default 0 Note: Components now have their own individual .spax/.spay attributes that are now used to determine spacing for the individual component.
5	thc	Touch Draw Brush Color	thc=RED, thc=1024 Sets the Touch Drawing brush color min 0, max 65535, default 0 Valid choices are either color constants or the decimal 565 color value.
6	thdra	Touch Drawing	thdra=1 (on), thdra=0 (off) Turns the internal drawing function on or off. min 0, max 1, default 0 When the drawing function is on, Nextion will follow touch dragging with the current brush color (as determined by the thc variable).

7	ussp	Sleep on No Serial	ussp=30 Sets internal No-serial-then-sleep timer to specified value in seconds min 3, max 65535, default 0 (max: 18 hours 12 minutes 15 seconds) Nextion will auto-enter sleep mode if and when this timer expires. Note: Nextion device needs to exit sleep to issue ussp=0 to disable sleep on no serial, otherwise once ussp is set, it will persist until reboot or reset.
8	thsp	Sleep on No Touch	thsp=30 Sets internal No-touch-then-sleep timer to specified value in seconds min 3, max 65535, default 0 (max: 18 hours 12 minutes 15 seconds) Nextion will auto-enter sleep mode if and when this timer expires. Note: Nextion device needs to exit sleep to issue thsp=0 to disable sleep on no touch, otherwise once thsp is set, it will persist until reboot or reset.
9	thup	Auto Wake on Touch	thup=0 (do not wake), thup=1 (wake on touch) Sets if Nextion should auto-wake from sleep when touch press occurs. min 0, max 1, default 0 When value is 1 and Nextion is in sleep mode, the first touch will only trigger the auto wake mode and not trigger a Touch Event. thup has no influence on sendxy, sendxy will operate independently.
10	sendxy	RealTime Touch	sendxy=1 (start sending) sendxy=0 (stop sending) Sets if Nextion should send 0x67 and 0x68 Return Data min 0, max 1, default 0 - Less accurate closer to edges, and more accurate closer to center. Note: expecting exact pixel (0,0) or (799,479) is simply not achievable.
11	delay	Delay	delay=100 Creates a halt in Nextion code execution for specified time in ms min 0, max 65535 As delay is interpreted, a total halt is avoided. Incoming serial data is received and stored in buffer but not be processed until delay ends. If delay of more than 65.535 seconds is required, use of multiple delay statements required. delay=-1 is max. 65.535 seconds.

12	sleep	Sleep	sleep=1 (Enter sleep mode) or sleep=0 (Exit sleep mode) Sets Nextion mode between sleep and awake. min 0, max 1, or default 0 When exiting sleep mode, the Nextion device will auto refresh the page (as determined by the value in the wup variable) and reset the backlight brightness (as determined by the value in the dim variable). A get/print/printh/wup/sleep instruction can be executed during sleep mode. Extended IO binding interrupts do not occur in sleep.
13	bkcmd	Pass / Fail Return Data	bkcmd=3 Sets the level of Return Data on commands processed over Serial. min 0, max 3, default 2 - Level 0 is Off – no pass/fail will be returned - Level 1 is OnSuccess, only when last serial command successful. - Level 2 is OnFailure, only when last serial command failed - Level 3 is Always, returns 0x00 to 0x23 result of serial command. Result is only sent after serial command/task has been completed, as such this provides an invaluable status for debugging and branching. Table 2 of Section 7 Nextion Return Data is not subject to bkcmd
14	rand	Random Value	n0.val=rand Readonly. Value returned by rand is random every time it is referred to. default range is -2147483648 to 2147483647 range of rand is user customizable using the randset command range as set with randset will persist until reboot or reset
15	sys0 sys1 sys2	Numeric System Variables	sys0=10 sys1=40 sys2=60 n0.val=sys2 System Variables are global in nature with no need to define or create. They can be read or written from any page. 32-bit signed integers. min value of -2147483648, max value of 2147483647 Suggested uses of sys variables include - as temporary variables in complex calculations - as parameters to pass to click function or pass between pages.
16	wup	Wake Up Page	wup=2, n0.val=wup Sets which page Nextion loads when exiting sleep mode min is 0, max is # of last page in HMI, or default 255 When wup=255 (not set to any existing page) - Nextion wakes up to current page, refreshing components only wup can be set even when Nextion is in sleep mode

			usup=0, usup=1
17	usup	Wake On Serial Data	Sets if serial data wakes Nextion from sleep mode automatically. min is 0, max is 1, default 0 When usup=0, send sleep=0ÿÿÿ to wake Nextion When usup=1, any serial received wakes Nextion
			rtc0=2017, rtc1=8, rtc2=28, rtc3=16, rtc4=50, rtc5=36, n0.val=rtc6
18	rtc0 rtc1 rtc2 rtc3 rtc4 rtc5 rtc6	RTC	Nextion RTC: rtc0 is year 2000 to 2099, rtc1 is month 1 to 12, rtc2 is day 1 to 31, rtc3 is hour 0 to 23, rtc4 is minute 0 to 59, rtc5 is second 0 to 59. rtc6 is dayofweek 0 to 6 (Sunday=0, Saturday=6) rtc6 is readonly and calculated by RTC when date is valid.
			pio3=1, pio3=0, n0.val=pio3
19	pio0 pio1 pio2 pio3 pio4 pio5 pio6 pio7	GPIO	Default mode when power on: pull up input mode Internal pull up resistor: 50K GPIO is digital. Value of 0 or 1 only. - refer to cfgpio command for setting GPIO mode read if in input mode, write if in output mode
			pwm7=25
20	pwm4 pwm5 pwm6 pwm7	PWM Duty Cycle	Value in percentage. min 0, max 100, default 50. - refer to cfgpio command for setting GPIO mode P supports pwm4, pwm5, pwm6 and pwm7 P supports only pwm6 and pwm7
			pwmf=933
21	pwmf	PWM Frequency	Value is in Hz. min value 1 Hz, max value 65535 Hz. default 1000 Hz All PWM output is unified to only one Frequency, no independent individual settings are allowed. - refer to cfgpio command for setting GPIO mode
			addr=257
22	addr	Address	Advanced. Enables/disables Nextion's two byte Address Mode 0, or min value 256, max value 2815. default 0 Setting addr will persist to be the new power-on default. - refer to section 1.19
			x.val=tch0, y.val=tch1
23	tch0 tch1 tch2 tch3	Touch Coordinates	Readonly. When Pressed tch0 is x coordinate, tch1 is y coordinate. When released (not currently pressed), tch0 and tch1 will be 0. tch2 holds the last x coordinate, tch3 holds the last y coordinate.

24	recmod	Protocol Reparse	recmod=0, recmod=1 Advanced. Set passive or active Protocol Reparse mode. min is 0, max is 1, default 0 When recmod=0, Nextion is in passive mode and processes serial data according to the Nextion Instruction Set, this is the default power on processing. When recmod=1, Nextion enters into active mode where the serial data waits to be processed by event code. Most HMI applications will not require Protocol Reparse and should be skipped if not fully understood.
25	usize	Bytes in Serial Buffer	n0.val=usize Advanced. Read Only. Valid in active Protocol Reparse mode. min is 0, max is 1024 When Nextion is in active Protocol Reparse mode, usize reports the number of available bytes in the serial buffer. Most HMI applications will not require Protocol Reparse and should be skipped if not fully understood.
26	u[index]	Serial Buffer Data	n0.val=u[0] Advanced. Read Only. Valid in active Protocol Reparse mode. min is 0, max is 255 When Nextion is in active Protocol Reparse mode, the u[index] array returns the byte at position index from the serial buffer. Most HMI applications will not require Protocol Reparse and should be skipped if not fully understood.
27	eql eqm eqh	Equalizer Groupings	eqm=7 Valid on Nextion Device, not supported in Debug Simulator. min is 0, max is 15 eql: Bass (31Hz to 125Hz, eq0..eq2) eqm: Midrange (250Hz to 2000Hz, eq3..eq6) eqh: Treble (4000Hz to 1600Hz, eq7..eq9) Setting to 7 is Balanced with no attenuation, no gain Setting 0..6, the lower the value the higher the attenuation Setting 8..15, the higher the value the higher the gain NOTE: The base of the equalizer is operated according to eq0..eq9, when a group is modified the corresponding individual bands are modified, however modifying an individual band does not modify the group. (ie: setting eql=4 sets eq0, eq1 and eq2 to 4, but setting eq1=3 does not modify eql to 3, eq0 and eq2 remain at 4).

			eq6=7
28	eq0 eq1 eq2 eq3 eq4 eq5 eq6 eq7 eq8 eq9	Equalizer Individual Bands	[P] Valid on Nextion Device, not supported in Debug Simulator. min is 0, max is 15 eq0 (31Hz), eq1 (62Hz), eq2 (125Hz), eq3 (250Hz), eq4 (500Hz), eq5 (1000Hz), eq6 (2000Hz), eq7 (4000Hz), eq8 (8000Hz), eq9 (16000Hz) Setting to 7 is Balanced with no attenuation, no gain Setting 0..6, the lower the value the higher the attenuation Setting 8..15, the higher the value the higher the gain NOTE: The base of the equalizer is operated according to eq0..eq9, when a group is modified the corresponding individual bands are modified, however modifying an individual band does not modify the group. (ie: setting eql=4 sets eq0, eq1 and eq2 to 4, but setting eq1=3 does not modify eql to 3, eq0 and eq2 remain at 4).
29	volume	Audio Volume	volume=60 [P] Valid on Nextion Device, not supported in Debug Simulator. min is 0, max is 100 volume persists and sets the power-on default setting for the audio volume
30	audio0 audio1	Audio Channel Control	audio0=0// stop channel 0 audio playback [P] min is 0, max is 2 0 (stop), 1 (resume), 2 (pause). Notes: The play instruction is used to configure and start audio playback. audio0 and audio1 are only used to control the channel. Only if the channel is paused can it be resumed, if the channel is stopped then the play instruction is required to start it again. Audio playback is global and playback continues after leaving and changing pages, if you want the channel to stop on leaving the page, you must do so in the page leave event
31	crcval	CRC Value	x.val=crcval [CRC icon] Readonly. Holds the current CRC accumulated value. Use crcrest to reset and initialize Use crcputs, crcputh or crcputu to accumulate
32	lowpower	Low Power	Discovery Series. Low Power 0.25mA deep sleep [F] Sets if Nextion should enter deep sleep mode on sleep command. min 0, max 1, default 0 lowpower=0 (normal operations), lowpower=1 (deep sleep enabled) In deep sleep mode, the wake-up time will be longer, the data will likely be lost when the serial power is receivng the wake-up command. It is recommended to send an empty command (termination NIS 1.1) and wait 500ms before operations.

7. Format of Nextion Return Data

No.	Byte	bkcmd	len	Meaning	Format/Description
1	0x00	2,3	4	Invalid Instruction	0x00 0xFF 0xFF 0xFF Returned when instruction sent by user has failed
2	0x01	1,3	4	Instruction Successful	0x01 0xFF 0xFF 0xFF Returned when instruction sent by user was successful
3	0x02	2,3	4	Invalid Component ID	0x02 0xFF 0xFF 0xFF Returned when invalid Component ID or name was used
4	0x03	2,3	4	Invalid Page ID	0x03 0xFF 0xFF 0xFF Returned when invalid Page ID or name was used
5	0x04	2,3	4	Invalid Picture ID	0x04 0xFF 0xFF 0xFF Returned when invalid Picture ID was used
6	0x05	2,3	4	Invalid Font ID	0x05 0xFF 0xFF 0xFF Returned when invalid Font ID was used
7	0x06 P	2,3	4	Invalid File Operation	0x06 0xFF 0xFF 0xFF Returned when File operation fails
8	0x09	2,3	4	Invalid CRC	0x09 0xFF 0xFF 0xFF Returned when Instructions with CRC validation fails their CRC check
9	0x11	2,3	4	Invalid Baud rate Setting	0x11 0xFF 0xFF 0xFF Returned when invalid Baud rate was used
10	0x12	2,3	4	Invalid Waveform ID or Channel #	0x12 0xFF 0xFF 0xFF Returned when invalid Waveform ID or Channel # was used
11	0x1A	2,3	4	Invalid Variable name or attribute	0x1A 0xFF 0xFF 0xFF Returned when invalid Variable name or invalid attribute was used
12	0x1B	2,3	4	Invalid Variable Operation	0x1B 0xFF 0xFF 0xFF Returned when Operation of Variable is invalid. ie: Text assignment t0.txt=abc or t0.txt=23, Numeric assignment j0.val="50" or j0.val=abc
13	0x1C	2,3	4	Assignment failed to assign	0x1C 0xFF 0xFF 0xFF Returned when attribute assignment failed to assign

14	0x1D	2,3	4	EEPROM Operation failed	0x1D 0xFF 0xFF 0xFF Returned when an EEPROM Operation has failed
15	0x1E	2,3	4	Invalid Quantity of Parameters	0x1E 0xFF 0xFF 0xFF Returned when the number of instruction parameters is invalid
16	0x1F	2,3	4	IO Operation failed	0x1F 0xFF 0xFF 0xFF Returned when an IO operation has failed
17	0x20	2,3	4	Escape Character Invalid	0x20 0xFF 0xFF 0xFF Returned when an unsupported escape character is used
18	0x23	2,3	4	Variable name too long	0x23 0xFF 0xFF 0xFF Returned when variable name is too long. Max length is 29 characters: 14 for page + "." + 14 for component.

No.	Byte	length	Meaning	Format/Description
19	0x00	6	Nextion Startup	0x00 0x00 0x00 0xFF 0xFF 0xFF Returned when Nextion has started or reset
20	0x24	4	Serial Buffer Overflow	0x24 0xFF 0xFF 0xFF Returned when a Serial Buffer overflow occurs Buffer will continue to receive the current instruction, all previous instructions are lost.
21	0x65	7	Touch Event	0x65 0x00 0x01 0x01 0xFF 0xFF 0xFF Returned when Touch occurs and component's corresponding Send Component ID is checked in the users HMI design. 0x00 is page number, 0x01 is component ID, 0x01 is event (0x01 Press and 0x00 Release) data: Page 0, Component 1, Pressed
22	0x66	5	Current Page Number	0x66 0x01 0xFF 0xFF 0xFF Returned when the sendme command is used. 0x01 is current page number data: page 1
23	0x67	9	Touch Coordinate (awake)	0x67 0x00 0x7A 0x00 0x1E 0x01 0xFF 0xFF 0xFF Returned when sendxy=1 and not in sleep mode 0x00 0x7A is x coordinate in big endian order, 0x00 0x1E is y coordinate in big endian order, 0x01 is event (0x01 Press and 0x00 Release) (0x00*256+0x71,0x00*256+0x1E) data: (122,30) Pressed

24	0x68	9	Touch Coordinate (sleep)	0x68 0x00 0x7A 0x00 0x1E 0x01 0xFF 0xFF 0xFF Returned when sendxy=1 and exiting sleep 0x00 0x7A is x coordinate in big endian order, 0x00 0x1E is y coordinate in big endian order, 0x01 is event (0x01 Press and 0x00 Release) (0x00*256+0x71,0x00*256+0x1E) data: (122,30) Pressed
25	0x70	Varied	String Data Enclosed	0x70 0x61 0x62 0x31 0x32 0x33 0xFF 0xFF 0xFF Returned when using get command for a string. Each byte is converted to char. data: ab123
26	0x71	8	Numeric Data Enclosed	0x71 0x01 0x02 0x03 0x04 0xFF 0xFF 0xFF Returned when get command to return a number 4 byte 32-bit value in little endian order. (0x01+0x02*256+0x03*65536+0x04*16777216) data: 67305985
27	0x86	4	Auto Entered Sleep Mode	0x86 0xFF 0xFF 0xFF Returned when Nextion enters sleep automatically Using sleep=1 will not return an 0x86
28	0x87	4	Auto Wake from Sleep	0x87 0xFF 0xFF 0xFF Returned when Nextion leaves sleep automatically Using sleep=0 will not return an 0x87
29	0x88	4	Nextion Ready	0x88 0xFF 0xFF 0xFF Returned when Nextion has powered up and is now initialized successfully
30	0x89	4	Start microSD Upgrade	0x89 0xFF 0xFF 0xFF Returned when power on detects inserted microSD and begins Upgrade by microSD process
31	0xFD	4	Transparent Data Finished	0xFD 0xFF 0xFF 0xFF Returned when all requested bytes of Transparent Data mode have been received, and is now leaving transparent data mode (see 1.16)
32	0xFE	4	Transparent Data Ready	0xFE 0xFF 0xFF 0xFF Returned when requesting Transparent Data mode, and device is now ready to begin receiving the specified quantity of data (see 1.16)

HMI-GUI
이론과 실무

MCU로 GUI 마스터하기

2022년 9월 13일 1판 1쇄 인 쇄
2022년 9월 16일 1판 1쇄 발 행

지 은 이 : 정금섭, 정채언 공저
펴 낸 이 : 박정태

펴 낸 곳 : **광 문 각**

10881
경기도 파주시 파주출판문화도시 광인사길 161
광문각 B/D 4층
등 록 : 1991. 5. 31 제12-484호
전 화(代) : 031) 955-8787
팩 스 : 031) 955-3730
E - mail : kwangmk7@hanmail.net
홈페이지 : www.kwangmoonkag.co.kr

ISBN : 978-89-7093-248-4 93560

값: 22,000원

※ 교재와 관련된 자료는 광문각 홈페이지(www.kwangmoonkag.com) 자료실에서 다운로드 할 수 있습니다.